崔海燕 ◎著

互联网金融与
中国居民消费行为研究

HULIANWANG JINRONG YU
ZHONGGUO JUMIN XIAOFEI XINGWEI YANJIU

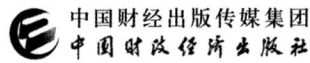

中国财经出版传媒集团
中国财政经济出版社

图书在版编目（CIP）数据

互联网金融与中国居民消费行为研究／崔海燕著 . —北京：中国财政经济出版社，2019.4
ISBN 978 – 7 – 5095 – 8943 – 4

Ⅰ. ①互… Ⅱ. ①崔… Ⅲ. ①互联网络 – 应用 – 金融 – 影响 – 居民消费 – 消费者行为论 – 研究 – 中国 Ⅳ. ①F832.29②F126.1

中国版本图书馆 CIP 数据核字（2019）第 059266 号

责任编辑：彭　波　　　　　　责任印制：刘春年
封面设计：卜建辰　　　　　　责任校对：胡永立

中国财政经济出版社 出版

URL：http://www.cfeph.cn
E – mail：cfeph @ cfemg.cn

（版权所有　翻印必究）

社址：北京市海淀区阜成路甲 28 号　邮政编码：100142
营销中心电话：010 – 88191537
北京财经印刷厂印装　各地新华书店经销
710×1000 毫米　16 开　16 印张　270 000 字
2019 年 4 月第 1 版　2019 年 4 月北京第 1 次印刷
定价：68.00 元
ISBN 978 – 7 – 5095 – 8943 – 4
（图书出现印装问题，本社负责调换）
本社质量投诉电话：010 – 88190744
打击盗版举报热线：010 – 88191661　QQ：2242791300

前　言

消费、投资和出口是拉动经济增长的"三驾马车"，三者之间要平衡发展，但长期以来，中国的经济增长主要依靠的是投资和出口，消费发展滞后。而投资和出口多受制于国外资本的限制，投资驱动型和出口拉动型经济增长方式也具有不可持续性，但消费是一个国家经济增长的原动力，是公民福利增加的源泉，只有充分发挥消费需求拉动经济增长的原动力作用，才能使广大人民群众更多地分享改革的成果和实惠，才能保证经济社会的健康可持续发展。

在当前经济下行压力较大，国际经济环境较为严峻，中美经贸摩擦不确定性明显上升的情况下，中央提出了扩大内需的方针。内需包括消费需求和投资需求，虽然投资和消费都能拉动经济增长，但作用是不同的。据测算，中国前30年投资对经济增长的贡献率达50%，而消费的贡献率仅10%，导致今天有些行业出现严重的产能过剩，与以往过于强调投资对经济的拉动不无关系。有鉴于此，今后扩大内需的重点应转向扩大消费需求。尤其，党的十九大报告提出要"完善促进消费的体制机制，增强消费对经济发展的基础性作用"，这不仅要求从体制与机制的高度解决居民消费不足的问题，更是首次强调了消费的基础性作用。由此可见，当前中国对消费的重视程度达到了前所未有的新高度。

据统计数据显示：中国最终消费率由2000年的63.3%下降到2017年的53.6%，其中居民消费率也呈下降趋势，由2000年的46.7%下降到2017年的39.1%，从国际对比来看，中国居民消费率仍较低。2016年，发达国家，如美国、日本、英国、法国和德国的居民消费率分别为68.8%、55.7%、65.8%、54.4%和53.3%,发展中国家,如印度、菲律宾、越南的居民消费率分别为59.0%、73.6%、68.5%,而中国居民消费率仅为39.5%,由此可见,中国消费需求不足主要来自于居民消费需求不足。

近年来,中国互联网金融市场发展迅速,深刻地影响和改变着中国的金融体系,同时也影响着人们的生活方式,消费作为经济活动和发展的目的,作为一种生活方式,互联网金融是否会对中国居民消费行为产生影响?如果会,影响程度有多大?据相关文献得知,目前类似的研究成果较少,且不系统。为此,本书将结合中国互联网金融和居民消费的实际情况,首先对互联网金融和居民消费进行定性分析,然后通过建立时间序列计量经济模型,实证分析了互联网金融对中国居民消费行为的影响程度,最后进行总结并提出了一些相关的对策建议。

全书共分为六章。

第一章是绪论。系统介绍本书的研究背景,研究目的和意义,说明了研究内容,研究思路和研究方法以及主要创新点。

第二章是理论基础与文献回顾。主要梳理与研究主题相关的互联网金融理论和消费理论,以及国内外学者对互联网金融和居民消费的相关研究成果,以期为后续的研究奠定理论基础。

第三章是互联网金融的产生背景、现状与发展趋势。通过分析互联网金融产生的背景、发展历程、现状及其发展趋势,为进一步研究互联网金融对中国居民消费行为的影响及其程度打下坚实的理论基础。

第四章是中国居民消费行为的演变。通过分析中国城乡居民消费行为的发展变化,为进一步实证分析互联网金融对中国居民消费行为的影响程度提供理论依据。

第五章是互联网金融对中国居民消费行为的影响分析。首先,定性分析了互联网金融对中国居民消费行为的影响,然后实证分析了互联网金融对中国城乡居民消费水平和消费结构的影响,最后结合大学生的问卷调查,分析了互联网金融对大学生消费行为的影响。

第六章是结论、对策建议与展望。根据前面的理论分析和实证分析进行总结,得出研究结论,并根据分析所得出的研究结论,为进一步加快互联网金融健康发展,扩大居民消费需求提出可操作性的对策建议,并提出了进一步研究的方向。

作者

2019 年 2 月

目　　录

第一章　绪　论 ……………………………………………………………………… 1
　　第一节　研究背景 ……………………………………………………………… 1
　　第二节　研究目的和意义 ……………………………………………………… 3
　　第三节　研究内容 ……………………………………………………………… 4
　　第四节　研究思路和研究方法 ………………………………………………… 5
　　第五节　主要创新点 …………………………………………………………… 6
第二章　理论基础与文献回顾 …………………………………………………… 8
　　第一节　互联网金融相关理论 ………………………………………………… 8
　　第二节　互联网金融的相关研究 ……………………………………………… 16
　　第三节　消费理论及其模型 …………………………………………………… 37
　　第四节　居民消费的相关研究 ………………………………………………… 54
第三章　互联网金融的产生背景、现状和发展趋势 …………………………… 90
　　第一节　互联网金融的产生背景 ……………………………………………… 90
　　第二节　互联网金融的发展历程 ……………………………………………… 94
　　第三节　互联网金融的现状 …………………………………………………… 96
　　第四节　互联网金融的发展趋势 ……………………………………………… 101
第四章　中国居民消费行为的演变 ……………………………………………… 104
　　第一节　中国城镇居民消费行为的演变 ……………………………………… 106
　　第二节　中国农村居民消费行为的演变 ……………………………………… 114
　　第三节　中国城乡居民消费的差异及其原因 ………………………………… 120
　　第四节　中国居民消费方式变化分析 ………………………………………… 136
第五章　互联网金融对中国居民消费行为的影响分析 ………………………… 139
　　第一节　互联网金融对中国居民消费行为影响的理论分析 ………………… 139
　　第二节　互联网金融对中国城镇居民消费行为影响的实证分析 …………… 142

第三节 互联网金融对中国农村居民消费行为影响的实证分析 …………… 159
   第四节 互联网金融对中国城乡居民消费行为影响的比较分析 …………… 175
   第五节 互联网金融对大学生消费行为影响的调查分析 …………………… 178
第六章 结论、对策建议与展望 …………………………………………………… 185
   第一节 研究结论 ………………………………………………………………… 185
   第二节 对策建议 ………………………………………………………………… 191
   第三节 研究展望 ………………………………………………………………… 205

参考文献 ……………………………………………………………………………… 206
附　录 ………………………………………………………………………………… 242
后　记 ………………………………………………………………………………… 245

第一章

绪 论

第一节

研究背景

从中国宏观经济发展的实践经验来看,消费、投资与出口是拉动国民经济增长的"三驾马车"。但据统计数据显示:1978~2017 年,中国的最终消费率从 62.7% 降至 53.6%,居民消费率则从 48.8% 降至 39.1%,这折射出中国经济增长对投资和出口的倚重程度在不断加强,即投资和出口是中国经济增长的主要拉动力,发展势头比较强劲,但 2008 年的金融危机冲击了中国的出口,加上 2018 年中美贸易摩擦的升级,中国出口再次遭到重创,而且投资在去产能的供给侧结构性改革背景下进行结构性调整,促进经济增长的效应也逐渐降低,据统计数据显示:2015~2017 年投资对中国经济增长的贡献率分别高达 41.6%、43.1% 和 32.1%,但对经济增长的拉动作用则分别为 2.9%、2.9% 和 2.2%,且出现产能过剩现象,2015~2017 年出口对经济增长的贡献率分别为 -1.3%、-9.6% 和 9.1%,对经济增长的拉动作用则分别为 -0.1%、-0.7% 和 0.6%,略有上升。但 2015~2017 年消费对经济增长的贡献率分别为 59.7%、66.5% 和 58.8%,对经济增长的拉动作用则分别为 4.1%、4.5% 和 4.1%[①]。另外,近年来中国"低消费、高储蓄"现象已经成为制约国民经济可持续发展的重要因素,据统计数据显示:最终消费率由 2000 年的 63.3% 下降到 2017 年的 53.6%,其中居民消费率也呈下降趋势,由 2000 年的

---

① 数据来源:《中国统计年鉴》(2018),中国统计出版社。

46.7%下降到2017年的39.1%,从国际对比来看,中国居民消费率仍较低。2000年,发达国家,如美国、日本、英国、法国和德国的居民消费率分别为66.0%、54.4%、66.9%、53.9%和57.1%;发展中国家,如印度、菲律宾、越南的居民消费率分别为63.6%、72.2%、66.5%,而中国居民消费率仅为46.9%;2016年,发达国家,如美国、日本、英国、法国和德国的居民消费率分别为68.8%、55.7%、65.8%、54.4%和53.3%;发展中国家,如印度、菲律宾、越南的居民消费率分别为59.0%、73.6%、68.5%,而中国居民消费率仅为39.5%[①]。由此可见,中国居民消费率不仅远远低于发达国家的居民消费率,而且也远低于同为发展中国家的印度、菲律宾和越南的居民消费率。从最终消费支出的构成来看,居民消费支出由2000年的73.8%下降到2017年的72.9%,政府消费支出由2000年的26.2%上升为27.1%,而城乡居民储蓄存款年底余额持续攀升,2017年达到649341.5亿元,约是2000年的10.09倍。因此,中国消费需求不足主要来自居民消费需求不足。国内外的发展经验表明,居民消费率偏低会对一国经济发展产生一系列的负面影响。

针对中国"低消费、高储蓄"的经济现象,国家多次强调扩大消费需求,如《中华人民共和国国民经济和社会发展第十三个五年(2016~2020年)规划纲要》中提出:"消费对经济增长贡献继续加大,投资效率和企业效率明显上升;适应消费加快升级,以消费环境改善释放消费潜力,以供给改善和创新更好地满足、创造消费需求,不断增强消费拉动经济的基础作用。增强消费能力,改善大众消费预期,挖掘农村消费潜力,着力扩大居民消费。以扩大服务消费为重点带动消费结构升级,支持信息、绿色、时尚、品质等新型消费,稳步促进住房、汽车和健康养老等大宗消费。推动线上线下融合等消费新模式发展。实施消费品质量提升工程,强化消费者权益保护,充分发挥消费者协会作用,营造放心便利的消费环境。积极引导海外消费回流。以重要旅游目的地城市为依托,优化免税店布局,培育发展国际消费中心"。党的十九大报告中明确指出:"在中高端消费、创新引领、绿色低碳、共享经济、现代供应链、人力资本服务等领域培育新增长点、形成新动能""完善促进消费的体制机制,增强消费对经济发展的基础性作用""加快建立绿色生产和消费的法律制度和政策导向""反对奢侈浪费和不合理消费"等。2018年《政府工作报告》中

---

① 数据来源:世界银行WDI数据库。

提出："顺应居民需求新变化积极扩大消费，增强消费对经济发展的基础性作用。推进消费升级，发展消费新业态新模式"。2018年12月召开的中央经济工作会议，再次提出："改善消费环境，增强消费能力"。可见，消费对我国经济发展起着举足轻重的作用，消费包括居民消费与政府消费，其中，政府消费囿于财政预算的限制无法持续增长，因此，在中国宏观经济下行压力下，经济增长逐渐放缓的新常态下，扩大内需、刺激消费成为中国经济保持中高速增长的动力，也是对中国经济健康持续稳定发展的内需支撑。

近年来，中国互联网金融市场发展迅速，创新不断，特别是2013年6月阿里金融余额宝的正式上线，更是将互联网金融创新的强劲势头推向了高潮，一个崭新的互联网金融生态正在逐步形成，并将深刻地影响和改变中国的金融体系，同时也影响着人们的生活方式，消费作为经济活动和发展的目的，作为一种生活方式，互联网金融是否会对中国居民消费行为产生影响？如果会，影响程度有多大？据相关文献得知，目前类似的研究成果较少，且不系统。为此，本书拟从互联网金融视角出发对中国居民的消费行为进行系统深入的理论和实证研究，力求为决策部门制定扩大内需的政策提供依据和重要参数，并建言献策。

第二节 研究目的和意义

一、研究目的

本书的研究目的主要是：

（1）通过研究互联网金融对中国居民消费行为的影响，探讨近年来中国居民消费需求不足、储蓄额持续攀升的主要原因，以及互联网金融在多大程度上影响了居民消费，给出可供参考的参数，并在此基础上为加快互联网金融发展、扩大居民消费提出可操作性的政策依据。

（2）从相关文献资料来看，学者们从互联网金融视角对居民消费行为的研究成果较少，而且研究内容不系统、不全面，所以本书根据中国居民消费和互联网金融的实际情况,通过构建居民消费的时间序列计量经济学模型,采用动态样本数据,系统深入地分析互联网金融对中国居民消费行为的影响程度,力求能在理论研究和实证分析方法上有所创新,对该领域的研究产生一定的推进作用。

二、研究意义

本书结合中国的现实状况,通过研究互联网金融对中国居民消费行为的影响,试图为扩大居民消费需求提供一些可靠的依据,对中国经济发展和社会和谐稳定具有非常重要的意义。

(1) 理论意义。

本书运用互联网金融、消费经济学、数量经济学等理论和方法,研究互联网金融对中国居民消费行为的影响,有利于丰富互联网金融、消费经济学等的研究内容,为进一步研究互联网金融问题和居民消费问题提供了一个比较坚实的理论基础,对于推进金融创新、扩大居民消费需求、促进国民经济的可持续健康发展具有一定的指导意义。

(2) 现实意义。

近年来,互联网金融正在掀起一股势不可阻挡的时代潮流,第三方支付、网络信贷、众筹融资以及其他互联网金融平台等正在中国市场上迅速崛起,这为本书提供了客观背景,而针对近年来中国居民消费需求不足的状况,本书旨在通过分析互联网金融对中国居民消费行为的影响,对于中国进一步深化金融体制改革、推进金融创新、扩大居民消费需求、促进国民经济的可持续发展提出一些相关的对策建议,这些具有重要的现实意义。

第三节

研究内容

本书的研究内容包括六部分:

第一章,绪论。主要是问题的提出、研究目的和意义、研究内容、研究思路和研究方法以及主要创新点。

第二章,理论基础与文献回顾。主要梳理与研究主题相关的互联网金融理论和消费理论，以及国内外学者对互联网金融和居民消费的相关研究成果，以期为后续的研究奠定理论基础。

第三章，互联网金融的产生背景、现状与发展趋势。通过分析互联网金融产生的背景、发展历程、现状及其发展趋势，为进一步研究互联网金融对中国居民消费行为的影响及其程度打下坚实的理论基础。

第四章，中国居民消费行为的演变。通过分析中国城乡居民消费行为的发展变化，为进一步实证分析互联网金融对中国居民消费行为的影响程度提供理论依据。

第五章，互联网金融对中国居民消费行为的影响分析。首先，定性分析了互联网金融对中国居民消费行为的影响；其次，实证分析了互联网金融对中国城乡居民消费水平和消费结构的影响；最后，结合大学生的问卷调查，分析了互联网金融对大学生消费行为的影响。

第六章，结论、对策建议与展望。根据前面的理论分析和实证分析进行总结，得出研究结论，并根据分析所得出的研究结论，为进一步加快互联网金融健康发展、扩大居民消费需求提出可操作性的对策建议，并提出了进一步研究的方向。

第四节 研究思路和研究方法

一、研究思路

本书从互联网金融发展的视角出发，首先，定性分析了互联网金融对居民消费行为的影响机制；其次，结合中国互联网金融发展和居民消费的实际情况，构建一个包含互联网金融指标、居民消费的理论计量经济模型，采用相关统计数据，运用数量经济学的理论和方法系统深入地分析互联网金融对中国居民消费行为的影响及其程度；最后，提出推进互联网金融创新、扩大居民消费需求、促进国民经济可持续健康发展的对策建议。同时，力求在理论研究和实证分析方法上有所创新，对该领域的研究产生抛砖引玉的作用。

二、研究方法

本书在文献梳理的基础上，基于互联网金融的视角，从理论和实证两个方面，分析了互联网金融对中国城乡居民消费行为的影响及其程度，进而提出了相应的对策建议，主要采用的研究方法包括：

（1）理论研究与实证分析相结合。本书通过文献研究法，将互联网金融理论及其相关研究成果和消费理论及其相关研究成果等进行了系统梳理，并以此为基础，采用动态时间序列计量经济模型，实证分析了互联网金融对中国城乡居民消费行为的影响及其程度，做到理论研究为实证分析提供依据，实证分析为理论研究进行补充，两者进行有效结合。

（2）定性分析与定量分析相结合。本书遵循"现象描述——理论分析——实证分析"的思路，首先分析了互联网金融产生背景、现状与中国居民消费行为的演变，接着定性分析了互联网金融对中国居民消费行为的影响，然后以此作为现实基础，定量分析了互联网金融对中国居民消费行为的影响程度，并对定量分析结果进行现实分析，做到了定性分析与定量分析相结合。

（3）静态分析与动态演化相结合。中国居民消费行为是一个动态演变的过程，通过对城乡居民消费行为进行静态统计分析的基础上，采用动态时间序列计量经济模型，动态分析了互联网金融对中国城乡居民消费行为的影响程度，力求在实证分析过程中尽量做到静态分析与动态演化相结合。

（4）横向比较与纵向比较相结合。本书不仅对城镇居民和农村居民的人均收入和人均消费水平及消费结构进行了横向比较，而且采用时间序列数据，分别对城镇居民和农村居民的人均收入和人均消费水平及消费结构进行了纵向比较，以便更清晰地了解中国城乡居民的消费行为，做到了横向比较与纵向比较的有效结合。

第五节

主要创新点

本书通过研究互联网金融及其对中国城乡居民消费行为的影响及其程度，试图为扩大居民消费需求提供一些可靠的政策依据，本书的主要创新包括：

第一，系统深入地分析互联网金融对居民消费行为影响的理论机制：互联网金融提高了居民消费的收入效应；互联网金融促进了居民消费的转换效应；互联网金融刺激了居民消费的欲望。

第二，运用数量经济学理论和方法，分析了互联网金融对中国城镇居民消费行为的影响程度。（1）互联网金融对中国城镇居民总消费水平的影响分析：城镇居民可支配收入的变动对城镇居民消费支出存在正向影响，当期城镇居民可支配收入变动每增加1亿元，当期城镇居民消费将增加0.4307亿元；当期第三方支付交易规模变动每增加1亿元，当期城镇居民消费变动将增加0.0651亿元。（2）互联网金融对中国城镇居民消费结构的影响分析：中国城镇居民可支配收入的变动对城镇居民各类消费支出都存在正向影响，第三方支付交易规模的变动对城镇居民的衣着类消费、居住类消费、医疗保健类消费、交通通信类消费和教育文化娱乐服务类消费都产生了正向影响，而对食品类消费、生活用品及服务类消费和其他商品及服务类消费产生了负向影响。

第三，运用数量经济学理论和方法，分析了互联网金融对中国农村居民消费行为的影响程度。（1）互联网金融对中国农村居民总消费水平的影响分析：农村居民纯收入的变动对农村居民消费支出存在正向影响，当期农村居民纯收入变动每增加1亿元，当期农村居民消费将增加0.8215亿元；第三方支付交易规模的变动对农村居民消费变动产生了正向影响，当期第三方支付交易规模变动每增加1亿元，当期农村居民消费变动将增加0.0296亿元。（2）互联网金融对中国农村居民消费结构的影响分析：中国农村居民纯收入的变动对农村居民各类消费支出也存在正向影响，第三方支付交易规模的变动对农村居民的食品类消费、居住类消费、生活用品及服务类消费、医疗保健类消费、交通通信类消费和教育文化娱乐服务类消费都产生了正向影响，而对衣着类消费和其他商品及服务类消费产生了负向影响。

第二章

理论基础与文献回顾

本章主要围绕与研究主题相关的理论和文献进行了系统梳理。首先，回顾了互联网金融理论和互联网金融的相关研究进展；其次，梳理了消费理论和居民消费的相关研究动态，为后续研究互联网金融对中国城乡居民消费行为的影响及其程度提供了借鉴与参考；最后，总结评述了互联网金融和居民消费的相关研究成果，为后续相关研究提供了重要的理论依据。

第一节
互联网金融相关理论

互联网金融是基于互联网思维和互联网技术开展的金融活动，是互联网和金融的跨界与融合，既是一个过程，也是一种结果。互联网是一个非常有效的工具，但是互联网金融并没有改写金融的规律，因而互联网金融的本质不是互联网，而是金融。本书基于现有的经济与金融理论，构建互联网金融的理论基础，深入研究和解析互联网金融的逻辑关系和理论依据。

一、金融抑制理论

1973年，美国经济学家麦金农（McKinnon）和爱德华·肖（Edward S. Shaw）在《经济发展中的货币与资本》中提出了金融抑制理论，成为解释发展中国家经济增长与金融发展关系的最重要的理论。所谓"金融抑制"一般是指一国和地区金融体系不健全，金融市场的作用未能充分发挥，政府对金融实行过分干预和管制政策，人为地控制利率上限、负实际利率，并操纵银行信贷等问题，极大损害了投资者的利益，同时金融资源的短缺也造成金融市场的不平衡，这使得政府对信贷的干预程度加强，造成信贷配给的低效率，抑制了人们对金融服务的需求，正是因为金融抑制的存在使得部分经济主体的融资需求无法从正规金融渠道获得满足，从而造成金融业的落后和缺乏效率，金融与经济之间陷入一种相互制约的恶性循环状态。

关于金融抑制的相关研究，尚蔚和李肖林（2015）在对相关文献和理论回顾的基础上，采集相关数据，运用主成分分析法提取了相关衡量指标，对金融抑制和中小企业融资能力进行综合评价。通过平稳性检验、协整检验、因果检验对金融抑制影响中小企业融资能力进行实证检验。结论表明：当前我国仍存在较强的金融抑制，金融环境尚需优化；我国中小企业的融资能力较弱；金融抑制与企业融资能力两者之间长期存在着明显的协整关系；造成中小企业融资能力不强的一个重要原因是金融抑制；放开金融管制、促进金融深化，方能激发金融活力，增强中小企业融资能力。黄晓艳（2017）认为导致我国小微企业融资难的问题在很大程度上是由于我国金融抑制的客观存在，而金融抑制的存在为我国互联网的发展提供了条件。互联网金融能够以较低的成本，便利的服务为普通群众及小微企业提供可获得的金融资源，间接助力了我国利率市场化的进程，使得在金融抑制背景下，我国广大人民群众的金融服务需求得到一定程度的满足。王春超和赖艳（2017）利用 2012 年世界银行中国制造业企业调查数据，研究金融抑制对制造业企业融资渠道选择行为的影响。研究结果显示，金融抑制对制造业企业融资渠道选择具有显著影响，其中极大地提高了企业运营资本中非正规金融融资比例，降低了正规金融融资比例。分样本分析结果显示，金融抑制具有"所有制歧视"特征，其中拥有外资、国企成分的企业在融资渠道选择上不受金融抑制影响；此外，金融抑制导致正规金融融资成本上升，使得企业选择非正规金融渠道进行融资，其中大型企业趋向于选择非正规金融中的商业信用进行融资，小型企业选择非正规金融中的民间信贷进行融资，中型企业则是选择两种融资渠道，这体现了金融抑制的"规模歧视"特征。李海峰和龙超（2018）从风险、交易成本和信息不对称三个方面分析了农村金融抑制与供给不足的原因，阐释了商业金融在农村金融供给上无法克服管理成本与信息获取的劣势，而合作金融以其成员的自我管理、自我服务以及经营成本天然具备与信息对称的优势，在中国农村金融体系中具有不可或缺的基础性地位，是有效解决中国农村金融有效供给不足的必由之路。对农民资金互助社是否应该通过吸收内部社员的储蓄来提高自身的资金规模，以便能够为贫困农户提供更好的金融支持进行探讨,并分析了农民资金互助社在发展过程中所面临的内生性问题。同时,对农民资金互助社如何有效监管进行了分析。

二、长尾理论

长尾这一概念最早是由《连线》杂志主编 Chris Anderson 在 2004 年的"*The Long Tail*"一文中提出,用来描述诸如亚马逊和 Netflix 之类网站的商业和经济模式。当商品储存、流通、展示足够便捷、成本极低时,需求极低的产品形成的众多小市场汇聚可产生与主流相匹敌的市场能量。这是对从 1987 年提出就一直贯穿整个商业社会的"二八定律"(Stiglitz,1969)的彻底颠覆,"二八定律"强调 20% 的高端客户给银行带来 80% 的利润,所以传统金融市场或机构重点关注高端客户,而互联网金融主要服务另外 80% 的大众或中小企业,即互联网金融的长尾,其本质是普惠金融。因此,在全新的商业模式下,公司的利润不再依赖传统的 20% 的优质客户,而是依赖许许多多原先被忽视却数量庞大的客户。互联网平台构筑了金融活动的"长尾基础",通过成本几乎可以忽略不计的工具来创造资源——数字"物资"造就"富足经济"。

互联网金融的经济学特征是利用长尾理论。"长尾"实际上是统计学中幂律(power laws)和帕累托分布(Pareto)特征的表达。长尾理论的基本原理是聚沙成塔,门槛低,尽量增大"尾巴",将传统上的小市场累积创造出大的市场规模。长尾价值重构的目的是满足个性化市场需求,通过互联网平台经济,在创意上具备个性化价值内容的产品更易获得顾客并激发其隐性需求,开创一种与传统大众化完全不同的面向固定细分市场的、个性化的商业经营模式。在互联网金融时代,传统的增加品种满足小微客户而产生亏损的情况将在大数据和云计算的支持下,可以演变成利润丰厚的增长点,即细小的市场需求同样可以带来显著的长尾效应。

在互联网技术飞速发展的情况下,互联网金融已经成为有别于传统金融业的一种新型商业模式。特别是,随着余额宝在 2013 年 6 月 13 日的正式上线,在不到半年时间内便实现了 5000 亿元的规模。截至 2017 年 6 月,余额宝的存量客户更是达到 3.25 亿户,资产净值实现 1.43 万亿元①,其根本原因在于互

---

① 资料来源于天弘基金公布的《余额宝货币市场基金报告(2017 年 2 季度)》。

联网企业借助互联网技术的优势，积极开拓传统金融市场，将原本游离在传统金融行业外的长尾市场客户纳入其服务范围，这既精准对接了金融服务的供求双方，提高了金融资源配置的效率，又延伸了金融市场服务的边界，取得了所谓的"长尾胜利"。

关于长尾理论的相关研究，宫晓林（2015）根据长尾理论，传统金融市场外异质化利基产品的需求如果得以满足，其所创造的金融价值将可以达到甚至远超传统金融产品的价值，虽然每种金融利基产品的销售量很小，但由于其产品种类广泛，几乎能够满足每一参与主体的金融需求，加上互联网技术导致交易双方的信息搜集成本与交易成本几乎为零，使金融资源的配置空间从有限变为无限，绝大多数的金融资源成为那段长尾，互联网金融使得大规模的传统市场转化为无数的利基市场。霍兵和张延良（2015）将长尾理论引入互联网金融，从互联网金融公司如何为用户创造价值并据此获取收益的视角，采用案例分析用户数量、交易意愿、交易风险、大数据应用这四个核心因素对互联网金融公司收益的影响。分析结果显示，这些因素的变化会引致互联网金融市场长尾的延展、加厚和向下。对这些因素的分析形成了互联网金融发展的依据，由此为互联网金融的发展提供理论基础和普适性发展策略，希冀有助于我国互联网金融的理性发展。赵青（2017）基于安德森提出的"长尾"理论，先对互联网金融破解小微企业融资难的可行性进行分析，然后研究互联网金融破解小微企业融资难的机制，即主要靠生产普及，传播普及以及供需相连这三种力量，再在理论分析的基础上，采用模糊综合评价法对河北省小微企业的融资效率进行评价，得出利用互联网融资的效率最高，最后提出防范互联网金融的"长尾"信用风险的建议。王华等（2018）从微观和宏观两个层面定义了金融效率，从互联网金融发展的长尾效应和溢出效应对我国金融效率的影响出发提出了假设，选取指标运用 VAR 脉冲响应模型和方差分解进行了实证分析，验证了假设，就金融效率提升与优化提出了鼓励互联网金融与传统金融融合共生、鼓励金融创新等建议。

三、金融功能理论

互联网金融与传统金融相比较，共同点在于基础理论都是金融功能理论，不同点在于互联网金融是一种新的金融业态，并不强调具体的金融组织直接面向需求者，效率更高。一方面传统的金融模式由于受到信息不对称所带来的"逆向选择"和"道德风险"的影响，将服务的重点定位于国有企业和大中型企业，对中小微企业的扶持不足，而依托大数据技术和个人征信管理，互联网金融的发展可以更好地服务于中小企业和消费者；另一方面互联网金融"虚拟化"大幅度降低了成本，提高了服务的效率。

首先，互联网金融的高效最先突出表现在代理支付结算上，基于互联网平台和互联网技术的发展而发展的第三方支付，为消费者提供了更为便利的支付手段，不受时间空间限制，改善了用户体验，提高支付效率。其次，表现在资源配置或融资功能上，互联网金融为小微企业和个人提供了投资和融资的新渠道，大数据的应用可以更好地解决信息不对称问题，且成本相对较低，更好地匹配资源。最后，表现在金融的财富管理或风险管理功能上，互联网上的信息更为透明，互联网金融企业拥有更多的数据，因此企业可以更好地进行财富管理和风险管控。

从金融功能角度看，互联网金融的发展，对我国金融市场长期存在的效率低下、创新不足、资金价格扭曲、金融资源避实就虚具有明显的改善作用。当前我国经济发展进入新常态，加快互联网金融发展，将促使金融资源与实体经济紧密结合，交易的可能性边界实现极大的扩展，从而更有利于充分发挥金融支持经济发展的功能，加快推进"大众创新、万众创业"新战略，促进我国实体经济向着又好又快的方向发展。

例如，吴晓求（2015）将金融功能演进层次理论融入互联网金融模式研究框架，认为不同功能之间的共生耦合将协同推进传统金融体系的深度变革。王国刚（2018）认为中国经济已迈入新时代，但城乡间金融发展的不平衡、金融为"三农"服务的不充分，严重制约着乡村振兴战略和区域协调发展战略的有效实施。要破解这些不平衡不充分难题，需要跳出"融资"的思维框架，综合发挥各种金融功能。普惠金融不是一个理论问题，经济和金融理论中均无有关金融应服务于精英阶层和富人的原理。实践层面中存在的金融供给不足、偿债能力难以确定、资产权益难以确定、金融服务成本制约和营业稳定程度不足等，是引致金融普惠性难以充分发挥的主要成因，这些问题应当在实践中予以克服。在中国，长期困扰金融支持"三农"发展的主要成因有四种：工农业产品"剪刀差"、农村资产难以确权、资产收益难有明确的财务簿记和金融运作成本过高。据此，实施普惠金融，支持乡村振兴战略落到实处，需要做好如下六项工作：落实土地确权工作，加速提高农业生产的集约化程度，进一步完善农业生产组织，充分运用手机、互联网等现代信息科技手段，充分发挥财政机制和慈善公益机制的作用，积极开展金融创新。冯兴元（2018）从金融生态与功能视角分析了"三农"互联网金融的创新与发展，梳理了各种"三农"互联网金融创新模式，总结了其总体特点、作用和可能产生的风险，肯定了当前"三农"互联网金融创新与发展对于健全农村金融系统、改善农村金融生态和更好地发挥金融功能的积极贡献，还提出了改善"三农"互联网金融生态、促进其金融功能发挥以及化解相应金融风险的思路和对策。郭建辉（2018）认为互联网金融的本质与核心是金融，它将现代网络技术、互联网精神、金融功能充分融合，构建了不同于传统金融体系的新金融模式和金融业态。当前我国国家主导型的金融体系存在的制度缺陷、服务不足和供给短缺使我国互联网金融发展具有内生性的逻辑特性。从驱动因素来看，技术进步和政府宏观层面、社会经济微观层面驱使互联网金融加快发展，从而实现金融的功能效应。研究发现，在互联网金融发展过程中，其主要定位和聚焦于市场上众多的中小微企业和弱势地区，因而其不同于传统金融，具有民间金融的特性。互联网金融通过提升市场效率、促进金融创新扩散、实现市场价格发现、优化经济增长要素配置，逐步改善我国金融市场长期存在的效率低下、创新不足、资金价格扭曲、金融资源配置落后等问题，从而满足了更广大的市场和更多样的群体对金融的需要，促进实体经济发展。

四、金融脱媒理论

"脱媒"（disintermediation）一般是指在进行交易时跳过所有中间人而直接在供需双方间进行。在金融领域，脱媒是指"金融非中介化"，因为存款人可以从投资基金和证券寻求更高回报的机会，而公司借款人可通过向机构投资者出售债券获得低成本的资金，削弱了银行的金融中介作用。

金融脱媒（financial disintermediation），又称金融去中介化。从最初出现到现在，金融脱媒的概念出现了变化和扩展。金融脱媒最早出现于20世纪60年代的美国，指的是当时在定期存款利率上限管制条件下，当市场利率水平高于存款机构可支付的存款利率水平时，存款机构的存款资金流向收益更高的证券从而限制了银行可贷资金的现象（Mishkin，2001）。Hester（1969）最早提出金融脱媒的概念，但他认为金融脱媒已在 Gurley 和 Shaw 的思想中有所体现：脱媒代表了从使用中间人的服务向一个或者没有金融交易存在或者金融交易是最终的储蓄者和投资者之间直接的双边交易的基本体系转变。Hamilton（1986）把金融脱媒定义为企业不通过银行或其他金融中介机构在市场上借款。Theodore（2000）把金融脱媒分为四个阶段：第一阶段包括储蓄机构、互助基金、特别养老基金、人寿保险政策对银行存款的影响；第二阶段是金融市场作为信用的提供者承担了银行的部分传统角色；第三阶段是技术进步使得办公室操作更现代化，从而降低了对银行业务的需求；第四阶段是指在过去的十年里随着 ATMS、电话银行、个人电脑系统和互联网的普及所产生的银行产品分销的脱媒。Harmes（2001）认为金融脱媒在投资者或者金融工具购买者与生产者直接交易产品时发生，这时跳过了像保险经纪人这样的中介机构。国内学者对金融脱媒的理解也不尽相同。辛琪（1990）认为金融脱媒是指融资行为不经过金融中介机构转手而直接发生于投资者与筹资者之间的现象。唐旭（2006）从狭义和广义两个层次对金融脱媒进行了定义：狭义的金融脱媒是指在存款利率上限管制条件下，货币市场利率水平高于存款机构可支付存款利率水平时，存款机构的存款资金大量流向货币市场工具的现象；广义的金融脱媒不仅指存款资金流向高息资产，而且指资金使用方不再经过金融中介，直接在货币市场发行短期债务工具的行为。李扬（2007）认为金融脱媒是资金盈余者和资金短缺者不通过银行等金融中介机构直接进行资金交易的现象，而"媒"就是金融中介机构。

如果说资本市场是金融第一次"脱媒"的推手，那么互联网金融的出现则加速了金融二次"脱媒"的进程。互联网金融极大地解决了信息不对称性的问题，依靠大数据、云计算，互联网平台的信息发布更有时效性、信息流整合能力更强大、数据处理能力更为高效，具有更高的金融服务效率。互联网金融的出现极大地降低了交易成本，在脱离中介的情况下照样可以满足自身的投融资需求或者理财需求；少了金融中介这个中间环节，供需双方可以直接交流，沟通更有效率。无论从金融的第一次"脱媒"还是第二次"脱媒"来看，其背后的推动力都是当前的金融服务体系满足不了市场上日益多样化的金融服务需求。需求推动市场改革推动金融脱媒。互联网金融模式贯穿着互联网的精神，在这里人人平等，无论你是精英还是草根都能够享受金融服务，使金融服务范围更加广泛性，真正践行了普惠金融理念。Lapavitsas 和 Dos Santos

(2009)、Srivastava(2014)研究认为互联网金融对于促进金融二次脱媒、提升金融体系运行效率、提高风险管理水平功不可没。郑志来(2015)基于互联网金融五种发展业态和目前互联网金融研究现状,指出了互联网金融在解决信息不对称、长尾客户、碎片化理财和大数据预测方面,与传统商业银行相比具有比较优势,会引起金融脱媒。在此基础上,进一步分析了互联网金融在理财产品互联网销售渠道、中小微企业贷款、消费信贷和第三方支付四个方面对传统商业银行形成挤占和替代。并根据互联网金融对中小微企业融资现有模式,从P2P网贷平台、股权众筹融资平台和大数据金融平台三条路径提出了优化和修正,指出互联网金融中小微企业融资发展方向。最后提出了互联网与传统金融应加强融合、借助线上数据挖掘和线下部门信息辅助决策来加快建设全国统一信用评价体系和政府尽早出台促进互联网金融健康可持续发展纲领性文件的建议。李瑞雪(2015)认为互联网金融脱媒的本身是金融创新的体现,具有不同于传统金融脱媒的特点。互联网金融脱媒为我国金融监管提出了包括监管制度缺位、货币政策有效性和利率价格形成机制受到冲击、虚拟信用平台具有较大市场风险以及互联网金融市场竞争秩序混乱等问题在内的诸多挑战。为此必须积极推进利率市场化改革,采取依法规范虚拟信用平台运作以及依法维护互联网金融市场竞争秩序等措施,通过金融监管法律制度构建,最终实现互联网金融创新使福利全社会公平分享。

五、新信用理论

信用是金融的内核和基石,也是金融的生命线。信用风险是传统金融三大风险中的基础风险。如何评估信用等级,如何观测、缓释和对冲信用风险,在现行金融运行框架中已有相对成熟的理论、技术和方法。一般而论,在现行信用评级理论和方法中,信用的优劣、高低通常与企业的资产规模、财务状况、资金流量和个人的身份地位、收入水平、资产规模等有密切的关系,资产抵押或质押通常也是缓释风险的主要机制。在这里,信用与收入、财富、名誉、地位几乎是同义语。基于云数据的互联网金融,从根本上颠覆了传统金融关于信用的定义和观测信用的视角。

实际上,经济主体(企业和个人)的信用状况,最后都要通过其经济行为特别是市场交易行为来体现。在金融活动中,金融交易行为是经济主体信用表现的最好检验。互联网平台所产生的云数据，客观地描述了相关交易主体的履约状况和信用水平，真实地展现了他们的商业行为轨迹。基于对云数据的挖掘、整理、计算而形成的信用观测结果，显然比传统金融对信用的"先验"评估要真实得多、准确得多、客观得多。在这方面，阿里小贷较低的不良率就是一个很好例证。所以互联网金融通过云数据来观测实际交易行为的履约状况，进而判断相关经济主体的信用能力，显然大大地推进了信用理论的内涵。如果说重财务指标、重资产指标等硬指标的信用理论是工业社会的信用理论，进而称其为传统信用理论，那么，基于大数据云计算、侧重于观测实际交易行为轨迹的信用理论就是互联网时代的信用理论，进而也可以称为新信用理论。新信用理论是互联网金融存在和发展的重要理论基石。

第二节 互联网金融的相关研究

近年来，第三方支付、网络借贷、众筹融资以及其他网络金融服务平台等互联网金融迅速崛起，引起了学术界和政策机构的高度重视。从 1995 年银行业开始初步尝试"触网"，开展网上银行和电商业务，到 2000 年后第三方支付迅速发展，到人人贷 P2P 的崛起，再到目前互联网金融百花齐放，余额宝引得活期宝、收益宝、现金宝等相继发展，微信新增支付功能后，华夏基金等各家基金公司纷纷推出微信理财服务，同时网络借贷也正在蓬勃发展，在线信贷逐渐成为大型电商平台的重要战略延伸领域，而通过与互联网的融合，传统保险和基金销售渠道亦在发生深刻的变革。关于国内外学者对互联网金融的相关研究主要有以下几方面。

一、国外相关研究

国外学者对于互联网金融相关问题的研究，主要表现在互联网金融的概念、互联网金融的模式、互联网金融对传统金融业的影响、互联网的金融创新、互联网金融的产业与政策效应等方面。

（1）互联网金融的概念方面：Allen 等（2002）以及 Berger 和 Gleisner（2009）先后指出互联网金融是互联网技术与金融业务有机结合的新型金融模

式,即互联网金融是指所有利用互联网技术进行交易和计算的金融服务和市场。Shahrokhi(2008)认为互联网金融是既不同于商业银行间接融资,也不同于资本市场直接融资的第三种金融融资模式。

(2)互联网金融的模式方面:互联网金融模式最早可以追溯到20世纪70年代,美国全国证券交易协会创立了全国证券业协会行情自动传报系统NAS-DAQ,这标志着互联网金融模式由构想变为实际;1995年成立的美国安全第一网络银行SFBN,则是全球第一家无任何分支机构并且通过互联网提供金融服务的纯网络银行信息化金融机构逐步演变为互联网金融主要运作模式之一;此后,在电子商务发展带动下,第三方支付、P2P网络借贷以及互联网众筹等互联网金融新业态不断涌现。其中,第三方支付形成了以Paypal、Worldpay、Amazon Payments、PayDirect等公司为代表的分布格局;P2P形成了以Prosper、Zopa、LendingClub以及Kiva为代表的不同运作模式;在众筹方面,"众筹金融先锋"——ArtistShare引领股权众筹新发展等。可以看出,互联网金融基于自身互联网及信息技术优势,对传统金融产生了强有力的替代效应,也极大提高了金融服务水平(Allen et al.,2002)。国外学者关注第三方支付、P2P网络借贷和互联网众筹成果较为集中,并从不同维度形成了一些新观点和新认知。

关于第三方支付研究方面,国外学者主要从电子支付角度切入,关注较多的是电子支付的安全性及效果评价。例如,Wright(1999)以信用卡支付系统演化为出发点,提出虽然这些支付系统采用了加密技术来保障安全性,但是互联网消费者"网购"意愿并不强烈,因为他们担心黑客会窃取其财务信息。为此,学者普遍认为随着商业模式由面对面交易、邮购和电话订购转向电子商务,第三方支付发展中所面临的关键问题就是网络安全性问题(Pierce and Tewari,2001),但如有认证、授权等安全功能,通过隐私和加密可以打消用户顾虑、提高支付安全性(Almaaitah et al.,2011)。当然,也有学者对此持反对意见,并从消费者对电子支付系统感知影响因素角度予以论证。例如,Teoh等(2013)研究了马来西亚的消费者对电子支付感知的影响因素,并发现福利、自我效能、易用性对消费电子支付感知有显著影响,但信任、安全性等因素对电子支付感知的影响则并不显著。而在效果评价方面,学者主要从其对经济增长影响的角度进行研究。例如,Oyewole等(2013)认为技术进步所催生的电子支付体系,为经济交流提供了有力的交易媒介,进而研究在尼日利亚电子支付与经济增长间存在显著正相关关系。

关于 P2P 网络借贷的研究方面，国外学者的研究领域主要集中于平台存在的信息不对称问题以及其减贫效应。在对 P2P 网络借贷信息不对称问题的研究方面，学者主要以案例研究和辅助其他方法手段为主。例如，Freedman 和 Jin（2008）以 Prosper 平台为例，利用 2006 年 6 月 1 日至 2008 年 7 月 31 日的交易数据进行实证，因为平台考察的是信用等级，而不是实际信用评分，因此，两位学者发现社交网络并没有改善 P2P 借贷平台的信息不对称问题。但也有学者对此提出了不同意见。例如，Herrero-Lopez（2009）认为互联网 P2P 贷款是小额贷款概念的演变，是"小贷原则"在互联网社区中的应用。一些平台如 Prosper、Zopa 或 Lending Club 等建立了借款人和贷款人的互动联结机制，并通过社交网络增加了其贷款的可获性。从研究成果来看，学者们对 P2P 持有积极态度并看好其发展前景。Riggins 和 Weber（2011）认为互联网 P2P 发展为小额信贷筹资、扶贫资金配置创造了新机遇。在存在识别偏差的情况下，可以利用 P2P 借贷网络增加总体减贫捐款，尽管这样的网络可能导致资金分配效率低下，但当存在强烈认同偏见时，这种低效机制可以实现贫困减少。

关于互联网众筹的研究方面，国外学者对互联网众筹前沿——股权众筹的关注较多。Sharp（2014）对互联网股权众筹给予较高的评价，认为其代表一种"全球性"现象。其构建理论框架研究发现，投资者对于互联网股权众筹平台潜在风险的筛选是成功的关键因素；企业家在阐释项目时若通过视频方式进行叙述，股权众筹的成功率会大增。但也有学者认为更高比例的知情投资者和优质的投资项目也并不一定能增加股权众筹的成功比率（Parker，2014），除这两个方面外，创始人行为、信息传递和非制度性安排也可能影响互联网股权众筹项目的成功率。Mollick（2014）以 Crowdfunding 为例，研究发现绝大多数创始人对于出资人是履行义务的，但是 75% 的创始人所交付的产品晚于预期，创始人延迟交付行为将直接影响到项目资金的预计投入程度。Vismara（2015）以世界领先的股权众筹平台 Crowdcube 为例，研究发现早期投资者影响后期投资者，投资者间的"信息传递"会直接增强互联网股权众筹的吸引力和成功率。Kshetri（2017）认为企业家能力及其提高股权众筹的努力程度等一些"非制度性安排"，对于互联网股权众筹影响较大，为此，要提高互联网股权众筹成功率，就应关注这些"非制度性安排"。

（3）互联网金融对传统金融业的影响：Sahlman（1990）基于博弈和委托代理的角度，发现互联网金融平台中投资者能够根据线上的信息判断融资方的信用水平，因此可以对融资方进行激励约束，促使双方期望趋于一致。Anonymours（1999）认为，互联网是把"双刃剑"，在促进商业银行模式转型和升级的同时，也给传统金融体系带来了风险。Brewer（2001）研究显示，相比于中小型银行，大型商业银行更加愿意通过互联网来提高自身的竞争力。Acharya 和 Albert（2004）也指出，网络银行是商业银行的替代品，迫于压力，银行不得不使用互联网。Lapavitsas（2008）利用美国最大的互联网金融平台 Prosper 数据发现，互联网金融技术创新带来的"学习效应"有助于包括商业银行在内的传统金融进行更好的风险管理，缓解借贷双方的信息不对称。Syed 和 Nida（2013）研究揭示，互联网金融与商业银行在金融功能方面各有比较优势，应引导两者竞争和合作，促进金融发展和创新。但 Roger（1999）以传统的商业银行为研究对象，认为互联网金融在改变商业银行服务模式的同时，其资产和负债两个方面的跨期风险不仅未能减小，反而面临着更大的信用风险和贬值风险。

（4）互联网的金融创新方面：主要表现在互联网货币、新的金融中介或机构、新的金融运营方式或产品、新的支付手段与模式。Tarazi 和 Breloff（2010）比较了传统银行模式和移动金融模式；Freedman 和 Jin（2011）分析了 P2P 网络借贷和传统借贷的关系；Jacobs（2011）和 Grinberg（2012）对比特币的相关法律问题进行了分析；Woo（2013）对比特币的内在价值进行了研究；Agrawal 等（2013）详尽介绍了众筹融资的运行机制和发展态势，并从理论角度提出了众筹融资机制的设计思想。

（5）互联网金融的产业与政策效应方面：主要表现在对金融市场与金融制度的影响、对金融监管的影响、对宏观经济运行与宏观经济政策的影响。Economides（1993）研究发现，互联网在金融业的普及则会显著降低金融业交易成本，拓展金融市场规模；Andrianaivo 和 Kpodar（2011）分析了信息通信技术（ICT）对金融的影响，认为手机发展降低了金融资源的获取成本，促进了经济增长；Sassi 和 Goaied（2013）利用动态面板模型证明了 ICT 与金融发展之间正相关；国际清算银行（BIS，2012）认为非银行机构发行的电子货币对中央银行的货币控制有一定影响，但央行可运用多种方式进行干预；欧洲央行（ECB，2012）也得出了与 BIS 的观点类似。

从相关文献可知，国外学者对于互联网金融研究成果主要体现在互联网金融的概念、互联网金融的模式、互联网金融对传统金融业的影响、互联网的金融创新、互联网金融的产业与政策效应等方面。这些研究成果对于开展中国互联网金融研究有一定指导和借鉴价值，有利于在综合比较基础上发现互联网金融发展的一般规律和演进趋势。但从中也可以看出，尽管互联网金融诞生于美欧等国，其金融体系已经十分健全和发达，但互联网金融并未形成整体性概念框架和综合认知。

二、国内相关研究

国内学者对于互联网金融相关问题的研究，主要表现在互联网金融的发展背景、互联网金融的内涵、互联网金融的模式、互联网金融对传统金融业的影响、互联网金融对中小企业融资、互联网金融的监管、互联网金融对宏观经济的影响等方面。

（一）互联网金融的发展背景

在我国，互联网金融是随着整个金融业的发展和互联网技术的飞速进步而成长和壮大起来的。从互联网金融发展的背景来看，学者们一致认可互联网金融离不开我国社会经济发展、产业技术进步、企业民众需求、国家层面支持等这些社会大背景。朱晋川（2013）认为互联网金融的兴起和发展，不仅是金融与科技的融合，更是金融业态和模式、金融理论和机制的创新契机。从互联网金融的概念界定入手，深刻分析了其产生背后的供需因素，全面论述了互联网金融现阶段的市场主体、竞争格局、业态模式等内容，并对传统金融机构与互联网企业之间的冲击效应进行了实证分析。在此基础上，又对互联网金融发展趋势的影响因素做了分析和述评；李真（2014）认为，从历史性的维度审视，互联网金融的诞生与发展有着深刻的社会背景和时代诉求；李继尊（2015）指出，近年来我国互联网快速普及，为互联网金融的兴起提供了庞大而坚实的网络、终端、用户和应用基础。

（二）互联网金融内涵的研究

目前，学术界还未对互联网金融形成统一的、广泛认可的定义，不同的学者都尝试着用自己的观点解释互联网金融的内涵。从互联网金融发展的本质内涵来看，被广泛接受和认可的定义是：互联网金融是基于互联网精神的现代网络技术和传统金融业相结合而形成的一种新的金融模式和业态。互联网金融的概念最早由学者谢平和邹传伟（2012）提出，定义互联网金融为"第三种金融融资模式"。它既不同于在资本市场上直接融资，也不同于商业银行间接融资，而是随着移动支付、搜索引擎与云计算技术的发展而兴起。闫真宇（2013）以及陶娅娜（2013）等学者认为互联网金融是一种新金融模式，即互联网金融依托于现代信息科技运作，是在支付、信息处理、风险及资源配置等方面与商业银行和资本市场金融融资模式存在较大差异的第三种融资模式，也就是说，互联网金融是不同于商业银行间接融资，也不同于资本市场直接融资的第三种金融模式，通过这种模式，能大幅降低交易成本，简化交易程序，促进有效市场的实现。周宇（2013）提出，广义上，凡是依托于互联网进行的金融活动都属于互联网金融的范畴，互联网金融包括两部分：一是即银行、证券、保险等传统金融业务由线下转为线上，实现网络化的金融服务；二是以电商企业为主导，通过进行互联网创新所推出的新兴金融业务，而狭义的互联网金融仅包含后者。宫晓林（2013）认为，互联网金融是依托现代信息科技进行的金融活动，具有融资、支付和交易中介等功能。李博和董亮（2013）认为，从服务的形式来看，互联网金融可分为传统金融服务的互联网延伸（如电子银行等）、金融的互联网居间服务（如第三方支付平台、P2P 网贷、众筹网络等）和互联网金融服务（如网络基金、保险销售和融资等）。其中，金融的互联网居间服务和互联网金融服务组成狭义互联网金融，而传统金融服务的互联网延伸属于广义互联网金融。杨涛（2013）认为，互联网金融是指互联网技术在金融活动中的运用与创新，互联网金融没有改变金融的实质，只是将线下传统金融模式披上了互联网外衣。王曙光和张春霞（2014）认为，根据施行主体的不同，互联网金融业务可分为两大类：一类是传统金融业务的线上化，另一类是基于互联网向用户提供第三方金融服务所形成的。杨东（2014）则认为互联网金融并非互联网与金融之间的简单结合，而是科技创新与现代金融创新的融合。陆岷峰和刘凤（2014）认为，融通资金是金融的本质，所以互联网金融是通过互联网技术来最大限度地促进资金流通，从而逐渐弱化金融中介在经济运行的作用的一种模式。吴晓求（2015）认为，互联网金融是基于互联网信息技术，通过互联网平台来运行的具备相应金融功能的一种新型的金融业态，并提出互联网金融可归于第三方支付、网络投资、网络融资以及网络货币四种类型。曹凤岐（2015）认为，互联网金融是一种新型金融模式，是互联网和金融的结合，是借助互联网技术和移动通信技术实现资金融通、支付和信息中介的职能。张红伟和徐鐴菲（2016）认为互联网金融重构了金融生态圈，是一种新型金融融资模式。杨德勇等（2017）认为互联网金融是金融与新技术的趋势性整合产生的一种新兴金融业态。姚珊珊等（2017）认为互联网金融是传统金融业与云计算、移动通信、大数据等互联网信息技术相结合来实现支付、融资、资源配置以及信息处理等多种金融业务的新模式。张兆曦和赵新娥（2017）提出互联网金融是传统金融机构与互联网企业通过利用互联网信息技术，在互联网平台上实现支付、投资、融资等金融服务的一种新兴金融业态和服务系统。中国人民银行发布《中国金融稳定报告（2014）》中指出，一般来说，互联网金融是互联网与金融的结合，是借助互联网和移动通信技术实现资金融通、支付和信息中介功能的新兴金融模式。广义的互联网金融既包括作为非金融机构的互联网企业从事的金融业务，也包括金融机构通过互联网开展的业务。狭义的互联网金融仅指互联网企业开展的、基于互联网技术的金融业务。

但也有学者对此持保留或反对意见，认为互联网金融并不是一种金融创新。例如，郑联盛（2014）认为互联网金融没有改变金融的本质，是传统金融通过互联网技术在理念、思维、流程及业务等方面的延展、升级与创新。李炳和赵阳（2014）认为，对于传统金融而言，互联网金融的核心功能不变，金融契约内涵不变，金融风险、外部性等概念的内涵也不变。王达（2014）认为互联网金融只是在金融销售渠道和获取渠道意义上的创新，而并非是支付结构或金融产品意义上的"新金融"。王国刚和张扬（2015）认为，互联网金融只是拓宽了金融销售渠道和获利渠道，并没有改变金融实质、金融功能以及金融精神。

（三）互联网金融模式的研究

随着互联网金融的不断发展与学者们对其研究的不断深入，学者们尝试从不同的角度来对互联网金融模式进行划分，并不断丰富和细致对互联网金融模式的分析。

我国学者主要从互联网金融服务形式、业务功能、模式类型、经营模式等角度来分析互联网金融的主要模式。谢平（2012）提出了互联网金融模式，在理论上证明了其在降低交易成本、改善支付方式和提高资源配置效率具有优势，以及出现了第三方支付和人人贷两种实践模式。李博和董亮（2013）从互联网金融服务形式的角度出发，将互联网金融分为三种主要的模式：一是传统金融服务的互联网延伸，是指传统金融机构借助于互联网平台来对其金融服务业务进行线下至线上的拓展，包括手机银行、电子银行等服务；二是互联网居间服务，主要包括网络众筹、第三方支付及P2P借贷等模式；三是由电商企业主导设立的基金、保险和融资等以金融网络平台为主的互联网金融服务。王曙光和张春霞（2014）从业务功能的角度将我国互联网金融模式分为：支付、理财、融资和服务平台型四类。杨云龙和何文虎（2014）从互联网金融的模式类型将其分为：网络银行、网络支付结算、网络货币、网络投资理财、网络融资、网络证券和网络保险七种模式。彭涵祺和龙薇（2014）根据经营模式将互联网金融模式分为：第三方支付、虚拟货币、网络融资、网络销售和传统金融机构线上销售业务。张兆曦和赵新娥（2017）对互联网金融模式分类大体上与杨云龙和何文虎（2014）类似，他们认为互联网金融包括互联网支付、股权众筹融资、网络借贷、网络基金、网络保险、网络信托、网络消费金融七类，但又不限于以上内容。2014年的《中国金融稳定报告》将互联网金融分为六大业务模式：互联网支付、P2P网络借贷、非P2P的网络小额贷款、众筹融资、金融机构创新型互联网平台、基于互联网的基金销售。

关于第三方支付的相关研究：仕曙明和张静（2013）等阐述了第三方支付服务、第三方支付企业以及第三方支付产业的内涵，分析了第三方支付产业的双边市场特征。王海文和李渡石（2014）描述了第三方支付在文化服务交易中的两种发展模式：互联网支付模式与移动支付模式，并指出了目前第三方支付在文化服务中暂时有所欠之处以及相应的建议。张文庆等（2015）研究表明，目前我国第三方支付替代的主要是流通中的现金和活期存款，对储蓄和单位定期存款的影响较小。刘德文和姚山季（2016）基于TAM模型，以支付宝为例建立了结构方程模型（SEM）并进行实证分析，从感知有用性、感知易用性和感知风险深入研究了消费者对于第三方支付的支付意愿。杨静和张双才（2016）通过联立方程模型进一步发现，电子商务与第三方支付、第三方支付与网上支付用户规模相互正向促进，且电子商务对第三方支付的促进作用大于网上支付用户规模和信用卡发行量的影响。陶士贵和邹艺（2017）从理论和实证两个方面分析了第三方支付会对货币流通速度的影响，研究发现第三方支付在长期范围内会抑制现金和狭义货币流通速度，刺激广义货币流通速度。姚梅和芳狄鹤（2017）证实我国第三方支付对商业银行盈利水平的积极作用显著大于消极作用，且这种正向作用机制保持了比较明显的长期稳定性。李淑锦和陈莹（2017）研究了第三方支付对我国上市银行非利息收入的"溢出效应"，实证结果表明，第三方支付在5%的显著性水平下对于上市国有、非国有银行均存在正的"溢出效应"，且第三方支付对非国有银行的非利息收入"溢出效应"更为显著。李二亮（2018）采用焦点小组访谈法，重新研究消费者对于移动第三方支付工具选择的影响因素以及不同人群移动第三方支付选择使用的差异。李松涛和危怀安（2018）通过设计针对第三方支付机构和监管机构以及个人问卷、对调查结果使用结构方程模型进行了多元化数据分析，给出了第三方支付市场信息安全监管的原则、目标、对策及建议。

关于P2P网络借贷的相关研究：缪莲英和陈金龙（2014）通过Prosper平台数据，研究发现增加借款人社会资本能够有效降低违约风险。廖理等（2014）利用"人人贷"平台的历史数据证实，非完全市场化的利率部分确实反映了借款人的违约风险，但仍有相当高比例的违约风险未被反映在利率当中。郭峰（2016）利用"人人贷"平台数据研究了网络昵称和真实姓名对P2P借贷项目违约概率的影响。李思瑶等（2016）将"人人贷"平台数据中的用户基本信息与财务特征加以量化，并确认了相关变量对贷款项目违约概率的影响为正相关、负相关或无显著关系。刘志洋（2016）认为当前P2P平台借贷利率与清末民初的民间借贷利率相比大致相仿，P2P网络借贷的实质仅仅是民间借贷的延续，P2P网络借贷中精准定价的技术优势未能得到充分体现。何光辉等（2017）运用Logistic模型分析中国网络借贷平台风险的决定因素，并进行包括Probit模型在内的稳健性检验。研究归纳了问题平台的特征，如性质为民营公司，整体实力弱；股东少，公司治理机制弱；利率高，违约控制措施少；道德风险高。窦新华、孟鑫泊和周方召（2018）以"人人贷"2011年1月至2015年12月间有效订单数据为样本，实证检验了P2P网贷市场中的非理性"性别歧视"。研究发现，女性更不容易获得借款，另外，女性的学历背景也无助于提高女性的借款成功率，说明女性借款人在中国P2P网贷市场中受到了较为严重的非理性偏好歧视。彭红枫和徐瑞峰（2018）基于"人人贷"平台的历史数据，研究P2P网络借贷平台的利率定价，结果表明，通过基于"人人贷"平台数据测算得到的贷款项目违约概率加以分析发现，33.99%的贷款项目利率被低估，53.83%的贷款项目利率被高估，仅有12.18%的贷款项目利率定价基本合理，这说明中国 P2P 平台贷款项目利率确实存在利率定价不合理的现象。高信用等级贷款项目利率大多被高估，低信用等级贷款项目利率大多被低估；利率被低估的借款人所属行业大多为低端服务业及其他聘用人员流动性较强的服务行业，利率被高估的借款人所属行业则大多属于农业、制造业等劳动密集型产业，而其他行业理论利率与真实利率差异不大。

关于互联网众筹的相关研究：范家琛（2013）从众筹的商业运作模式角度，将众筹定义为发起者借助众筹平台建立自己的网页，通过网页中的项目介绍，向公众募集资金。张立红（2014）研究了互联网带来的众筹出版模式给出版业所带来的新的契机。在这一出版模式下，公众提供选题、建议、出版内容及资金支持等，可以起到很好的判断作用及宣传作用。张成虎和李霖魁（2015）从众筹项目的选择、成果转化和空间分布三个方面对中国主流众筹模式的现状和特征进行了探究。郑海超等（2015）在 Ahlers 等人研究的基础上，在影响因素中加入了项目估值和产品状态（产品状态处于尚未启动、开发中、已上市、已有收入和已盈利），结果显示，项目估值会对众筹结果产生显著影响，而产品状态与众筹结果间并无显著的相关关系。姚卓和陈晓红等（2016）将影响众筹融资绩效的发起者因素归为创业者特质，发现发起者的工作经历、发行项目经历会对众筹结果有影响，发起者的失败项目经历与众筹成功间呈显著的负相关。王伟（2016）证实众筹项目发起者的语言风格将会影响到潜在支持者的投资意愿，并对众筹结果产生影响。李晓鑫等（2016）检验了众筹项目众筹次数对于后续获得投资概率的影响，认为众筹市场中存在"羊群"效应。吴文清等（2016）采用实验研究证实众筹市场存在着"羊群"行为。刘杰和刘友金（2016）抽样调查了长株潭地区产业园区小微企业的融资需求与融资行为，并采用 PROBIT 模型对其内部外部影响因素进行检验。研究发现，在企业内部影响因素中，企业的主营业务和企业主文化水平对众筹融资需求有正向影响，企业成立年限和营业收入对众筹融资需求有负向影响；在企业外部影响因素中，律法支持度和融资成本对小微企业网络众筹需求有正向影响，政府机构支持度和金融机构支持度对众筹需求有负向影响。苏会灵（2018）以万达广场众筹项目为案例，揭示了商业地产众筹融资模式的问题与好处，得出了众筹模式主要适用于大型商业地产企业的结论。赵颖和蔡俊英（2018）提出众筹融资模式与科技型中小企业的需求具有高度的契合性，并提出了构建高科技小微企业的四种众筹模式：基金入股众筹模式、"政府领投 +

跟投"众筹模式、协同创新众筹模式、网络联保众筹模式。张长江等（2018）研究了融资者社会资本和股权出让对股权众筹融资绩效的影响，实证结果表明，融资者社会资本对股权众筹融资绩效的影响不明确，股权出让比例高会降低融资绩效，社会资本和股权出让的交互效应负向作用于融资绩效。李正昕和吴婵君（2018）以京东东家和36氪股权投资两家股权众筹网站的初创型多边平台企业为样本，构建了包含客户细分、核心资源、沟通形式及盈利模式等在内的商业模式核心要素的组成模型并对样本企业进行了实证研究。结果显示，商业模式各核心要素的具体表现形态是企业间股权众筹融资绩效产生差异的重要原因。蒋致远和王梦欣（2018）首先分析了P2P网贷融资平台的发展现状和优势，以社会网络与众筹融资关系为理论依据，通过实地调研、电子邮件问卷调查和委外信息采集等方式收集的数据作为原始数据，分析中小企业众筹融资的影响因素。在此基础上对众筹融资需求满足、社会网络关系强度、资产负债率、现金流量、外部资金成本、经营绩效等指标的原始数据进行描述性统计分析，总结中小企业通过互联融资款的可行性，分析其行业前景。研究结果显示，互联网金融贷款可得性、企业网络关系强度和人企网络关系强度与众筹融资需求满足存在显著正相关关系。彭红枫和林川（2018）用实证研究的方式进一步证实了众筹融资中的"羊群"行为，研究还发现，众筹融资市场中不仅存在简单模仿他人的非理性"羊群"投资行为，而且存在积极学习的理性"羊群"行为。员明（2018）在分析我国股权众筹融资行业现状基础上，重点研究了京东东家创投版和消费版两种运作模式的业务定位、运作流程、机制以及存在的难点。

（四）互联网金融对传统金融业的影响

在互联网金融业态下，凭借着互联网信息技术和移动通信技术，以电商、第三方支付商以及电信运营商等为代表的新型金融群体迅速崛起，通过互联网平台不断进行金融创新，在支付、结算和融资等金融领域内迅猛布局，这在很大程度上表明互联网金融能够在存、贷、汇业务等业务上替代银行来为客户提供金融服务。互联网金融的快速发展正切实影响着人民的生活与消费方式，互联网金融模式颠覆着商业银行的传统金融服务方式，给传统的银行业带来了巨大的挑战与冲击。

曾刚（2012）从货币金融理论的视角分析互联网金融的发展，指出互联网金融在多数金融功能的发挥上较传统金融更有效率，交易成本和风险成本可能都会更低。刘澜飚（2013）提出了互联网金融模式目前相对于传统金融缺乏监管，业务规模较小，其与传统金融模式不仅是竞争关系，两者之间也存在相互融合。梁璋和沈凡（2013）以阿里金融为例，分析了互联网金融模式对商业银行带来的挑战。阿里集团基于其旗下的支付宝、淘宝等平台上所积累的客户的相关信息，能够以低成本、高效率的优势构建其信用评价机制与风险控制机制，并在此基础上开展支付、贷款、保险等金融业务，使传统的银行业务面临着客户流失、资金渠道受挤、竞争加剧的被边缘化及被蚕食的风险，资金来源减少，存贷利差收紧会迫使银行进行转型。包爱民（2013）分析了互联网金融对传统金融的挑战与风险防范。邱峰（2013）分析了互联网金融对商业银行的冲击和挑战。郑联盛（2014）认为，互联网金融对传统金融业、中国金融体系的冲击是有限的。吴晓求（2014）认为，在互联网金融的渗透、竞争与冲击下，传统金融业的运行模式和结构将会发生巨大变革，金融功能的效率将得到很大程度的提高。龚明华（2014）认为，互联网金融与传统银行业是相互促进、相互补充和相互竞争的关系。袁博（2014）提出了互联网金融对传统金融带来去中介化、泛金融化和全智能化挑战，传统金融须做好服务功能、渠道和平台模式等方面创新来应对。张砾（2014）认为互联网金融能够使客户在不受时间和空间的限制下实现金融管理的自助化，并且在信息处理及支付方式相对于商业银行具有明显的优势。陆岷峰和刘凤（2014）认为互联网金融对于我国商业银行业务的影响主要体现在三个方面：一是网上银行、支付宝等新兴的互联网支付手段对银行传统的支付结算业务造成了冲击；二是互联网金额通过P2P、阿里金融以及电商企业与其他金融机构合作进行放贷的供应链金融模式介入银行的融资业务；三是以各种宝宝类产品为代表的互联网投资工具对商业银行投资理财业务造成冲击。李森焱和吕莲菊（2014）提出互联网金融业虽蓬勃发展，但仍存在较大的风险，对商业银行的传统业务冲击作用日益明显。李渊博（2014）基于23个省份面板数据，对我国互联网金融创新与商业银行经济发展关系进行实证研究，其结论表明互联网金融创新是商业银行经济发展的长期单向原因，并呈现对传统商业银行模式替代情形，从短期来看两者关系不显著。方芳和李聪（2014）从金融功能的视角分析互联网金融不同业态，阐述它在支付结算、资源配置、信息管理和风险管理功能方面的优势与不足，是传统金融的有益补充，具有金融"脱媒化"和"普惠性"

的明显特征。吴晓求（2015）认为中国金融体系存在市场化程度不高、平滑风险能力弱、国际化程度低的缺陷，因此必须通过发展资本市场推进金融体系"宽度"改革，通过开放和国际化推动金融体系"长度"改革，而互联网金融发展将会牵引金融体系的"深度"改革。互联网与金融具有基因契合的特点，互联网与金融系统的资源配置、支付结算、风险配置和竞价机制四种基本功能相耦合，因而能大大优化这些功能，最后分析了互联网金融与传统金融的替代边界，指出未来的金融业态是在竞争中共存、在共存中竞争。彭迪云（2015）研究了互联网金融与商业银行之间存在共生关系，认为商业银行是目前金融市场主流，但互联网金融模式表现出的差异性，倒逼商业银行改革。曹凤岐（2015）认为互联网金融的发展改变了中国长期处于"金融抑制"之中，资金主要有银行配置的金融形态，互联网金融改变了银行对金融让长期垄断的情况，形成了对传统金融的挑战甚至是颠覆。郭品和沈悦（2015）通过建立理论模型，并以我国36家商业银行为样本，实证研究互联网金融对我国商业银行的动态影响。郑志来（2015）强调互联网金融对商业银行的负债、资产和中间业务产生了剧烈冲击，并将与商业银行形成负债端快速分流、资产端错位竞争、支付端分庭抗争的局面。王锦虹（2015）的研究表明，互联网金融领域中的逆向选择和资金错配所导致的信用风险并没有因为互联网技术的运用而降低。黄锐（2016）基于98家商业银行数据，指出互联网金融通过技术溢出效应提升商业银行盈利水平，但对商业银行的存贷款增速和规模形成影响。刘忠璐（2016）在运用因子分析合成互联网金融指数的基础上，实证检验互联网金融对我国商业银行风险承担的影响，结果表明，互联网金融的发展降低了商业银行的风险承担，但是这种影响因银行类型的不同而存在差异性，促进了整个金融体系的稳定。郭捷和周婧（2016）基于CRS模型和VRS模型对我国16家商业银行进行了实证分析，以研究互联网金融对传统银行造成的冲击和影响，发展互联网金融在一定程度上抢占了传统银行业务，影响了商业银行的运行效率。何恩良等（2016）以支付宝和财付通为例指出互联网金融对银行的支付业务造成巨大冲击；说明陆金所、京东众筹和蚂蚁小贷等互联网投融资平台拓宽了人民的投融资渠道，简化了借贷方式，极大影响了银行传统的借贷业务。靳永辉（2017）对商业银行进行的实证研究表明：互联网金融的发展弱化了商业银行的支付与中介功能，冲击了商业银行的信贷业务，在一定程度上减少了商业银行的利润。吴本健等（2017）认为互联网金融与传统金融虽然是互补关系，但互联网金融在去中介化的资源配置中，导致传统金融的盈利能力下降和风险水平上升。邹静和王洪卫（2017）则运用突变分析和 SVAR 模型实证分析了互联网金融对传统金融存在明显的"期限结构效应"，认为互联网金融增加了传统金融的风险承担。郑志来（2018）认为互联网金融颠覆传统商业银行盈利模式，形成"金融脱媒"，对商业银行负债业务、资产业务和中间业务产生深远影响。基于"双创经济"宏观背景，结合互联网金融创新，提出了供给侧视角下商业银行结构性改革路径：基于共享金融和普惠金融要求，对商业银行现有结构进行调整和内在优化；通过增设民营银行、互联网金融解决线上线下中小微企业融资难、融资贵问题；依托互联网金融创新，将互联网金融作为商业银行供给结构重要组成，促进商业银行业务创新与效率提升。喻微锋和周黛（2018）以中国 61 家商业银行为样本，采用动态广义矩与面板门槛模型，实证研究互联网金融对银行风险的影响。实证结果表明：总体上互联网金融显著提高了商业银行的风险。但是在不同的银行规模下，互联网金融对银行风险的影响存在异质性，对于大银行，互联网金融显著加剧银行风险；而对于小银行，互联网金融对银行风险没有影响。同时，互联网金融对银行风险的影响存在以银行规模为特征的门槛效应，随着银行规模的逐渐增大，互联网金融对银行风险的影响表现为"没有影响——显著提高银行风险——没有影响"。刘丽（2018）认为随着我国金融市场改革的不断深化，作为金融市场核心的商业银行面临着巨大的挑战，商业银行的垄断地位也伴随着新型互联网金融的产生逐渐下降，金融业迎来了一个新的发展格局。其以商业银行为视角分析当前互联网金融的发展现状，对互联网金融和商业银行相关数据进行比较分析，通过理论与数据的结合，从商业银行的业务、经营模式、盈利收入三个角度出发，多维度研究互联网金融对传统商业银行的冲击，并结合商业银行自身的特色与优势，指出我国商业银行的未来发展定位，提出其应对互联网金融冲击的对策建议。吴中超和高洪洋（2018）认为互联网金融凭借着服务效率高、交易成本低、服务覆盖范围等特点，对传统银行，特别是中小银行造成了强烈的冲击。通过分析我国的互联网金融以及中小银行现状，把互联网金融带来的冲击和影响与中小银行自身的优势与问题相结合，总结出互联网金融背景下我国中小银行的四大发展机遇；并进一步提出三大战略模式，为中小银行的成长提供了理论思路。刘洋和孙英隽（2018）认为互联网金融借助其强大的网络数据优势进入了金融市场，在很大程度上扮演了金融中介的角色，丰富了各个企业的融资方式，多种新型的理财产品使金融消费者和投资者有了更多的可选择性，同时对传统商业银行的经营理念和模式产生了深远的影响和巨大的挑战。文章以互联网金融的产生背景和现状为出发点，探讨了互联网金融对商业银行的影响和冲击及商业银行如何实现与互联网金融融合发展的对策。

因此，面对互联网金融的兴起，传统金融业应如何应对呢？目前，学术界的主要观点是传统商业银行应加快自身转型，积极创新，拓展互联网业务，勇于探索互联网下自身发展的新渠道。曹凤岐（2015）提出商业银行应直面互联网金融的挑战，尽快转型，积极进行业务创新，顺应互联网的浪潮，大力探索互联网金融。并提出了商业银行的"四步走"战略：第一，构建要建立自己的互联网支付平台；第二，建立自己的信用中介平台；第三，建立自己的信贷中介平台；第四，构建一体化大平台，为用户提供综合性全面服务。李宁等（2016）认为，由于商业银行传统经营模式的成本较高（固定成本、交易成本及转换成本等）导致商业银行只能集中精力服务于主要客户，而对中小微企业、城镇中低收入人群、农民等群体所构成的长尾市场重视和投入严重不足，金融服务难以全面覆盖所有社会群体，而互联网金融具有降低交易成本的优势，能够利用大数据来降低信息不对称问题，所以商业银行应利用互联网平台，打造"移动+社区"的营销方式来拓展长尾市场，提供多元化的金融服务。此外，何恩良（2016）等还指出商业银行要降低小微企业的贷款成本，加大对小微企业的扶持，把握住小微企业这一客户群体，同时要主动寻求与互联网金融机构的合作，借鉴吸收互联网技术及管理经验，打造自己的互联网金融平台。陈艺云（2017）从营业收入、盈利能力、经营成本、存贷款规模等角度选取衡量商业银行经营状况的指标，利用我国16家上市公司的经营指标，来分析商业银行对互联网金融的学习效应。实证结果表明，互联网金融对商业银行支付、存贷等业务的冲击会倒逼商业银行为减少损失而学习互联网金融技术、经营方法及价值理念，并且小银行相对于大银行显示出更明显的学习效应，所以促进我国银行业市场的竞争，是我国商业银行进行自我转型与完善的重要动力。

（五）互联网金融对中小企业融资的影响

中小企业占到我国企业总数的90%以上，是我国企业构成的主体，是我国实体经济的基石。据工信部统计，截至2015年，我国50%以上的税收、

60%以上的国内生产总值、80%以上的就业岗位和90%以上的新增就业都来自中小微企业,所以中小企业对我国经济的贡献度不容忽视。然而由于对中小企业的征信成本高,以及中小企业自身经营风险大、规模小、没有能够进行抵押贷款的资产,因此中小企业很难在传统金融体系下获得贷款,融资难问题一直是阻碍中小企业发展的首要问题。随着互联网的发展,新的筹融资模式的出现为解决中小企业融资难的现状提供了新的思路与可行路径。

张砾(2014)认为互联网金融的云计算、大数据以及微贷技术,有助于客户信息系统的构建,能够对中小微企业的经营及信用进行合理评价,是对传统融资方式的补充与改进。鞠冉和杨鹭(2014)利用美国 Kickstarter 公司为例,分析出互联网下的众筹模式能够降低投资者投资门槛,汇集大众资金,提高筹资效率,可满足个人及小微企业的贷款需求,是传统融资方式的重要完善与补充。卢馨等(2014)研究了互联网金融环境下小微企业的融资成本,并用数据证明互联网金融在降低小微企业融资成本上所体现的优势和潜力。徐洁等(2014)认为互联网金融为小微企业的融资问题提供了很好的解决方式,认为互联网金融融资有三个主要特点即普惠性、针对性和便捷性,并从资金功能供求关系将把基于互联网的小微企业融资模式分为四种主要模式:点对点融资、大众筹资融资、大数据融资以及电子金融机构—门户融资模式。余薇和秦英(2014)、李淑珍(2016)认为互联网金融相比于传统金融在处理信息、分散风险以及降低成本方面有着绝对的优势,有助于扩大金融服务覆盖范围,并指出互联网金融为中小微企业提供融资服务的四种模式:电商平台融资模式、供应链融资模式、P2P 平台融资模式和众筹平台融资模式。邹丽(2016)以阿里金融为例,通过对阿里金融的经营模式进行分析,研究了大数据下的小微企业的融资模式,认为阿里小贷凭借大数据技术简化了中小企业融资的审核程序,降低了征信成本及融资门槛,提出基于大数据征信系统的构建将对小微企业的信贷业务方面发挥重要作用。周雷和颜芳(2016)基于 P2P 平台的小微借贷信息,采用 Logistic 回归和逐步回归的方法进行实证分析,结果表明,实名认证、信用表现等信息对小微企业融资的影响程度显著强于贷款规模、期限及利率等信息;互联网金融能够帮助小微企业降低融资成本,提高贷款的可获得性。刘柳和屈小娥(2017)通过断点最小二乘法对企业融资进行实证分析,得出互联网金融有利于社会融资结构的改善,所以倡导我国应该继续发展互联网金融来完善我国的社会融资结构。郑彬华和文玉静(2017)、张东博

（2017）提出为进一步推动互联网融资的完善与发展，政府和行业应尽快建立小微企业的信用评价机制与风险预警机制，电商服务平台要加强金融创新，提升自身服务水平以扩大用户规模，助力中小微企业发展。张玉明和迟冬梅（2018）认为互联网金融的"普惠"理念和"草根"特性与小微企业创新融资需求特征相契合，其兴起和发展为小微企业创新活动带来了新的支撑。运用针对小微企业的1857份问卷调研数据和与其所在地相区匹配的202个P2P网络借贷平台数据，实证检验互联网金融发展与小微企业创新表现之间的关系以及企业家异质性对上述关系的影响。研究发现：地区互联网金融发展能够显著促进当地小微企业的创新投入和创新频率；企业家学历水平和社会资本积累越高，互联网金融对小微企业创新的正向影响越显著；企业家任期对互联网金融与小微企业创新关系的影响则呈现倒"U"形特征，低于六年时具有显著的促进作用，高于这一期限则具有反向调节效应。研究结果不仅为金融发展与经济增长微观机理的解释提供了新的视角，也为我国互联网金融发展和小微企业创新融资提供了经验支持。

（六）互联网金融风险与监管的研究

自2013年互联网金融元年起，大量互联网企业通过电商平台，凭借信息技术全面布局金融领域（如阿里金融、京东供应链金融以及腾讯联合中国平安开展保险金融等），到2016年以e租宝为主的大量P2P平台跑路事件的曝光，这警示着人们在享受互联网金融带来便捷服务的同时要警惕其风险。近年来，互联网的飞速发展使互联网金融已经深入人们的生活，影响和改变着人们的生产生活方式，但互联网金融在创新、改变金融服务模式的同时，其在发展过程中的风险依然存在。互联网金融的本质还是金融，仍然具有金融的风险特性（洪娟等，2014；王倩和吴承礼，2016）。从互联网金融风险监管来看，基于不同的立场，不同的学者从不同角度提出了各自的观点，但大家一致认可要认识和防范互联网金融风险，加强对互联网金融的监管。2016年4月，习近平总书记在网络安全和信息化座谈会上提及互联网金融风险时强调，"在发展新技术新业务时，必须警惕风险蔓延"。李克强总理也在2016年《政府工作报告》中明确提出要"规范发展互联网金融"，足以显示我国目前互联网金融存在的风险对互联网未来健康发展的影响之大，加强互联网金融监管，防范互联网金融对现阶段我国互联网金融的进一步发展尤为重要。

基于互联网金融发展中存在的问题，许多学者也从其风险层面进行了深入分析，并提出了关于互联网金融风险防范与监管的若干建议。闫真宇（2013）指出法律政策风险、业务管理风险、网络技术风险、货币政策风险和洗钱犯罪风险是我国互联网金融的主要风险。为此，我国应通过尽快完善互联网金融的法律法规，加强"一行三会"及工信部等部门的分工协作监管，建立消费者权益保护机制等方式来防范金融风险。张芬和吴江（2013）通过对国外互联网金融监管模式的分析研究，并结合国内互联网金融存在的风险，提出了促进和规范我国互联网金融发展的监管思路和政策建议。李博和董亮（2013）指出，互联网金融发展面临以下几个问题：一是行业内部自律松散，外部监管及法律规范缺失；二是信用信息时效性差，违约成本较低；三是技术风险使金融网络平台的安全堪忧。魏鹏（2014）提出，目前互联网金融存在的风险有经营主体风险、法律合规风险、技术操作风险、市场流动风险、资金安全风险以及货币政策风险。张健华（2014）从第三方支付、P2P网络借贷、众筹股权融资等方面分别分析目前监管现状和监管存在的问题，最后提出了各监管部门出台相应实施细则、互联网金融监管指导意见以及加强互联网金融监管协调三个方面的政策建议。宏皓（2014）提出了从政府、互联网行业以及投资者三个方面共同合作规避互联网金融风险，并从信息披露制度建立、监管主体确立、行业自律等方面强化互联网金融监管。戴国强和方鹏飞（2014）认为互联网金融给整个金融行业带来了深刻的影响。互联网金融发展的根本原因是存款利率管制导致的利率扭曲，直接原因是证监会的监管创新和互联网技术的发展。由于构建在互联网企业的支付平台上，支付功能的提供使互联网金融具有货币属性，成为活期存款的替代品。因此，互联网金融的本质是活期存款的利率市场化，它冲击了央行负责的存款利率市场化进程。此外，互联网金融有着较大的流动性风险，可能引发系统性危机，应将其纳入监管框架之下。洪娟等（2014）根据风险来源将互联网风险分为技术风险、操作风险、虚拟风险、法律法规风险、监管覆盖风险五类，并建议通过加强行业自律以及完善互联网金融的风险管理制度来降低互联网金融风险。谢平（2014）等分析了互联网金融监管的必要性与核心原则，认为对互联网金融不能采取自由放任的监管理念，应该以监管促发展，在一定的底线思维和监管红线下，鼓励互联网金融创新。郑联盛（2014）认为分业监管模式的监管体系在面对互联网金融产品可能涉及多个分业领域时，可能出现监管缺陷和漏洞，须强化功能监管。刘志洋

(2015)从互联网金融已经爆发的风险出发,论述了互联网金融监管的原则,并提出互联网金融监管的政策建议。赵春兰(2015)分析了互联网金融运行中潜在的技术风险、信用风险等,构建了我国互联网金融风险的防范制度。俞林等(2015)以P2P网贷为例,通过建立包括企业、借款方、贷款方和监管方在内的博弈模型,提出P2P网贷行业的监管措施。杜杨(2015)则利用复制动态进化机理分析了创新与监管模型中的群体博弈局势的变化形态,揭示出现有金融管理模式下互联网金融创新的路径选择与监管策略之间的博弈互动机制,提出有效的创新战略和有效的监管策略。邵燕(2016)认为通过健全专门的法律、加强金融监管、完善信用体系、建立金融消费多元纠纷解决机制等方式逐渐规范互联网金融市场,充分保障金融消费者的合法权益。韦志康(2016)将目前我国互联网归纳为四大风险:一是由非法集资与非法发售股票引起的法律风险;二是以电子技术实现快捷服务的同时所产生的操作风险;三是在网络化环境下,使得信用关系更加复杂所导致的信用风险;四是互联网金融处于互联网与金融业务的交叉范围,造成监管主体不确定的风险,并提出要通过构建个人信誉体系,加大信息披露力度,尽快完善互联网风险防范的法律规范以及尽快建立互联网行业协会督促行业发展以防范互联网金融风险。欧阳资生和莫廷程(2016)利用我国上证综指日收益率及互联网金融指数,建立Pareto极值分布模型和历史模拟法模型来对互联网的风险进行度量,并通过返回检验对模型的优劣进行判断。实证分析结果表明,我国互联网金融的风险高于整个股票市场的风险。李彩凤和梁静溪(2016)运用模糊层次分析法对我国互联网金融的风险进行实证分析,结果认为我国互联网金融风险的关键驱动因素包括流动性风险、供应商操作风险、支付风险、网络洗钱风险和病毒感染风险。王倩和吴承礼(2016)认为互联网的虚拟性特征引起信息不对称程度增加,增加了投资者的逆向选择与道德风险,互联网金融的普惠性也使得金融风险的生成与传播速度加快,所以要建立和完善互联网金融监管体制,提倡根据具体金融业务与法律的关系来实行功能监管,同时还要加强对消费者的教育与保护,以减少逆向选择与道德风险的发生。黎来芳和牛尊(2017)分析了我国互联网金融风险的特征,认为在目前征信系统不完善的情况下,互联网金融会加大交易风险且互联网信息技术会对信息安全构成威胁,并且互联网行业覆盖群体更广、关联性更强,会加快金融风险的传播速度。宋晓巍和黄运成(2017)指出互联网金融还面临着所有权登记体系、征信系统不完善以及第三方担保机构担保负担过重等行业的系统性风险,并提出防范行业风险,就要完善股权和债券等信息登记托管体系,引入第三方进行资金的托管和清算,并要放宽央行的信用查询以及企业的税务信息查询权限以增强信息的透明度。杨青等(2018)认为互联网金融在我国有较长的发展历史,虚拟银行和第三方支付等细分行业已趋于成熟;而P2P、互联网理财等行业仍处于混乱局面。互联网金融有零边际成本、长尾理论、互联网思维和双边市场理论等理论支撑,而新兴产业的发展必须经历0~1和1~N两个阶段,这不仅决定了互联网金融与新兴产业融资需求的匹配性,也预示着互联网金融的行业整合与规范化趋势,参考英美监管模式,中国应当采取多样化监管措施,并打通全业务监管渠道。

(七)互联网金融对宏观经济的影响

李炳和赵阳(2014)以互联网金融为研究对象,分析了互联网金融对宏观经济的促进作用以及对金融稳定的冲击。研究表明,互联网金融一方面通过提高资金配置效率、提升金融系统基本功能来促进经济增长;另一方面,互联网金融也会通过创新对宏观经济带来新的风险。因此,监管机构应明确互联网金融企业的性质,依据互联网金融企业在市场中行使的功能而采取不同的监管策略。姜松和黄庆华(2018)基于非参数格兰杰因果检验方法,从总体、性别、年龄和业态等维度,实证检验互联网金融发展和经济增长关系及其结构性特征。总体检验结果表明,互联网金融发展是经济增长的格兰杰原因,但经济增长不是互联网金融发展的格兰杰原因;不同性别的分类检验结果与总体结果一致;不同年龄层的互联网金融发展指数与经济增长之间存在双向格兰杰因果关系和相互作用机制,但呈现非对称性特征;除互联网支付外,互联网货币基金、互联网投资和互联网保险均与经济增长存在双向格兰杰因果关系。

此外,一些学者还从互联网金融发展现状、互联网金融法治、互联网金融的供给侧改革、互联网金融的普惠特征与规范发展、互联网金融与供应链、互联网金融征信、互联网金融与居民消费、互联网金融对中国家庭金融资产配置影响等进行了一些研究,例如,郭畅(2013)从互联网金融发展的客户基础、时空便利性及互联网金融的创新性出发,阐述互联网金融发展的现状,并基于其存在的问题提出适合互联网金融发展的参考建议。张英(2018)认为互联网金融创新给人们的生活带来了前所未有的普惠金融服务的同时,基于互联网金融创新而产生的各类经济犯罪也相伴而生,对其进行及时、有效的防控势在必行。互联网金融创新的经济犯罪风险是经由互联网技术、金融创新开放性、现代企业制度和犯罪"脱域"机制等因素的互动而生成并扩散的，须从刑事处罚、行政监管和行业自律三个方面建立相应的机制来防控，因此，必须完善行业法律法规、加强相关部门之间的协作、建立完善的征信体系，推动全社会的共同参与和防控，从而形成有效的防控机制。张涵（2016）认为有些提供无效供给的互联网金融平台需要进行一次"拨乱反正"的供给侧改革。田君（2016）认为互联网金融可以改善供给端的不平衡，有效提升全要素生产率。吴伟容（2017）认为目前我国互联网金融助力供给侧改革。田利辉和范乙凡（2018）认为发展普惠金融是新时代我国社会主义经济建设的要求，也是金融服务实体经济功能的具体体现和提高人民生活水平的重要路径。互联网金融平台能够显著改善对传统商业长尾客户的服务，具有金融普惠性。规范的互联网金融是推动我国金融实现普惠发展的重要抓手。金浩和张晓园（2018）认为供应链在解决中小企业融资问题方面作用突出，随着互联网金融的发展，其与供应链的融合在进一步优化企业融资、提高社会经济发展方面意义重大。为了研究互联网金融对供应链风险和收益的影响，通过构建基于互联网金融的供应链主要成员的风险评价指标体系，运用风险因子修正的 Shapley 值法并结合蚂蚁金服的供应链案例，对比分析引入互联网金融前后供应链风险和收益变化情况。结果表明，蚂蚁金服降低了供应链整体的风险，提高了供应链整体的收益。王伟（2017）研究认为征信通过信息的采集、整理、保存、加工以及提供，满足社会对信用信息的需求，已经成为国家重要的基础设施。互联网金融是传统金融与现代信息技术的深度融合，然而互联网金融信用信息却尚未纳入征信体系。目前网络诚信缺失问题日益凸显，背信失信事件频频发生，应当建立起互联网金融征信制度。互联网金融征信是互联网金融发展的必然要求，也是征信制度对网络信息时代的回应。互联网金融征信制度有利于减少信息不对称，避免逆向选择与败德行为；降低交易成本，提高交易效率；加强个人信息保护，平衡个体利益与公共利益；推进社会信用体系建设，形成良好的互联网信用环境；维护网络空间安全，保证征信服务的安全性。常京京（2016）分析了互联网金融对居民消费水平有显著的促进作用。李薇和朱婷婷（2018）认为在互联网金融背景下，居民消费方式不断改变，消费能力不断提升，针对互联网金融对居民消费影响的问题，首先，阐述互联网金融中第三方支付、P2P 平台和众筹的发展现状和我国居民消费现状；其次，利用时间序列数据实证分析第三方支付交易规模与互联网发展指数对居民消费的影响程度；最后，就发展与规范互联网金融和提升居民消费能力提出相关建议。吴冠虹等（2018）认为相对于传统规避风险、保守收益型的以银行存款为主要理财方式，互联网金融的共享便利性使得金融理财产品简单化、大众化，"不把鸡蛋放在同一个篮子"的观念逐渐渗透进家庭金融资产的配置方式，家庭金融资产的配置比例也在不断发生变化，根据过去十年家庭金融资产配置的数据和互联网金融的发展情况，利用 EViews 研究两者之间的相关关系，发现互联网金融健康稳定的发展会使家庭金融资产中银行存款的比重降低，债券的比重升高。

第三节
消费理论及其模型

现代经济学家普遍认为，研究居民消费问题必须从消费函数着手，找出建立模型的理论依据。国外的消费理论是在资本主义经济大危机下产生的，西方经济学家对消费函数理论的研究基本上是遵循了这样的一个脉络：由即期消费扩展到跨期消费，由确定性条件下的消费扩展到不确定性条件下的消费，由较宽松条件下的预算约束扩展到较严格条件下的预算约束。Frank Ramsey（1928）最早提出了一个国家或家庭应该消费（或储蓄）多少的问题，有关消费问题方面的研究是经济学研究的一个重点领域，而消费函数在宏观经济学中占有极其重要的地位，起着举足轻重的作用。

一、绝对收入假说消费理论及其模型

在凯恩斯创造性地引入收入变量之前，人们对于消费和储蓄的了解更多地停留在利率的决定机制上。直到 20 世纪 30 年代，凯恩斯以有效需求不足解释经济危机根源并以刺激有效需求为药方的宏观经济理论在世界范围内得到广泛传播。现代的消费理论起源于凯恩斯（Keynesian，1936）在《就业、利息和货币通论》中提出的"绝对收入假说"（absolute income hypothesis）。该理论认为消费是由收入唯一决定的，消费与收入之间存在着稳定的函数关系，也就是说，随着收入的增加，消费也将增加，但消费的增长幅度低于收入的增长幅

度,即出现了边际消费倾向递减,这样导致总需求就可能小于总支出,从而需要政府对经济进行干预。其理论模型为:

$$C_t = \alpha + \beta Y_t + \mu_t \quad t = 1, 2, \cdots, T \quad (2.1)$$

其中,C 表示消费额,Y 表示收入,α,β 为待估参数。从经济意义上讲,α 为自发性消费,即不依赖于收入的消费,β 表示边际消费倾向,于是有 $0 < \beta < 1$, $\alpha > 0$。该理论强调当期收入对居民消费的影响,最早从宏观角度来研究居民消费问题。但模型(2.1)只表达了凯恩斯所说的消费是由收入唯一决定的假设,而由于边际消费倾向 β 为常数,并没有真正反映边际消费倾向递减规律,如果模型(2.1)满足:

$$0 < \frac{\partial C}{\partial Y} < 1, \frac{\partial C}{\partial Y} < \frac{C}{Y},$$

则模型(2.1)就反映了边际消费倾向递减规律。实际上,建立变参数模型,即假设 $\beta = \beta_0 + \beta_1 Y_t$,其中 $\beta_1 < 0$,代入模型(2.1)得到:

$$C_t = \alpha + \beta_0 Y_t + \beta_1 Y_t^2 + \mu_t \quad t = 1, 2, \cdots, T \quad (2.2)$$

则模型(2.2)可以较好地反映边际消费倾向递减规律。

二、相对收入假说消费理论及其模型

由于绝对收入假说消费理论认为消费者之间的消费行为是相互独立的,而且不受到周围环境的影响,因此它是不符合客观现实的。杜森贝利(Duesenberry,1949)在对凯恩斯的"绝对收入假说"进行批判的基础上提出了"相对收入假说"(relative income hypothesis),该理论认为消费者的消费行为不仅受到自身收入的影响,也常常会受到周围人的消费水平以及自己曾经实现的消费水平的影响,即消费者的消费行为存在着"棘轮效应"和"示范效应"。

"棘轮效应"是指消费者的当期消费支出水平不仅受到当期收入的影响,而且还受过去消费水平的影响,即个人前期具有较高的消费水平,即使当前的收入水平较低,也会倾向于前期较高的消费水平,因此具有较高的边际消费倾向,也就是说,人们在收入高峰期形成的消费习惯难以改变,从而当现期收入减少时,人们不会马上减少其消费,宁可减少储蓄或者借债也要维持原有消费水平，即所谓的"由奢入俭难"，消费在短期内是刚性的，存在着不可逆性。其理论模型为：

$$C_t = \alpha + \beta_1 Y_t + \beta_2 C_{t-1} + \mu_t \quad t = 1, 2, \cdots, T \quad (2.3)$$

其中，C_t 表示当前消费额，Y_t 表示当前收入水平，C_{t-1} 表示滞后一期消费额，可反映人们的消费习惯，α，β_1，β_2 为待估参数。从经济意义上讲，α 为自发性消费，即不依赖于收入的消费，β_1 表示当前的边际消费倾向，β_2 表示人们过去消费水平对当前消费的影响，于是有 $\alpha > 0$，$0 < \beta_1 < 1$，$0 < \beta_2 < 1$。

"示范效应"是指消费者的消费行为不仅受到自身收入的影响，还会受到周围人的消费水平的影响，即不同消费者在消费上会相互影响，并且存在着攀比的倾向。也就是说，个人的消费行为会受到周围群体消费行为的影响，若周围人的消费水平较高，即使个人的收入较低，也会倾向于接近周围人的消费水平，即他的边际消费倾向较高。其理论模型为：

$$C_i = \alpha Y_i + \beta \bar{Y} + \mu_i \quad i = 1, 2, \cdots, n \quad (2.4)$$

其中，C 表示消费额，Y 表示收入水平，$\bar{Y}$ 表示群体的平均收入水平，α 表示个人边际消费倾向，β 表示群体平均收入水平对个人消费的影响。

三、生命周期假说消费理论及其模型

无论是"绝对收入假说"还是"相对收入假说"都只是即期模型，反映的是消费者的即期消费，而且都缺乏微观经济基础，也就是说，它们的建立没有考虑消费者的效用函数与效用最大化，所以它们是不符合理性消费行为人的最优决策的。这些问题又进一步推动了消费理论的创新。于是，20 世纪 50～60 年代，弗里德曼和莫迪利安尼在新古典经济理论的框架下将消费的即期决策推广到跨期决策。生命周期假设消费理论是美国的莫迪利安尼（Modigliani）、布拉姆帕格（Brumberg）和安东（Ando）于 1954 年提出的，他们认为消费者的现期消费不仅与现期收入有关，而且与消费者以后各期收入的期望值、开始时的资产数量和年龄有关。该理论认为人的消费支出与人的一生的全部收入有关，消费者会根据他们所处的不同生命周期来计划消费和储蓄，从而达到消费和储蓄的合理配置，达到消费的效用最大化。通常消费者会在年轻时储蓄，年老时消费，以此来平滑储蓄与消费。也就是说，消费者一生中消费支出流量的现值要等于一生中各期收入流量的现值。所以消费者的预算约束为：

$$\sum_{t=1}^{T} \frac{C_t}{(1+r)^{t-1}} = \sum_{t=1}^{T} \frac{Y_t}{(1+r)^{t-1}} \qquad (2.5)$$

其中 r 为贴现率。在预算约束下，消费者总希望将自己一生的全部收入在消费支出中进行最优分配，使得效用函数 U（C_1，C_2，…，C_T）达到最大。所以推导消费函数问题就变成了下列拉格朗日函数的极值问题：

$$L(C_1,C_2,\cdots,C_T,\lambda) = U(C_1,C_2,\cdots,C_T) + \lambda \left(\sum_{t=1}^{T} \frac{Y_t}{(1+r)^{t-1}} - \sum_{t=1}^{T} \frac{C_t}{(1+r)^{t-1}} \right) \qquad (2.6)$$

式（2.6）的极值条件为：

$$\begin{cases} \dfrac{\partial L}{\partial C_t} = \dfrac{\partial U}{\partial C_t} - \dfrac{\lambda}{(1+r)^{t-1}} = 0 \\ \dfrac{\partial L}{\partial \lambda} = \sum_{t=1}^{T} \dfrac{Y_t}{(1+r)^{t-1}} - \sum_{t=1}^{T} \dfrac{C_t}{(1+r)^{t-1}} = 0 \qquad t=1,2,\cdots,T \end{cases} \qquad (2.7)$$

求解该方程组，即可得到最优消费的消费函数：

$$C_t = c_t(Y_1,Y_2,\cdots,Y_T,r) \qquad (2.8)$$

这表明消费是各个时期的收入和贴现率的函数。为了简便，一般近似地用下列函数描述生命周期假设消费函数模型：

$$C_t = \alpha_0 + \alpha_1 Y_t + \alpha_2 A_t + \mu_t \quad t=1,2,\cdots,T \qquad (2.9)$$

其中，Y_t 表示 t 时期的收入，A_t 表示 t 时期的资产存量。待估参数 $0 < \alpha_1 < 1$，反映当前的边际消费倾向；$0 < \alpha_2 < 1$，反映消费者已经积累的财富对当前消费的影响。

莫迪利安尼（Modigliani）提出的"生命周期假说"（life cycle hypothesis），是从跨时预算约束的角度分析"前瞻的"消费者的跨时效用最大化问题，将生命周期收入、资产及年龄特征（结构）等因素纳入消费函数，这就说明消费者在既定短期内的消费，与同期的收入之间不一定存在密切的关系，只是与其一生所能支配的全部财产相关，而个人在某年内的消费占总资源的比例只是取决于其偏好，而非取决于其资源的多少。他还认为消费者的收入是以其一生为周期来进行安排的，消费者年轻时进行储蓄，年老时动用储蓄，从而平滑自己一生的消费。"生命周期假说"消费理论发现了家庭的收入变化在一个人的生命周期内是有规律可循的，它将消费理论的发展向前推进了一步。

四、持久收入假说消费理论及其模型

持久收入假说消费理论是美国经济学家弗里德曼（Friedman）1957 年在《消费函数理论》中提出的，他分析消费者的消费行为时发现，在消费中有一部分是经常的必须保证的基本消费，另一部分是非经常的额外消费；而收入也可以分成两部分，一部分是可以预料到的长久性的、带有常规性的持久收入，另一部分是非连续性的、带有偶然性的瞬时收入。即 $Y_t = Y_t^p + Y_t^t$，$C_t = C_t^p + C_t^t$，其中，Y_t，Y_t^p，Y_t^t 分别为实际收入、持久收入和瞬时收入，C_t，C_t^p，C_t^t 分别为实际消费、持久消费和瞬时消费。持久消费由持久收入决定，瞬时消费由瞬时收入决定。于是持久收入假设消费函数模型为：

$$C_t = \alpha_0 + \alpha_1 Y_t^P + \alpha_2 Y_t^t + \mu_t \quad t = 1, 2, \cdots, T \qquad (2.10)$$

其中，Y_t^P 为持久收入，Y_t^t 为瞬时收入。α_0，α_1，α_2 为待估参数。α_1 表示持久收入对消费者当前消费的影响，α_2 表示瞬时收入对消费者当前消费的影响。

弗里德曼的持久收入假说消费理论认为，虽然从某一个短期来看，一个人的收入可能变化比较大，但是从一个更长的时间范围（如消费者一生的时间）来看，其收入则可能是相对稳定的。持久收入假说还认为，居民的消费既不取决于当期收入的绝对水平，也不取决于当期收入和以前最高收入的关系，而是取决于居民的持久收入。所以"持久收入假说"也是对凯恩斯（Keynesian, 1936）的绝对收入假说的修正与补充。

"生命周期假说"和"持久收入假说"的共同之处，都是认为消费者是理性的"经济人"，具有前瞻性（forward-looking），可以根据效用最大化原则来安排其消费，尽可能地在一生中"平滑"自己的消费；消费者的消费要受到未来收入的影响，但在其函数中考虑的收入变量却是过去所获得的实际收入，并未涉及未来的收入，也就是说，两者在理论和实践中出现了"前瞻"和"后顾"的矛盾。但它们的区别主要表现在是否假定生命有限，"生命周期假说"假定生命是有限的,而"持久收入假说"假定生命是无限的。

五、随机游走假说及其模型

凯恩斯(Keynes)的绝对收入假说理论、杜森贝里(Duesenberry)的相对收入假说理论、莫迪利安尼(Modigliani)的生命周期假说理论以及弗里德曼(Friedman)的持久收入假说理论,他们均基于不同视角对消费行为进行了独到的论述。这四种消费理论都是在确定性假定下创立的,也就是说,消费者能够准确地预测到其收入的变化轨迹,这就为以后消费函数理论的进一步发展奠定了基本的分析框架。20世纪30~40年代,凯恩斯的绝对收入假说和杜森贝利的相对收入假说被大多数学者所接受,到了20世纪50~60年代,生命周期假说和持久收入假说由于能够比较好地解释现实经济生活中的消费与收入之间的关系,而且把消费理论引入跨时最优化的轨道,所以它们当时在西方理论界占据着主导地位。但是,根据上述消费理论建立的消费函数模型是基于确定性条件下建立的,不能合理地解释未来的不确定性因素对人们消费(或储蓄)行为的影响。直到1961年以后,以卢卡斯为代表的一批新古典的宏观经济学家发展了理性预期假说(rational expectation hypothesis),这样,消费领域又产生和发展了一些新的理论。

1978年,美国经济学家罗伯特·霍尔(Hall)第一个正式地把理性预期引入持久收入假说中的经济学家,他提出使用欧拉方程来刻画消费者的最优消费行为,认为消费者的消费行为与其收入并不相关,其消费行为是服从随机游走过程的"随机游走假说"(random walking hypothesis),认为消费随时间推移而发生的变动是不可预测的,没有办法通过任何方法预期消费者的消费行为,也就是说,如果消费者的消费预期要发生变化,则个人在消费平滑方面可做得更好。他还将消费理论从确定性条件推进到不确定性条件。Hall的假说引发了大量的计量检验并催生了许多新的理论研究成果。例如,Campbell和Deaton(1989)利用一个随机过程拟合了劳动收入,然后根据随机游走假说估计了消费对劳动收入冲击的反应,并与消费的实际波动进行比较,则发现了消费的"过度平滑性"。随机游走假说的理论模型推导如下:

假设代表性消费者消费的时间偏好和利率相等,在此基础上,消费者的随机性决定的瞬时消费效用函数定位为二次型,则其效用最大化可表示为:

$$\sum_{t=0}^{T-1} E_0(C_t)C_0 = \frac{1}{T}[(A_0 + \sum_{t=0}^{T-1} E_0(Y_t))]A_0 + \sum_{t=0}^{T-1} E_0(Y_t) \qquad (2.11)$$

在追求消费效用最大化的过程中,消费者的消费水平更多地受其所拥有的资产及本身所能汲取收入的能力来决定,即资产和收入。这样,其预算约束可以表示为:

$$\sum_{t=0}^{T-1} \frac{C_t}{(1+r)^t} \leq A + \sum_{t=0}^{T-1} \frac{Y_t}{(1+r)^t} \qquad (2.12)$$

其中,A 表示期初资产,Y 表示收入,r 表示利率。进一步假设消费者在初期的消费是最优消费,即充分根据初期拥有的信息进行消费,且在之后的每一期内,仍根据当期的有效信息采取最优消费。在实际消费中,因为消费行为的改变,对于即期来说,即期之前已经选择的消费的边际效用会改变。在消费者始终以追求最大化原则基础上,可以假设在每期的消费中,从已经选择的初期消费中减少边际效用,在未来的第 t 期内得到一个相等的边际效用增加,因此总效用并没有改变。假设初期消费的边际效用为 $1-aC_0$,其相应的效用成本为 $(1-aC_0)dC$,而第 t 期的边际效用为 $1-aC_t$,相应的期望效用收益为 $E_0(1-aC_t)dC$。这样,就可以得到以消费者效用最优为原则的欧拉方程:

$$1 - aC_0 = E_0(1 - aC_t) \qquad (2.13)$$

其中,t = 1,2,…,T-1。又由于 $E_0(1-aC_t) = 1-aE_0(C_t)$,所以式(2.13)可变为:

$$C_0 = E_0(C_t) \qquad (2.14)$$

假设消费者资产的边际效用和消费边际效用一样始终均为正,则消费者终生消费将满足预算约束,即两者相等,因此预算约束式(2.12)两端的期望也相等,得到:

$$\sum_{t=0}^{T-1} E_0(C_t) = A + \sum_{t=0}^{T-1} E_0(Y_t) \qquad (2.15)$$

将式(2.14)代入式(2.15),可以得到:

$$C_t = \frac{1}{T}[A + \sum_{t=0}^{T-1} E_0(Y_t)] \qquad (2.16)$$

可以发现，居民的初期消费 C_0 是消费者初期资产和终生收入期望的 $\frac{1}{T}$。实际上，根据式（2.14），$C_0 = E_0(C_1)$ 也成立，更一般的，发现即期消费等于下期消费期望，进一步，根据期望的定义可以得到：

$$C_t = E_{t-1}(C_t) + \delta_t \qquad (2.17)$$

其中，δ_t 满足 $E_{t-1}(\delta_t) = 0$，$t = 1, 2\cdots, T-1$。又由于 $E_{t-1}(C_t) = C_{t-1}$，最后得到：

$$C_t = C_{t-1} + \delta_t \qquad (2.18)$$

随机游走消费理论认为，消费者的即期消费包括所有消费者能获得的信息，消费的变动与过去的经验无关，只与滞后消费有关。

然而，Hall 的假说也存在一些缺点，即他的消费模型中的效用函数是二次型的。当消费很大时，二次型效用函数的边际效用可能为负，二次型效用函数的三阶导数等于零。对于更为一般的效用函数来说，其三阶导数并不为零。利兰德（Leland, 1968）研究发现，如果效用函数的三阶导数大于零，对于确定性条件而言，在不确定性情况下，行为人会采取更为谨慎的消费行为，提出了收入的不确定性程度与消费负相关的"预防性储蓄假说"（precautionary saving hypothesis）。

六、预防性储蓄理论及其模型

预防性储蓄是指风险厌恶的消费者为预防未来不确定性导致的消费水平的下降而进行的储蓄，这种不确定性主要来源于收入的波动。最早尝试找到支持预防性储蓄动机的是 Fisher（1956）和 Friedman（1957），他们发现许多证据支持当个人的职业包含更有风险的收入时他们将储蓄更多，这与预防性储蓄相一致。利兰德（Leland, 1968）在吸收了理性预期思想的基础上，最早提出了预防性储蓄的概念，即预防性储蓄是由未来不确定性收入而引起的额外的储蓄，当效用函数的三阶导数大于零时，确定性等价理论不再成立，消费者将采取比确定性下更为谨慎的行为，储蓄主要是为了防范未来不确定的劳动收入所带来的冲击。也就是说，该理论认为对于厌恶风险的消费者而言，因消费下降而损失的效用大于增加相同数量的消费带来的效用。因此，一旦消费者认为未来不确定性会增大,为了平缓当前消费与未来消费的效应,消费者必将减少当期消费,而增加储蓄用于应对未来的不确定性。20 世纪 80 年代末 90 年代初,预防性储蓄理论获得极大的发展,它吸收了生命周期理论中的理性消费者和效用最大化的假说,引入不确定性问题及消费者跨时选择分析,认为消费者储蓄不仅仅只是将财富平均分配于整个生命周期,还在于防范不确定事件的发生,如未来收入的波动等。即将不确定性引入分析框架,在吸收了理性预期思想的基础上,分析消费者跨时优化选择行为,是对生命周期假说和持久性收入假说的重要拓展。

(一) 利兰德 (Leland) 的预防性储蓄假说

利兰德 1968 年在《储蓄和不确定性》一文中,首次分析了产生预防性储蓄的必要条件。他认为在引入了不确定性后,消费者储蓄不再只是将财富平均分配于整个生命周期,还有另一个防范不确定事件发生的重要作用,其边际效用函数不再为线性函数。他建立的模型为两时期模型。依照理性行为假定,消费者总是保持长期边际消费效用不变,即:

$$u'(C_1) = E[\beta(1+r_1)u'(C_2)] \tag{2.19}$$

其中,C_1 为第一时期的消费,C_2 为第二时期的消费。假设效用函数 $u'(C) > 0$,$u''(C) < 0$,β 为贴现率,r 为利率,E 代表着在第一时期的预期。当消费者的时间偏好率 R (等于 $1/\beta$) 等于利率 r 时,消费者的最优消费路径满足:

$$u'(C_1) = Eu'(C_2) \tag{2.20}$$

式 (2.20) 表明,消费者对未来边际效用的预期应当等于当期的边际效用。由绝对风险厌恶 $r(C) = -u''(C)/u'(C)$ 递减可得:

$$\frac{d(-u''(C)/u')}{dC} < 0 \quad 即 \quad \frac{u'u''' - u''^2}{u'^2} > 0 \tag{2.21}$$

由于 $u' > 0$,故为使式 (2.19) 成立,则需 $u'''(C) > 0$,即消费的边际效用函数为凸函数。需要指出的是,边际效用为凸函数只是产生预防性储蓄的必要条件,不是充分条件,这也可以从式 (2.21) 中得到。

当边际效用函数为凸函数时,由 Jensen 不等式有:

$$Eu'(C_2) < u'E(C_2) \qquad (2.22)$$

由式（2.20）和式（2.22）可知，$u'(C_1) < u'E(C_2)$，因此有：

$$E(C_2) > C_1 \qquad (2.23)$$

式（2.23）表明，消费者预期未来消费大于当前消费。也就是说，由于存在不确定性因素，使消费者选择当期少消费而多储蓄的方案。按照利兰德的思想，假设在确定性等价下 t 时期的消费为 $\overline{C_t}$，而在不确定性下的同时期的消费为 C_t，则可以定义预防性储蓄 S_t^p 为：

$$S_t^p = \overline{C_t} - C_t \qquad (2.24)$$

凸的边际效用函数不仅意味着在低消费水平时边际消费值更高，而且意味着在消费水平较低时随消费短缺而增长的边际消费增长率比在消费水平较高时的更大。当效用函数的三次导数大于零时，在不确定性下预期未来消费的边际效用要大于确定性下的消费的边际效用。

（二）最佳财富收入比模型

按照持久收入假说，消费者的实际收入由持久收入和瞬时收入（即不确定收入）两部分组成。鲁萨迪（Lusardi）1998 年在《重要的预防性储蓄动机》一文中指出，预防性储蓄模型总的来说可以表示为：

$$\frac{W_h}{Y_h^p} = f(age, X_h, \sigma_h^2) \qquad (2.25)$$

其中，家庭的财富与持久收入之比（W_h/Y_h^p）是年龄（age）和家庭的其他特性参数 X 的函数。X 反映着家庭的偏好，当偏好为非同质时，它还体现着持久收入。影响财富积累的另一项是收入的不确定性，用方差 σ^2 表示。通常，不确定性与财富之间存在着正相关，不确定性越高，财富的积累就会越多。模型暗含着消费者有一个最佳的财富/收入比目标，如果实际比值高于目标值，消费将大于收入，财富总值将下降；如果比值低于目标值，消费将小于收入，财富值就会增加。该模型类似于传统的储蓄模型，财富的积累依赖于持久收入，不过，模型中多了一个方差项（通常指收入变化的方差），它在解释储蓄行为时起着非常重要的作用。吉梭（Gusio，1992）、鲁萨迪（1993、1998）以及卡扎罗西安（Kazarosian，1994）等人均利用了此模型进行了大量的研究。吉梭的研究表明，预防性储蓄约占总资产积累的2%，鲁萨迪的结论是预防性储蓄能够解释总资产积累的13%，而卡扎罗西安的研究表明，当收入的变化增加1倍，财富与持久收入的比将增加29%。

关于预防性储蓄模型，除了利兰德（Leland）的预防性储蓄模型、鲁萨迪（Lusardi）的最佳财富收入比模型以外，还有Zeldes（1989）的预防性储蓄模型、迪南（Dynan，1993）的预防性储蓄模型等。不过，迪南（Dynan，1993）不同于其他学者通常用收入波动代表不确定性，他用消费变化的方差来测度不确定性；Zeldes（1989）提出如果存在信贷约束，则须考虑约束条件 $A_t > 0$，也即个人财富始终为正数，不能负债。在此约束条件下，Zeldes推导出了引入流动性约束的预防性储蓄模型。

总之，预防性储蓄理论认为，当消费者面临的收入的不确定性越大时，他越不可能按照随机游走来消费，这时他更多的是依据当期收入来进行消费。同时，未来的风险越大，他越会进行更多的预防性储蓄。在不确定性情况下，预期未来消费的边际效用要大于确定性情况下的消费的边际效用。未来风险越大，预期未来消费的边际效用就越大，因此就越能吸引消费者进行预防性储蓄，把更多的财富转移到未来进行消费。所以在不确定性情况下，收入下降，预防性储蓄增加，从而消费支出降低；相反，当收入增加时，预防性储蓄减少，从而消费支出增加。当期消费和当期收入存在着一个正的相关关系，且这种相关关系随不确定性的增加而增加。因此，按照预防性储蓄理论，消费具有敏感性。这一结论与凯恩斯绝对收入假设相吻合。

七、流动性约束假说及其模型

以上这些假说有时与现实都存在一定距离。实际上，消费者在跨期决策时并不都能够平滑自己的消费。当人们在低收入时不能够通过变现自己的金融资产或借款来保持正常的消费水平时，就会面临流动性约束。Zeldes（1989）较早认为流动性约束将影响消费者的消费行为，并通过一生效用函数推导出流动性约束对居民消费的影响机理，提出了当居民收入下降时，他们往往不能变现金融资产或进行借款，从而影响居民消费的"流动性约束假说"（liquidity constraint hypothesis）。流动性约束假说证明：流动性约束不论何时发生，都会使一个人的消费比他想得到的要少,即使是发生在未来也会减少当期的消费。例如,当居民处于较低收入水平层次时,即使预期到未来收入会提高,但是由于无法通过其他途径来获得大量的消费借款,那么,消费者就会在当期削减开支。反之,即使消费者的当期收入较高,但由于预期未来的流动性会降低,同样也会引起当期消费的减少。

对于流动性约束的验证始于"过度敏感性"系数的发现,Campell 和 Mankiw(1989,1990)提供了一种检验流动性约束的简洁方式,假设消费者由两类人组成,他们的收入分别为 Y_1、Y_2,且 $Y_1 = \lambda Y, Y_2 = (1-\lambda)Y$。第一类消费者受到完全的流动性约束,只能完全根据当期收入进行消费,即 $C_1 = Y_1$,$\Delta C_1 = \Delta Y_1 = \lambda \Delta Y$;而第二类消费者按照理性预期生命周期假说进行消费,根据 Hall(1978)的理论,可以得到 C_2 是一个随机游走序列,ΔC_2 服从白噪声过程。那么总的消费变动为:

$$\Delta C = \Delta C_1 + \Delta C_2 = \lambda \Delta Y + \mu \qquad (2.26)$$

其中,$\mu = \Delta C_2$,为白噪音序列。根据实际数据对该方程进行验证,如果 λ 显著不为零,则说明存在第一类消费者,整体消费可能受到流动性约束。λ 可以理解为社会整体的流动性约束强度或者消费对收入变动的敏感系数。

Zeldes(1989)将流动性约束引入持久收入假说中,以"流动性约束假说"作为"持久收入假说"的备择假设,对消费中的流动性约束进行了验证。他将消费者的最优化消费问题设为:

$$\max E_0 \sum_{t=0}^{T} \beta^t u(C_t)$$
$$s.t.\ A_{t+1} = A_t(1+r_t) + Y_t - C_t \geq 0 \qquad (2.27)$$

其中,目标函数仍是消费者一生的效用总和的最大化;约束条件是消费者当期的净资产必须大于等于零,也就是说,任何一期的消费都不能大于收入和财富之和,消费者无法借贷到资金用于消费,存在流动性约束。

一阶形式的欧拉方程为:

$$u'(C_t) = \beta \cdot E_t(1+r_t) \cdot u'(C_{t+1}) + \lambda_t \qquad (2.28)$$

其中,λ_t 表示 t 期信贷约束的拉格朗日乘子,$\lambda_t = 0$ 时表示消费者未受到流动性约束,$\lambda_t > 0$ 时表示会受到流动性约束影响。实证分析中可以根据经验

数据对 λ_t 进行估计,进而验证流动性约束的存在。

之后很多研究都用这种方法证明了流动性约束的存在,如 Jappelli (1989)、Campell 和 Mankiw (1991)、Deaton (1992)、Sarantis 和 Stewart (2002) 等。国内的杭斌,王永亮 (2001),刘金全和邵欣炜 (2004),赵霞和刘彦平 (2006),唐绍祥、汪浩瀚和徐建军 (2010) 等都对我国的过度敏感系数进行了测算,大多认为我国存在比较严重的流动性约束。

八、习惯形成理论及其模型

20 世纪 80 年代以后,"习惯形成"(habit formation)的研究也引起了国际学术界的高度关注,这主要是由于大量的实证研究结果表明,在消费函数理论中位居于主导地位的理性预期——生命周期假说(RELCH)不能够解释消费的"过度敏感性"和"过度平滑性"的现象,它明显与现实情况不相符,所以许多学者开始从其他角度(如预防性储蓄、流动性约束以及习惯形成等)分析理性预期——生命周期假说(RELCH)失败的原因。习惯形成的重要性可以追溯到美国著名经济学家 Duesenberry (1949),他首次将习惯因素纳入消费者行为的研究中。根据 Duesenberry 的描述,人们的消费习惯一旦形成,便不容易打破它,是难以改变的,消费者的当期消费支出不仅取决于自己的当期收入,还会受到自己过去消费水平和周围人群消费水平的影响。于是,当人们的收入下降时,他们的消费不会立即随之减少,而当他们的收入提高时,消费也不会马上随之增加,即人们的消费存在着"棘轮效应"。另外,一个家庭的消费支出还会受到周围其他人群的平均消费支出的影响,即人们的消费存在着"示范效应"或者"攀比效应"。Constantinides (1990) 首先将内部习惯形成引入 Hall (1978) 的消费模型中,Abel (1990) 给出了同时包含内外部习惯形成的效用函数,此后,习惯形成逐渐受到学者们的关注。

相对收入假说中的"棘轮效应"已经提及,消费者的消费会受到过去消费习惯的影响。消费者的效用会受过去的消费水平、消费结构和消费习惯的影响,这使得消费者在进行当期消费决策时也会考虑到当期消费对未来消费效用的影响,这样就形成了一种"瞻前顾后"的消费行为,这就是内部习惯的形成,用习惯存量(habit stock)来表示。习惯存量可以表示为:$H_t = \rho H_{t-1} +$

C_{t-1}，可以发现，习惯存量是上期习惯存量与上期消费的函数，也就是说，将习惯存量表示为以前各期消费的函数。为了便于分析，模型中假设 $\rho=0$，用上期消费来代表习惯存量。

而"示范效应"是指消费者的消费效用会受到周围消费水平的影响，超过周围的平均消费水平会得到额外的效用，这是攀比的作用，Abel（1990）形象地将这种现象称为"赶上琼斯一家"（catch up the Joneses），这就是外部习惯的形成。效用函数中外部习惯的影响用参照组的平均消费水平 $\overline{C_{t-1}}$ 表示。这样，可以将消费者消费决策的目标函数表示为：

$$\max E_0 \sum_{t=0}^{T} \beta^t u(C_t - \gamma_1 C_{t-1} - \gamma_2 \overline{C_{t-1}}) \qquad (2.29)$$

其中，γ_1 是内部习惯形成参数，γ_2 是外部习惯形成参数，分别表示内部和外部习惯形成对消费效用的影响。$0<\gamma_1<1$（或 $0<\gamma_2<1$），γ_1（或 γ_2）取值越大，表示习惯形成对效用函数的影响越大。

习惯形成模型较多，其中具有代表性的习惯形成模型有：Naik 和 Moore（1996）的理论模型、Alessie 和 Lusardi（1997）的理论模型、Dynan（2000）的理论模型、Deaton（1991）和 Carroll（1992，1997，1998）的缓冲储备储蓄模型、ViolaAngelini（2009）的理论模型等。

（一）Naik 和 Moore（1996）的理论模型

根据生命周期——持久收入假说，消费者存在一个依赖于现在和今后一生的总消费的效用函数，在现期收入与未来一生收入的贴现值及其现期资产之和的约束条件下，消费者追求一生效用最大化。假定消费者面临如下最大化问题：

$$\max E_t \sum_{n=0}^{\infty} \frac{1}{(1+\beta)^n} u(\overline{C_{t+n}}) \qquad (2.30)$$

并受制于终生的预算约束如下：

$$\sum_{n=0}^{\infty} \frac{1}{(1+r)^n} E_t C_{t+n} = A_t + \sum_{n=0}^{\infty} \frac{1}{(1+r)^n} E_t Y_{t+n} \equiv W_t \qquad (2.31)$$

式（2.30）和式（2.31）中，E_t 表示期望值，β 是时间偏好率，$u(\cdot)$

表示效用函数，C_t 是 t 时期的消费支出，$\overline{C}_t$ 代表相对消费，r 是真实利率，A_t 表示 t 时期初资产价值，W_t 代表 t 时期的期望财富值（它是期初资产价值与未来期望收入之和）。

不同的理论对效用函数 u(·) 的具体形式有不同的假定，消费习惯形成理论认为个体 i 在 t 时期的效用函数 $u(c_{it}, x_{it})$ 依赖于当前消费 c_{it} 和习惯水平 x_{it}，并且只有消费水平超过习惯水平（即 $c_{it} - x_{it} > 0$）时才能产生效用。设个体 i 在 t 时期的习惯水平为：

$$x_{it} = x_{i0} e^{-a_i t} + b_i \int_0^t e^{a_i(s-t)} c_{is} ds \qquad (2.32)$$

其中，x_{it} 表示个体 i 在 t 时期的消费习惯水平，c_{is} 表示个体 i 在 s 时期的消费，x_{i0} 为初始条件，a_i，b_i 为常数。

定义个体 i 的即期效用函数的形式为：

$$u(c_{it}, x_{it}) = \frac{(c_{it} - x_{it})^{\gamma_i}}{\gamma_i} \qquad (2.33)$$

其中，c_{it} 表示个体 i 在 t 时期的消费支出，γ_i（$0 < \gamma_i < 1$）是与个人对风险的厌恶程度有关的参数。给定消费投资策略和管制条件，Constantinides (1990) 证明了存在唯一的最佳消费如下：

$$c_{it}^* = x_{it} + h_i \left[W_{it} - \frac{x_{it}}{r + a_i - b_i} \right] \qquad (2.34)$$

其中，h_i 表示无风险的资产回报率，W_{it} 表示个体 i 在 t 时期对财富的预期。另外，由于财富预期值的数据不易获得，在实证分析中可以用实际的相关数据进行替代。

由于 x_{it} 的一般形式过于复杂，为了方便进行实证分析，本书根据 Naik and Moore (1996) 的做法将习惯水平的计算简化为：

$$x_{it} = \tau_{i0} + \tau_{i1} c_{it-1} \qquad (2.35)$$

从式（2.35）可知，由过去消费所形成的习惯水平只受滞后一期消费的影响。从式（2.34）可知，个人最佳消费是习惯水平和财富预期值的函数，将式（2.35）代入式（2.34），可得到个体最佳消费为：

$$c_{it}^* = \alpha_{i0} + \alpha_{i1} W_{it} + \alpha_{i2} c_{it-1} + \varepsilon_{it} \qquad (2.36)$$

其中，$\alpha_{i0} = \tau_{i0}(1-\kappa_i)$，$\alpha_{i1} = h_i$，$\alpha_{i2} = \tau_{i1}(1-\kappa_i)$，$\kappa_i = 1 - h_i(r + a_i - b_i)$。

因此，α_{i0} 反映固定消费习惯水平的大小，可归入常数项，α_{i1} 反映财富对当期消费的影响大小，α_{i2} 反映前一期消费对当期消费的影响大小，W_{it} 表示个体 i 在 t 时期对未来财富的预期，ε_{it} 是随机误差项。

（二）Alessie 和 Lusardi（1997）的理论模型

（1）确定性等价下的习惯形成模型。

假定代表性消费者使他的效用函数达到最大化，考虑如下模型：

$$\max E_t \sum_{\tau=t}^{\infty} (1+\rho)^{t-\tau} u_\tau(c_\tau - \gamma c_{\tau-1}) \tag{2.37}$$

并服从于跨时预算约束如下：

$$\sum_{\tau=t}^{\infty} (1+r)^{t-\tau} c_\tau = (1+r) A_{t-1} + \sum_{\tau=t}^{\infty} (1+r)^{t-\tau} y_\tau \tag{2.38}$$

式（2.37）和式（2.38）中，E_t 表示期望算子，c_τ 表示 τ 时期的消费支出，y_τ 是非资本收入，A_t 是非人力资本财富，r 是实际利率，ρ 是时间偏好率。

定义 $c_\tau^* = c_\tau - \gamma c_{\tau-1}$，并把它代入式（2.37）中，得到：

$$\max E_t \sum_{\tau=t}^{\infty} (1+\rho)^{t-\tau} u_\tau(c_\tau^*) \tag{2.39}$$

由于假定人们的计划期是无限的，用 c_τ^* 替代 c_τ，跨时预算约束变为：

$$\sum_{\tau=t}^{\infty} (1+r)^{t-\tau} c_\tau^* = -\gamma c_{t-1} + \frac{1+r-\gamma}{1+r}\left((1+r) A_{t-1} + \sum_{\tau=t}^{\infty} (1+r)^{t-\tau} y_\tau\right) \tag{2.40}$$

假定跨时效用函数是二次型的，利率等于时间偏好率，可以推导出消费的封闭解为：

$$c_t = \frac{\gamma}{1+r} c_{t-1} + \left(1 - \frac{\gamma}{(1+r)}\right) Y_{pt} \tag{2.41}$$

其中，有：

$$Y_{pt} = \frac{r}{1+r}\left((1+r) A_{t-1} + \sum_{\tau=t}^{\infty} (1+r)^{t-\tau} E_t y_\tau\right) \tag{2.42}$$

其中，当 $\gamma = 0$ 时，消费者不存在习惯形成，此时消费支出等于持久收入；当 $\gamma > 0$ 时，消费者存在习惯形成，此时消费的封闭解是过去消费与持久收入的加权平均，习惯形成越强，过去消费的权重就变得越大，边际消费倾向就会降低。

（2）不确定性等价下的习惯形成模型。

式（2.41）认为消费过程中不确定性对消费没有影响，但在现实经济生活中，不确定性是存在的，进而造成人们具有了预防性储蓄动机，这将对消费产生一定的影响，所以现在利用一个负的指数效用函数，对模型（2.37）进行扩展后变为：

$$\max E_t \sum_{\tau=t}^{\infty} (1+\rho)^{t-\tau} \left(-\frac{1}{\theta} e^{-\theta(c_\tau - c_{\tau-1})} \right) \quad (2.43)$$

并服从于跨时预算约束如下：

$$\sum_{\tau=t}^{\infty} (1+r)^{t-\tau} c_\tau = (1+r) A_{t-1} + \sum_{\tau=t}^{\infty} (1+r)^{t-\tau} y_\tau \quad (2.44)$$

假定非资本收入服从 ARMA 过程，ψ_i 代表第 i 个 MA 的系数，因此有：

$$E_t y_\tau - E_{t-1} y_\tau = \psi_{\tau-t} w_\tau \quad (2.45)$$

其中，$\psi_0 = 1$，$\sum_{\tau=t}^{\infty} (1+r)^{t-\tau} \psi_{\tau-t} < \infty$，$w_\tau$ 是独立同分布的新息误差项。c_τ^* 的随机过程满足：

$$c_\tau^* = c_{\tau-1}^* + \Gamma_{\tau-1} + v_\tau \quad (2.46)$$

其中，v_τ 表示新息，$\Gamma_{\tau-1}$ 测度预防性储蓄的影响程度，它会随着风险和收入冲击的增强而增加，可以表示为收入方差的函数形式。消费新息 v_τ 和收入新息 w_τ 的关系可以表示为：

$$v_\tau = \psi^* w_\tau \quad (2.47)$$

其中，有：

$$\psi^* = \left(1 - \frac{\gamma}{1+r}\right) \frac{\gamma}{(1+r)} \sum_{i=0}^{\infty} \psi_i (1+r)^{-i} \quad (2.48)$$

在跨时预算约束（2.44）的条件下，对式（2.43）进行最大化，可以得到：

$$c_t = \frac{\gamma}{(1+r)} c_{t-1} + \left(1 - \frac{\gamma}{(1+r)}\right) Y_{pt} - \frac{r}{(1+r)} \sum_{\tau=t+1}^{\infty} (1+r)^{t-\tau} \sum_{j=t+1}^{\tau} \Gamma_{j-1}$$

(2.49)

其中，有：

$$\Gamma_{j-1} = \frac{1}{\theta} \ln E_{j-1} \exp(-\theta \psi^* w_j)$$

(2.50)

式（2.49）表明消费者的消费支出取决于持久收入和过去的消费以及预防性储蓄动机。习惯形成越强，边际消费倾向就会降低，收入不确定性对消费支出的影响就会越小。

总之，消费理论及其函数模型在西方的系统性发展经历了从绝对收入假说、相对收入假说、生命周期假说、持久收入假说的建构，到随机游走假说、预防性储蓄理论、流动性约束假说、习惯形成理论等消费前沿理论的发展。

第四节 居民消费的相关研究

国内外学者对居民消费相关问题已进行了大量研究，积累了丰硕的研究成果，其相关研究主要表现在以下各个方面。

一、国外相关研究

国外学者对居民消费的相关研究主要表现在居民消费的影响因素方面，即收入与收入差距、房价、习惯形成、社会保障、养老保险、民生财政、政府投资性支出、流通、流动性约束、电子支付、教育投入与支出、家庭债务等。

（一）收入与收入差距对居民消费的影响研究

Keynesian（1936）认为人们的消费是由其收入唯一决定的。Duesenberry（1949）认为人们的消费行为不仅受到自身收入的影响，也常常会受到周围人的消费水平以及自己曾经实现的消费水平的影响。Modigliani 等（1954）认为消费者的现期消费不仅与现期收入有关，而且与消费者以后各期收入的期望值、开始时的资产数量和年龄有关。Friedman（1957）认为持久消费由持久收入决定，瞬时消费由瞬时收入决定。Campbell 和 Mankiw（1991）提出"λ假说"，该假说认为，收入差距扩大会通过遗赠或降低消费倾向来减少消费。Juster 等（1999）认为收入和资产的增加对居民消费有重要的影响作用，消费和资产变动之间存在密切联系。Stockhammer（2015）提出因不同收入家庭的消费倾向存在差异，低收入家庭往往具有更高的消费倾向，因此不平等程度增强也会成为导致总消费停滞的一个因素。Jinkins（2016）认为居民收入差距的扩大降低了消费需求，并且主要是城乡收入差距扩大降低了消费需求。Lahiri（2016）和 Thimme（2017）认为在城乡收入差距的情况下，城乡居民消费之间存在示范效应。这种示范效应体现在两个方面：一方面，农村居民通过购买同类消费品模仿城镇居民的消费行为，产生正向消费示范效应；另一方面，收入不足和流动性约束抑制农村居民对城镇居民消费行为的模仿，导致农村居民减少当期消费，产生负向消费示范效应（Baker and Yannelis，2017；Hoffmann and Studer，2017）。城乡居民之间消费示范效应的方向与大小取决于上述两种效应的叠加。

（二）房价对居民消费的影响研究

国外学者关于住房价格对居民消费的影响机制研究已颇为成熟，研究结论并不统一，大致上可分为正向影响与负向影响两大类。正向影响效应包括"房产财富效应""住房抵押效应"和"替代效应"等，负向影响效应包括"购房支出挤压效应"。

（1）房价对居民消费具有正向影响效应。

第一，认为房价对居民消费具有"财富效应"，即住房作为家庭财富重要的组成部分，房价上升可能通过增加家庭的预期财富水平或者放松借贷约束等渠道来促进消费。Modigliani 和 Brumberg（1954）提出的生命周期消费理论，认为当住房价格上涨时，住房所有者的财富存量上升，将刺激当期消费的增加。Ludwig 和 Slok（2002）通过对16个OECD国家1970~2000年的宏观面板数据的研究，发现房价对居民消费具有财富效应，并将该财富效应细分为"未兑现的财富效应"与"兑现的财富效应"。Lim（2003）对韩国的实证研究表明，股票市场与房地产市场价格的上升都能对消费起到显著的促进作用。

Sinai 和 Souleles (2005) 从该理论出发,研究发现家庭的生命跨度预期也会对房地产财富效应的发挥产生影响。Case、Quigley 和 Shiller (2005) 使用生命周期假说研究美国各州在 20 世纪 80~90 年代的面板数据和 14 个国家 25 年的跨国面板数据,发现"房产财富效应"是显著存在的。Campbell 和 Cocco (2007) 使用英国 1988~2000 年的家庭支出调查数据检验了房价变化对家庭消费的影响,实证结果表明房价对消费行为具有较大的财富效应,但是这种财富效应在年轻和老年家庭中存在异质性,房价上涨主要提高了老年家庭的消费,而对年轻租房者几乎没有影响。Carroll 和 Slacalek (2006)、Bostic,Gabriel 和 Painter (2009)、Iacoviello (2012) 根据消费函数理论研究认为房价上涨表示居民拥有的财富得到升值,从而会增加收入,提高居民消费水平。Calcagno (2009) 对微观数据的处理则显得更为细致,他利用意大利央行的数据,根据消费者是否持有住宅对研究对象进行了分类。其研究结果发现,房价上涨对住宅持有者与租房者消费决策的影响具有一定的差别,房价上升将显著提升住宅持有者的消费水平,但是对租房者消费水平的提升作用有限。Iacoviello 和 Neri (2010)、Iacoviello 和 Minetti (2008) 认为房价上涨提高住房的抵押价值,放松其流动性约束条件,也能满足其更高的消费需求。Gan (2010) 认为对拥有多套住房的家庭,住房资产的财富效应非常显著,因为拥有多套住房能缓解家庭的流动性约束、降低其预防性储蓄动机。Case 等 (2011) 使用美国 1978~2009 年的季度面板数据重新检验了家庭住房财富的变动与消费支出之间的关系,研究结果发现住房财富对家庭消费具有显著且较大的正效应。Sungwon (2011) 利用 1987~2008 年韩国不同收入阶层城镇居民的家庭收入和消费数据以检验房价变动对家庭消费的影响,实证结果表明房价上涨对高收入阶层居民的消费具有显著为正的财富效应,其房价对消费的弹性为 0.094,而对低收入阶层居民的消费则有显著的负效应,其房价对消费的弹性为 -0.073。Carroll、OtsukaM 和 Slacalek (2011) 发现美国 21 世纪初期的股价波动幅度较大且工资增长缓慢,但居民消费和投资仍出现较为强劲的增长,他们使用无摩擦和粘滞的期望模型,通过"房产财富效应"解释了该现象。Carrol (2011) 等利用美国数据的分析也得出了相似的结论,并且还指出美国房地产市场的财富效应要高于股票市场。Cho (2011) 利用韩国的面板数据进行实证检验发现,总体上住房价格对居民消费的影响表现为财富效应,但不显著;通过对不同收入群体进行划分之后研究发现,住房价格上涨对住房持有率较高的高收入群体具有明显的财富作用。Khalifa 等（2013）研究发现，住房资产对高收入家庭消费支出的影响不显著，对低收入家庭和中等收入家庭有明显的财富效应，且对中等收入家庭的影响更大。Cristini 等（2014）的研究也得出了房价上升将显著提升住宅持有者的消费水平的结论。Shen 等（2015）运用面板 VAR 模型对 34 个 OECD 国家中房价与股价对消费的影响程度进行了测算，研究指出，过去十年中股票市场的财富效应在逐年加大，而房地产的财富效应甚至超过了前者。宏观层面的研究普遍表明，各发达国家房地产市场在总体上通常表现出显著的正向财富效应。

第二，认为房价对居民消费具有"住房抵押效应"，该理论认为，住房价格上涨以后，住房所有者可以通过抵押住宅获得更多的贷款从而将增加消费。Benito 和 Mumtaz（2009）使用 1992～2002 年英国家户长期追踪资料库（British household panel survey）的数据研究了英国家庭的消费行为，发现抵押住房可以平滑部分家庭的消费，所以房价上涨可以减少这部分家庭的流动性约束，从而增加家庭消费。不过，"住房抵押效应"影响家庭消费的程度取决于抵押借贷的成本和信贷市场的发达程度。

第三，认为房价对居民消费具有"替代效应"。对于潜在购房者，房价上涨有可能使得他们尤其是其中的中低收入者推迟或取消购房计划，转而增加消费支出，即"替代效应"。Yoshikawa 和 Ohtaka（1989）研究发现，土地价格的上涨提高了那些持有住房购买计划家庭的储蓄率，而降低了那些放弃住房购买计划家庭的储蓄率，更多的年轻租房者将放弃买房，转而增加对奢侈品的消费。Engelhardt（1994）的研究结果表明，由于加拿大较高的房价降低了租房者为支付首付而储蓄的概率，因此房价上升提高了租房者的消费水平。

（2）房价对居民消费具有负向影响效应。

除了上述"房产财富效应""住房抵押效应"和"替代效应"所强调的住房价格对居民消费的正向影响外，也有学者提出相反观点，即"购房支出挤压效应"。Yoshikawa 和 Ohtake（1989）对日本的研究发现，当土地价格上涨时，计划购买住房的租房者将减少消费以提高储蓄率。Sheiner（1995）认为，住房价格上涨对年轻群体产生的财富作用是负向的，并进行实证分析后发现，房价与储蓄之间存在正相关关系，这意味着房价与居民消费率负相关，即住房价格上升将使得潜在购房者为买房支付首付款而进行更多的储蓄，从而挤出居民消费。Aoki、Proudman 和 Vlieghe（2002）采用了 Bernanke 的金融加速器模型，认为在动态一般均衡的情况下，住房市场的再分配效应会抵消部分财富效应。住房价格上升在刺激卖房者消费的同时，又抑制了购房者的消费，所以从国家层面总体来看，住房价格的财富效应并不显著。Haurin（2006）认为房价上涨加强居民的预防性储蓄动机，会抑制当期消费。

（三）习惯形成对居民消费的影响研究

国外学者从习惯形成理论视角对居民消费行为已经进行了许多有意义的研究和探讨。自从1949年杜森贝利提出"相对收入假说"，认为人们的消费存在"棘轮效应"和"示范效应"以来，许多学者就开始了对消费习惯形成的研究，他们的研究主要分为三大类。

（1）研究中只考虑内部习惯形成，也就是说，消费者当期消费的效用与消费者自身过去的消费水平有关。早期的研究中大多数使用比较简单的需求系统模型（例如，LES），通过在模型中硬性地引入滞后消费变量来表示消费习惯形成。例如，Gorman（1967）把习惯形成纳入了消费函数，研究发现过去的消费会影响当前的消费行为。Pollak和Wales（1969）首次将消费习惯形成引入线性支出系统（LES）中。随后，Pollak（1970）、Phlips（1972）、Green等（1980）、Francis J. Cronin（1982）在线性支出系统（LES）中进一步考虑了消费习惯形成，通过建立了动态的LES模型，研究了居民的各类消费支出状况。Feng-Yao Lee（1970）利用日本的截面数据，研究发现习惯形成对消费需求具有显著性的影响，收入对消费的影响比价格更重要。Constantino Liuch（1974）设定了一个动态的消费需求函数，研究了习惯形成下的消费支出与储蓄问题。

在Hall（1978）之后，许多学者们对消费习惯形成的研究大多数是在生命周期假设/持久收入假设—霍尔（LCH/PIH-Hall）的理论框架下进行的，这一类模型是以效用作为媒介，进而推导出消费的滞后变量对人们的消费（或储蓄）行为的影响。目前，这类研究已成为消费习惯形成研究的主流趋势。例如，Marcel Boyer（1978）研究认为，消费者的现期效用取决于他们的现期消费和过去的消费水平，习惯形成对最优消费路径具有重要的影响。Rulon Pope，Richard Green和Jim Eales（1980）利用Box-Cox需求函数检验了同质性与习惯形成，发现习惯形成会影响需求弹性。Keynesian（1981）研究认为，人们的消费会随着收入的增加而增加，但是，消费的增长幅度要小于收入的增长幅度,主要是由于人们的习惯还没有充分的时间进行调整以适应客观环境的改变,也就是说,习惯会影响人们的消费倾向。Spinnewyn(1981)研究认为,理性习惯形成对消费者的当前消费具有重要的影响。Kenneth B. Dunn 和 Kenneth J. Singleton(1986),Martin S. Eichenbaum 等(1988)利用美国的月度消费数据,研究发现美国居民消费行为不存在习惯形成的结论。Denise R. Osborn(1988)在生命周期消费函数中引入季节性和习惯形成,利用英国的季度数据,研究发现季节性的习惯形成对英国居民消费的影响是显著的。Muellbauer(1988)在生命周期消费函数中引入习惯形成,利用美国的季度消费数据,研究发现习惯形成对美国居民消费几乎没有影响。Sundaresan(1989)和 Constantinides(1990)最早在 Hall 的理性预期生命周期理论中引入了内部习惯形成。Ferson 和 Constantinides(1991)研究发现美国居民的消费行为在月度、季度与年度数据上都存在很强的习惯。而 John Heaton(1993)运用美国的季度消费数据,研究发现美国居民消费行为基本上不存在消费习惯。Braun 等(1993)发现,日本居民的消费行为具有习惯形成。Robert L. Basmann,Kathy J. Hayes 和 Daniel J. Slottje(1994)利用美国的数据,研究表明,过去的消费将会影响现在消费的偏好。Naik 和 Moore(1996)利用动态面板数据,在控制了个体的异质性后,仍然发现美国居民对食品的消费存在习惯形成。Campbell 和 Deaton(1989)、Campbell 和 Cochrane(1999)认为,由于存在习惯因素,人们的消费对持久收入变动的冲击调整比较缓慢,从而使消费呈现出过度平滑的特征。David A. Chapman(1998)发现过去的高消费率将会降低现在消费率的效用。Fuhrer 和 Klein(1998)发现习惯形成对西方 G7 国家的居民消费行为具有显著性影响。Messinis(1999)发现,弗里德曼在持久性收入理论中也曾考虑到消费习惯的问题。Meghir 和 Weber(1996)以及 Carroll,Overland 和 Weil(2000)认为,如果人们的消费偏好具有惯性,当持久收入受到冲击时,家庭对消费的调整是缓慢的,这样就比较容易解释消费与滞后收入相关的现象。Alessie 和 Lusardi(1997)以及 Guariglia 和 Rossi(2002)分别在常绝对风险厌恶效用函数(CARA)和非期望效用模型假设下,推导出了消费的封闭解(closed-form solution),发现现期消费的变化取决于持久收入、劳动收入风险和以往的消费。Seckin(1999)的研究则进一步证明,习惯形成的影响越大,消费者的储蓄意识就越强烈。Jeffrey C. Fuhrer(2000)研究发现习惯形成与消费者的效用有关,即消费者的效用取决于现期消费水平和过去的消费水平。Dynan（2000）研究认为，人们在进行跨期消费时，必然会受到前期消费行为的影响，人们对以前的消费存在着心理依赖，即人们的消费偏好具有时间不可分性，这样使得人们的消费行为表现出了一定的习惯，造成了人们当期支出的效用水平不仅依赖于当期的支出水平，而且也受制于在前期已经形成的习惯。习惯越强，当期支出所带来的效用水平就会越低。Arman Mansoorian（2000）研究认为，耐久性会导致消费的替代，习惯形成表现出消费的相互依赖。William T. Smith（2002）认为习惯形成与耐久性对消费增长都会产生影响，耐久性在一定程度上能抵消习惯形成对消费增长与预防性储蓄的影响。M. Hashem Pesaran（2003）研究发现习惯形成会影响消费者的效用，能够部分地解释消费的过度敏感和过度平滑现象。Ronald Wendner（2003）研究发现，当习惯形成以减法形式设定时能提高消费的增长率，反之，当习惯形成以乘法形式设定时则降低消费的增长率。Patrizio Pagano（2004）认为习惯形成能够降低消费的边际消费倾向，因为具有习惯形成的消费者希望平滑消费水平和消费增长，所以对持久收入的冲击，消费者将缓慢地适应新的均衡水平。Carrasco，Labeaga 和 Lopez-salido（2005）利用西班牙的家庭调查面板数据，研究认为习惯形成将会影响消费者的消费决策。Malley 和 Molana（2006）利用美国 1929~2001 年的数据，研究表明习惯形成在美国消费者的支出中扮演一个重要的角色。Viola Angelini（2009）认为习惯形成对预防性储蓄产生负效应，习惯越强，劳动收入风险对消费者效用的影响越不重要。Rob Alessie 和 Federica Teppa（2010）根据习惯形成与预防性储蓄假说研究了荷兰家庭的储蓄行为，认为习惯形成对家庭储蓄的影响较小，收入不确定是影响家庭储蓄的主要因素。

（2）研究中只考虑外部习惯形成，也就是说，消费者当期消费的效用依赖于整个社会或相关人群的平均消费水平，不同消费者的消费行为是相互影响、相互依赖的。Leibenstein（1950）就讨论了个体消费行为之间的相互依赖，即某消费者的消费行为会受到其他相关群体消费行为的影响，他把这种影响称为"流行效应"（bandwagon effect）。Duncan，Haller 和 Portes（1968）把人们在消费行为上表现出来的相互影响称为"同等人效应"（peer influences）。Darrough，Pollak 和 Wales（1983）研究了外部习惯形成对消费效用的影响。Case（1991）认为某消费者的消费会受到其他人消费行为的影响，他把这种影响称为"邻居效应"（neighbourhood effects）。Bernheim（1994）把人们的这种相互依赖的消费行为产生的影响称为"相似效应"（conformity effect）。Michael Binder 和 Hashem Pesaran（2001）研究认为，社会的相互影响将会加强习惯形成对消费决策的影响。Sha Yang 和 Greg M. Allenby（2003）建立了一个贝叶斯空间自回归离散选择模型，研究了个体消费者的相互依赖偏好，认为不同个体消费者的消费是相互影响的。Robin Cowan，William Cowan 和 Peter Swann（2004）研究了不同消费者的相互影响对消费波动产生的效应。Jessica A. Wachter（2005）导出了一个外部习惯模型，认为外部习惯对消费者的决策会产生显著的影响。

（3）研究中同时考虑内部习惯形成和外部习惯形成，也就是说，消费者当期消费的效用不仅与消费者自身过去的消费水平有关，还依赖于整个社会或相关人群的平均消费水平。Abel（1990）最先推导出了同时包含内部习惯形成和外部习惯形成的效用函数，并且称外部习惯形成为"赶上邻居"（catching up with Joneses）。Alessie 和 Kapteyn（1991）的研究则进一步考虑了内部习惯形成、外部习惯形成及人口效应的影响。Jaime Alonso-Carrera，Jordi Caball 和 Xavier Raurich（2005）认为消费者的效用取决于现在消费和过去消费，而过去消费包括个人的过去消费和他人的过去消费，即内部习惯形成和外部习惯形成。Fredrik W. Andersson（2009）认为消费者的效用决定于个体的当前消费和过去消费以及周围人群的消费，习惯形成会降低边际消费倾向。Kengo Nutahara（2010）认为内部习惯将对商业周期、未来消费及投资产生重要影响，而外部习惯则对它们影响不显著。Delia Velculescu（2011）认为在稳态的资本证券市场上，具有消费习惯的个体往往有较高的消费，而且内部习惯比外部习惯将会导致更高地购买证券，这主要是由于消费习惯促使人们储蓄更多，进而购买更多的证券。

（四）社会保障对居民消费的影响研究

社会保障本身存在资产替代效应与引致退休效应，资产替代效应会增加当期消费，而引致退休效应会降低当期消费，社会保障究竟是抑制还是提升居民消费水平取决于两种效应作用下的净效应大小。Feldstein（1974）使用美国1929~1971年的时间序列数据，研究发现社会保障能够提升居民总消费支出、挤出私人储蓄。Hubbard（1985）以及 Hubbard 和 Judd（1987）研究指出：在考虑长寿风险的情况下，引入一个即使是没有转移支付的社会保障系统也能够提升终生的消费和福利。Jmrohorolu 等（1995）和 Lee 等（1997）研究认为社会保障通过影响收入预期进而影响居民消费与储蓄选择，社会保障水平提升或制度完善，使得未来的不确定性降低，居民预期收入提高，当期消费水平提升；由于社会保障资金来源于居民收入，降低了居民当期可支配收入，在流动性约束存在的情况下，居民无法及时平滑自己一生的消费，从而减少当期消费，降低居民一生的消费效用。Zant（1998）、Orazio 和 Brugiavini（2003）认为社会保障可通过降低居民预防性储蓄，提高居民消费倾向，扩大居民消费支出。Yakita（2001）、Dhami（2002）和 Hungerford（2009）对有无社会保障的居民进行调查后，实证分析得出有社会保障的居民更倾向于提前退休，降低未来收入预期，提高当期储蓄，减少当期消费。Gormley 等（2006）认为无社会保障的居民因对未来的不确定性，较有社会保障的居民更倾向于储蓄，即使国家降低流动性约束，个人依然会选择降低消费水平。Aydede（2007）对土耳其 1970~2003 年的时间序列数据进行相关研究分析，发现发展中国家社会保障的支出对总消费的影响相当显著。Li 和 Wang（2013）分析得出了社会保障促进农村居民消费水平提升的结论。研究对有无社会保障的居民调查后，实证分析确定了有社会保障的居民更倾向于提前退休，降低未来收入预期，提高当期储蓄，减少当期消费。Aydede（2016）认为社会保障支出增加对提升居民消费水平具有重要作用，且对不同收入群体具有不同影响。

其中，关于基本养老保险与消费（储蓄）问题的关注最早开始于 20 世纪 50 年代的欧洲。Cagan（1965）认为养老保险发展会抑制居民消费水平，这是因为养老保险制度提高了居民的储蓄意识，引起边际消费倾向降低，挤出居民消费从而降低居民消费水平。Diamond（1977）认为，由于长寿风险和长期通货膨胀风险的存在，人们需要过度的退休储蓄量以保障老年生活，从而扭曲当期消费。Barro 和 MacDonald（1979）利用 16 个工业化国家 1951~1960 年消费者支出数据考察消费与养老保险的关系，从时间序列上发现养老保险与消费正相关，但截面数据分析却负相关。Zant（1988）发展了养老保险财富计算方法，使用荷兰 1957~1986 年的时间序列数据测算的结论也认为，养老保险财富会显著提高消费水平，减少总储蓄量。Parker（1999）从微观角度出发，认为流动性约束使得养老金给付水平会在短时间之内引起非耐用品的支出增加，且对低收入家庭的影响相对更为持久。Blake（2004）研究不同类型的养老金财富对英国居民消费的影响，结果表明国家提供的公共养老金财富会增加消费，而企业年金和私人养老金财富会提高储蓄、抑制消费。Barr 和 Diamond（2006）认为公共养老保险还具有解除贫困和收入再分配的功能，应该可以进一步提高低收入阶层的消费水平。Bloom 等（2007）通过相关研究发现养老保险会影响居民的退休决策，对预期寿命的消费效应有着间接的影响，预期寿命延长，理性消费者倾向延缓退休时间，并不直接通过减少消费等方式对未来生活提供保障。因此，两者之间的关系并不十分显著。Aydede（2008）利用土耳其的时间序列数据考察公共养老保险对总消费的影响，表明公共养老保险对总消费有显著的影响。

（五）财政支出对居民消费的影响研究

Bailey（1971）和 Barro（1974）最先研究了财政支出与居民消费的理论关系问题，认为财政支出与居民消费之间存在替代、互补或不确定关系。

Komiendi（1983）和 Aschauer（1985）运用美国的数据研究表明，美国财政支出对居民消费具有显著的挤出效应。Ho（2001）以 OECD 24 个工业国家为例，认为财政支出在一定程度上挤出了居民消费。Hogan（2004）利用 OECD 的数据发现财政紧缩时公共部门消费的减少会带来私人部门消费的增加，但影响程度非常小。Liu 和 Turnovsky（2005）发现，政府支出的生产性可以引致居民消费提升，且居民消费先降后升。Chen 和 Yao（2011）运用政府支出项目中的基本建设支出衡量基础设施投资，发现基础设施投资比例升高会降低居民消费率，机制是基础设施投资主要有利于资本密集型行业，使国民收入结构由居民向企业倾斜，进而导致居民消费率下降。Satoshi Shimizutani（2017）利用日本的数据研究表明，居民很难平滑自己一生的消费，教育费用支出提升后，会减少居民在其他消费方面的消费支出。

另一些学者得出了相反的结论，例如，Devereux、Head 和 Lampham（1996）在寡头竞争和规模报酬递增假设下，发现财政支出增加了社会总供给，进而提高了居民的收入和消费水平。Riccardo 和 Tryphon（2004）利用欧洲 12 个国家的数据实证研究了政府支出对居民消费的作用，得出教育、卫生等公共支出对居民消费都产生挤入效应，且这一挤入效应大于公共安全支出所产生的挤出效应。Linnemann 和 Schabert（2004）、Coenen 和 Straub（2005）以及 Bouakez 和 Rebei（2007）通过将政府财政支出引入动态随机一般均衡模型，从不同角度得出财政支出会挤入居民消费的结论。Linnemann（2006）运用 RBC 模型发现，提高财政支出会增加私人消费。Emanuele 和 Giovanni（2010）运用 OECD 国家数据实证研究得出，将公共支出平均分配到教育、卫生和社会保障三个方面时，居民消费增长率将有所提升。

此外，其他一些学者还从流动性约束、电子支付、家庭债务和流通等方面研究了对居民消费的影响，例如，Agarwal 和 Qian（2014）对新加坡 2011 年突然宣布增长分红计划之后的消费行为分析发现，在面临外部收入冲击时流动性约束强的消费者的消费波动更为剧烈。Feinberg（1986）发现使用电子支付的消费者在逛商场时购买更多，在餐馆用餐时给小费更慷慨。Soman 和 Cheema（2002）认为货币电子化背景下的心理账户效应使冲动消费更容易实现。心理账户效应理论认为，当所需支付账单只是某个心理账户账单的一小部分时，电子支付使消费者的价格意识更为模糊，其产生的心理账户损失感受远远弱于现金支付产生的实际账户损失感受，冲动消费更容易实现。Krugman（2011）认为，开放经济下家庭债务借助金融加速器机制放大其对消费的影响。Hall（2011）发现相较于放款家庭，借款家庭的消费波动幅度更大。Tobin（1980）和 Dynan（2004）进一步指出借款者较放款者有更高的边际消费倾向。而 Mian 和 Sufi（2012）认为过高的家庭债务规模恶化了家庭资产负债表，带来消费的下滑，这与 Claessens、Kose 和 Terrones（2011）的结论相一致。Findlay 等（2008）提出，发展新型零售商店可以扩大农村消费，促进农村城市化发展。

另外，国外学者对居民消费结构问题的研究最早可以追溯到 17 世纪中期，19 世纪末 20 世纪初，开始使用"消费结构"的概念。爱德华·迪克佩蒂·阿格兹（1804～1868 年）首次提出了家庭消费结构支出分类方法，这被确定为"消费结构"概念明确提出的标志。20 世纪 50 年代以后，消费结构的研究理论开始逐渐完善并出现了一些数量研究方法。德国统计学家恩斯特·恩格尔（1875）提出了恩格尔定律的研究方法，他们提出的消费理论成为 20 世纪西方学者研究生活消费的基础。英国经济学家 Stone（1954）提出了线性支出系统（linear expenditure system，LES）模型。Pollak 和 Wales（1969）首次将消费习惯引入线性支出系统（LES）。Pollak（1970）、Phlips（1972）、Green 等（1980）、Francis J. Cronin（1982）在线性支出系统（LES）中进一步讨论了内部习惯形成，建立了动态的 LES 模型，研究居民的消费结构。Lester D. Taylor 和 Daniel Weiserbs（1972）在可加二次模型（additive quadratic model，

AQM）和线性支出系统（LES）中引入内部习惯形成，研究了商品的消费支出结构，发现动态 LES 模型比动态 AQM 模型更适合分析消费结构。由于 LES 模型估计中存在一些困难，于是 Liuch 和 Williams（1975）通过对 LES 模型进行改进，提出了扩展的线性支出系统（expand linear expenditure system，ELES）模型，解决了 LES 模型估计中遇到的一些困难。Richard Green，Zuhair A. Hassan 和 Johnson（1978）利用 1947~1972 年的加拿大数据，运用静态需求系统和动态需求系统，研究发现引入内部习惯形成的动态 LES 模型比静态需求系统更合理，说明内部习惯形成会影响消费者对商品的需求。Dale Heien 和 Cathy Durham（1991）利用二次方程支出系统（quadratic expenditure system，QES）和三阶段最小二乘法，研究发现采用住户调查的截面数据估计得到的习惯形成参数要小于采用时间序列数据估计得到的习惯形成参数，但习惯形成在消费者行为中仍然起着很重要的作用。Marcus J. Chambers（1992）将内部习惯形成纳入线性支出系统（LES）和广义支出系统（general expenditure system，GES）中，运用最大似然估计方法，研究表明习惯形成对耐用品的消费具有重要的影响，而对非耐用品的消费影响不显著。

随着经济理论的进一步发展，Deaton 和 Muellbauer（1980）首次提出了近乎理想需求系统（almost ideal demand system，AIDS），之后被研究者广泛地使用。Gordon Anderson 和 Richard（1983）在 AIDS 模型中引入内部习惯形成，利用加拿大的样本数据研究了居民的各类消费支出。Blundell Source Blanciforti 和 Green（1983）、Ray（1984）将内部习惯形成纳入近乎理想需求系统（AIDS），研究了居民的各类消费支出。Gordon Anderson 和 Richard Blundell（1984）利用英国非耐用品的消费数据和动态 AIDS 模型，研究发现消费习惯对英国非耐用品的消费具有重要的影响。Michael R. Veall 和 Klaus F. Zimmermann（1986）利用德国的月度数据和动态 AIDS 模型，研究发现食品、衣着和居住的支出弹性小于交通通信和个人物品的支出弹性。而有一些学者还提出了逆向近乎理想需求系统，例如，Moschini 和 Vissa（1992）、Eales 和 Unnevehr（1994）提出了逆向近乎理想需求系统（inverse almost ideal demand system，IAIDS），主要用于分析农产品的消费结构。Matthew T. Holt 和 Barry K. Goodwin（1997）将习惯形成引入逆向近乎理想需求系统（IAIDS），利用美国的季度数据分析了居民对肉产品的消费结构，发现习惯形成对各种肉产品的消费具有显著的影响。

由于上述介绍的这些模型和相应方法都存在一定的局限性，不能反映一些潜变量对居民消费结构的影响，如收入分配、地区差异、各种预期因素等。因此，Cheng Hsiao（1986）在以往模型研究基础上提出了面板数据（panel data）模型，它解决了单纯使用时间序列数据和横截面数据资料无法解决的潜变量对被解释变量的影响，使消费结构研究进入一个崭新的阶段。

纵观已有的相关文献，可知国外学者对居民消费的相关问题已经进行了有意义的研究和探讨，取得了许多重要的研究成果，但他们对居民消费行为的研究结论并不完全一致。而 Dynan（2000）认为其原因主要在于：不同研究者所采用的样本数据、模型和推导出的一阶条件存在着差异。

二、国内相关研究

国内学者对居民消费的相关研究成果比较丰富，主要表现在居民消费的影响因素方面，如收入与收入差距、房价、习惯形成、社会保障、财政支出、利率、互联网、金融（包括互联网金融）、不确定性、城市商业文化、流通、政府举债、国际石油价格波动、电子商务、家庭资产与金融资产、家庭债务等角度研究了对居民消费的影响。

（一）收入与收入差距对居民消费的影响研究

陈金龙和李宝玲（2007）建立数学模型，从理论上推导出收入差距扩大会减少消费需求。陈彦斌等（2009）则认为中国居民财产收入差距过大，人均财产过低是导致中国消费不足的重要原因。马万超和李辉（2017）通过建立固定效应模型，利用 2010 年、2012 年和 2014 年中国家庭追踪调查（CFPS）的面板数据研究发现：收入差距促进消费需求；收入差距通过城乡收入差距促进消费需求，城乡居民消费之间存在正向示范效应；财富差距降低消费需求，并且财富差距负向影响系数是收入差距正向影响系数的 3.44 倍。由此，建立和健全收入分配和社会保障制度，推行和完善收入与财产的税收政策，降低收入差距与财富差距，促进消费需求。陆地和孙巍（2018）针对中国居民消费区域非均衡问题，利用 CFPS 家庭调查数据结合反事实方法将区域间收入分布差距分解为"均值差异"与"分配差异"，以此分析其对区域消费非均衡的影响机理。研究结果表明：尽管区域间相对收入均值差距减小，但是其分布比例不平衡程度增强；收入分布离散化水平提高在不同程度上降低了各收入水平家庭边际消费倾向，说明收入分配不均会对总消费产生抑制。进一步，分解结果显示中国区域间消费效应差距主要来源于"均值差异"，即区域间整体收入水平差距，这是区域经济发展不平衡产生的结果；当居民收入水平提高到一定程度，收入组群空间分布不均导致的"分配差异"作用程度增强，说明"分配差异"对中高端消费效应具有更显著的影响。

（二）房价对居民消费的影响研究

国内学者关于住房价格对居民消费影响的相关研究发展迅速，研究结论也大致分为以下两类：正向影响效应与负向影响效应。正向影响效应包括"房产财富效应"和"替代效应"等，负向影响效应包括"预算约束效应"。

（1）认为房价对居民消费具有正向影响效应。

第一，认为房价对居民消费具有"财富效应"。宋勃（2007）和崔光灿（2009）利用我国 1998~2006 年的居民消费和住房价格的季度数据，运用误差修正模型实证检验了房价和居民消费的关系，结果表明，房价上涨是居民消费增加的 Granger 原因，且住房价格的正向冲击会对消费产生正效应。黄静和屠梅曾（2009）使用中国健康与营养调查（CHNS）2000 年、2004 年和 2006 年城镇家庭的调查数据对我国近十年来居民住房财富与消费之间的关系进行了研究，结果表明住房财富显著促进了居民消费。张漾滨（2012）则认为，房价对居民消费有短期财富效应，但无长期财富效应。周春喜和杨振（2014）基于生命周期理论认为住房价格主要通过影响人们的现有及预期财富来影响消费支出，并将我国 30 个省区市分为东部、中部和西部三个区域进行了实证研究，结果表明不同区域的城镇居民住房价格对消费具有不同的财富效应。杨碧云和屈原（2017）使用中国家庭追踪调查（CFPS）2010 年和 2012 年的家庭样本构建一个两期面板数据，采用固定效应模型就我国房价上涨对城镇居民家庭消费进行了实证研究，结果表明，房价上涨对城镇居民家庭总消费具有显著的正向影响，即房价每上涨 1%，家庭总消费将增加 0.041%。进一步的扩展性检验表明房价上涨对户主是农业户口、45~64 岁的中年组、东中部地区、收入位于最低 25% 以及收入位于最高 25% 的城镇居民家庭总消费具有显著的正效应，并且现住房价格水平较高的城镇无房居民家庭总消费会更高。

第二，认为房价对居民消费具有"替代效应"。对于潜在购房者，房价上涨有可能使得他们尤其是其中的中低收入者推迟或取消购房计划，转而增加消费支出，即"替代效应"。杜莉等（2013）使用 2008～2011 年上海城镇居民入户调查数据研究发现，房价上升提高了上海居民的平均消费倾向，自有住房家庭是通过"财富效应"机制，而尚无自有房家庭则是通过"替代效应"机制。

（2）认为房价对居民消费具有负向影响效应。

一方面，对于潜在购房者，房价上涨使得他们为了买房而增加储蓄减少消费；另一方面，房价上涨带来房租上涨，直接增加了租房者的居住负担，迫使其压缩其他消费性支出，从而减少居民消费，即"预算约束效应"。况伟大（2011）使用 1996～2008 年中国 35 个大中城市家庭消费数据和住房市场数据考察了房价变动对居民家庭消费的影响，结果发现房价对家庭非住房消费具有显著的负效应。熊黎（2011）采用 2001～2010 年 35 个大中城市的面板数据，从我国住房价格对个人消费支出的影响进行实证分析后发现，我国住房价格上涨对消费产生的挤出效应大于财富效应，因此住房价格对消费的影响表现出的是抑制效应。谢洁玉等（2012）使用 1997～2008 年中国城镇住户调查数据实证检验了房价变化对家庭消费的影响，结果发现房价上涨对居民消费具有显著的抑制作用，房价每上涨 10%，非租金消费下降约 1.3%。陈斌开和杨汝岱（2013）认为，房价上涨抑制了居民消费，并且对收入水平低、没有住房或住房面积较小的家庭、青年家庭和老年家庭的影响较大。颜色和朱国钟（2013）认为房价上升不可持续，因而房价对消费的促进作用是不存在的，甚至有可能导致"房奴效应"。李春风等（2014）采用 1999～2012 年我国 31 个省区市的面板数据对房价上涨与城镇居民消费之间的关系进行了实证研究，结果表明房价上涨对居民消费具有显著的挤出效应，并且认为房价抑制消费的主要途径是预防性储蓄渠道和财富重新分配效应。邓健和张玉新（2011）及徐春华（2015）实证研究表明房价的快速上涨对居民消费有抑制作用。周洲（2015）选用 2002～2009 年城镇居民的面板数据，从城市区域异质性和家庭异质性两个方面进行了实证检验，发现住房价格上涨挤出了居民消费，且在不同区域和不同家庭所产生的挤出效应有所差异。李江一（2017）利用中国家庭金融调查（CHFS）在 2011 年与 2013 年采集的微观面板数据，考察了"房奴效应"的两大表现——购房动机与偿还住房贷款对家庭消费的影响。研究发现，购房动机挤出了 7.4% 的家庭消费，且主要挤出了食品衣着、教育文化娱乐支出，偿还住房贷款挤出了15.8%的家庭消费，且主要挤出了耐用品、住房装修维修支出。进一步的研究发现，购房动机通过降低边际消费倾向而挤出了消费，且预期房价增长速度越快，购房动机对消费的挤出效应越强，有购房动机家庭的边际消费倾向越低，而偿还住房贷款使家庭受到了严重的流动性约束，其表现为住房贷款占收入的比重越高，消费被挤出越严重。研究还发现，除了直接影响消费外，"房奴效应"还会通过抑制住房财富效应而间接降低消费。樊锦霞等（2018）首次研究了房价不确定性对我国居民消费的影响。依据不确定性特征，将其划分为"优于预期"不确定性和"劣于预期"不确定性两类，在现阶段，房价不确定性对居民消费有显著抑制效应，且不确定性特征的影响呈现非对称性，城镇居民消费对"优于预期"不确定性反映更为敏感。黎泉、张波和林靖欣（2018）基于我国35个大中城市2005~2015年的面板数据，构建固定效应模型分析了住房价格对居民平均消费倾向的影响。结果显示，住房价格上涨对居民消费抑制作用明显；住房价格对居民消费影响呈现地区差异性，经济较发达内陆中等城市受影响更大。研究结果为不同地区差异化房价调控政策的制定提供了依据。纪建悦和孙启伟（2018）利用2007~2015年中国31个省区市的面板数据，采用面板门槛模型研究在不同的社会保障水平下住房价格与居民消费率的关系。研究表明：我国房价上涨对居民消费率的影响主要表现为抑制作用；在以社会保障水平作为门槛变量的条件下，房价对消费的影响确实存在着明显的单门槛效应。

此外，李剑和臧旭恒（2015）基于2004~2011年我国的省级动态面板数据进行研究发现，住房价格上涨对高收入群体的消费具有明显的促进作用，而对中低收入群体的消费表现为抑制作用，呈现出非线性关系。李春风、刘建江和齐祥芹（2017）结合住房的双重属性及其对应的双重效应图形走势，理论分析发现房价对我国居民消费的影响存在明显的门槛效应，若房价上涨较为平稳，对消费的影响为财富效应，反之上涨过快，财富效应转为挤出效应，抑制消费增长。并结合实证分析，将住房双重属性纳入消费者最优选择模型中，构建动态面板门槛模型，得出与理论分析一致结论。结果显示：当房价上涨幅度低于门槛值9.62%时，总体表现为财富效应，且效应大小随房价上涨呈倒"U"形曲线特征；若房价涨幅高于门槛值，呈现出挤出效应，且随房价进一步攀升更加明显。结合研究结论与现实情形，不难发现，要发挥房地产对消费的正向促进作用，应将房价控制在合理水平上。石永珍和王子成（2017）利用中国家庭追踪调查（CFPS）2010年和2012年的面板数据，考察了住房资产对居民消费的财富效应。研究发现：总体上住房资产没有财富效应，相反，房价上涨驱动的住房资产升值抑制了居民消费，特别是挤出了基本生活需求型消费；住房资产对拥有自有住房的家庭消费支出有财富效应；多套房家庭、大产权房家庭、青年家庭和中等收入家庭的消费支出对住房资产升值的反应较为敏感；房价上涨显著抑制了租房家庭的消费支出。房价回调拖累居民消费的可能性很小，政府应关注房价波动对不同群体的影响，综合考虑民众基本生活水平等调控住房价格。张霆和万光彩（2018）基于时变参数状态空间模型，利用1999～2016年的季度数据测算了我国住宅价格对城镇居民消费影响的时变特征。结果表明，我国住宅价格对消费的影响整体上呈现微弱的财富效应，住宅价格的MPC位于0.0543～0.1155之间。2004年之前住宅价格上升对消费的影响波动剧烈，2004年后大致呈现先上升，2013年后开始下降的倒"U"形趋势。这说明近年来房价上升对消费的挤出效应迅速增强。

（三）习惯形成对居民消费的影响研究

国内学者在习惯形成理论的分析框架下对居民消费行为的研究成果还比较少。他们对居民消费习惯形成的研究主要分为两大类。

（1）研究中只考虑内部习惯形成，即消费者的消费支出取决于其自身过去的消费水平。例如，龙志和、王晓辉和孙艳（2002）最早对中国居民消费习惯形成进行了实证研究，他们利用 Naik 和 Moore（1996）模型对某省会城市1999～2001年家庭调查数据中的食品消费平行数据进行研究，并对消费习惯形成模型进行估测，研究结果表明，城镇居民的消费习惯对食品消费具有显著作用，且家庭财产对居民食品消费习惯的形成作用不大。龙志和、杨建辉和王晓辉（2003）对消费习惯形成的研究进行了总结，发现国内文献中尚未见到关于消费习惯形成的定量研究，仅有一些文献是关于中华文化、消费习惯对中国居民消费影响所作的讨论，但只限于一般性的定性分析，文献中也未见到国外学者用中国的数据所做的消费习惯形成模型的研究。陈彦斌、肖争艳和邹恒甫（2003）构造了基于财富和习惯的消费——资产组合投资模型，研究发现习惯形成和较弱的财富偏好均能导致更加平滑的消费行为，从而解释了消费平滑之谜。谭玉顺和刘先忠（2005）构造了一个带有习惯形成的消费者跨时决策模型，研究发现，在消费习惯形成后，居民的消费和储蓄与传统的消费和储蓄存在很大的差别：第一，居民的消费会随着消费习惯水平的增大而降低，而储蓄率会随着消费习惯水平的升高而升高；第二，在消费习惯形成的作用下，如果消费者的习惯水平较高，储蓄率可能产生与利率相反的方向运动，即利率降低，储蓄率却升高。齐福全和王志伟（2007）利用 Dynan（2000）模型对北京市农村居民消费行为进行研究，研究表明北京市农村居民家庭人均生活消费总支出、食品支出和衣着支出存在着习惯，其中，衣着支出的习惯最强，而居住支出并不存在习惯。艾春荣和汪伟（2008）运用 1995～2005 年省级动态面板数据，研究了习惯偏好下的中国居民消费的过度敏感性。分析表明：在总消费增长率变动上，城镇居民与农村居民表现出一定程度的耐久性，在非耐用消费支出上农村居民表现出一定的习惯，但城镇居民的消费习惯几乎不存在。无论是城镇居民还是农村居民的消费变动都呈现出对预期收入变动的过度敏感性。城镇居民总消费变动的敏感性明显高于农村居民，而城镇居民的非耐用消费支出变动的收入敏感系数低于农村居民。过度敏感性表现出比较明显的非对称模式，城镇样本关于消费变动的估计支持了损失厌恶理论，而农村样本则支持了流动性约束或短视假说。谭玉顺（2008）在 Merton 模型的基础上，将习惯形成纳入消费者的效用函数，建立消费与证券组合选择的增长模型，利用随机最优化方法分析了习惯形成对最优消费路径及最优投资组合的影响。结果显示：一般情况下，当消费者关心消费习惯时，消费者投资在风险资产上的份额将会更小，这样将会降低期望经济增长率，此时的消费增长路径将变得更加光滑和平稳；当消费的跨时替代弹性较小时，收入波动越小，经济增长率就越低；当消费的跨时替代弹性较大时，收入波动越大，经济增长率就越高；同时由于存在习惯形成，它将会降低收入的冲击对经济增长率的影响。杭斌和申春兰（2008）将习惯形成与缓冲储备模型结合，分别对中国城镇居民和农村居民的研究表明，习惯形成是影响居民消费的重要解释变量。雷钦礼（2009）将消费习惯、财富积累、偏好变化、预防性储蓄动机引入家庭消费与储蓄决策的跨期优化分析框架，导出了家庭最优策略函数的封闭解，并且对农村居民的实证研究表明，消费习惯是农村居民消费的重要影响因素。杭斌和郭香俊（2009）从理论上分析了习惯形成的原因以及对消费的影响，研究发现：自从经济体制改革以来，随着经济的快速增长，中国城镇居民已经习惯于生活水平不断提高，因此他们追求的目标是保持消费长期稳定增长，而不是消费在各个时期的均匀分配，从而各期消费的效用是相互关联的；习惯形成参数越大，边际消费倾向就越低。即习惯形成下的消费行为类似于谨慎导致的消费行为；较高的储蓄率增强了家庭抵御风险的能力，因此，消费的惯性越强，收入不确定性对消费的影响就越小。随后又利用1997~2007年中国26个省（直辖市）的城镇住户调查数据进行了实证分析，结果表明：习惯形成和收入不确定性都是导致中国城镇居民高储蓄现象的重要原因。杭斌（2009）在缓冲储备储蓄理论中引入了消费习惯因素，并利用1992~2005年中国25个省区市的农村住户调查数据进行了实证分析，结果显示：习惯形成和收入不确定性都是影响中国农户消费行为的重要解释变量；习惯形成参数越大，边际消费倾向就越低，即习惯形成下的消费行为类似于谨慎导致的消费行为；较高的储蓄率增强了家庭抵御风险的能力。因此，消费的惯性越强，收入不确定性对消费的影响就越小；不包含习惯形成因素的缓冲储备模型严重低估了农户的谨慎和耐心，这是因为，如果消费具有惯性，家庭就会有更高的财富目标。戴丽娜（2010）利用1998~2008年的城乡省级面板数据建立包含习惯形成、不确定性和流动性约束在内的动态面板数据模型并对城乡居民的消费行为进行实证分析，结果表明：习惯形成对于城乡居民的消费具有显著性影响；不确定性对于城镇居民的消费增长具有显著的影响，对于农村居民的影响不显著；城乡居民的消费具有过度敏感性；城镇居民的实证结果支持"前景理论"，不支持流动性约束理论，农村居民的实证结果支持"短视行为"理论。杭斌（2010）从习惯形成角度分析了近年来中国城镇居民的平均消费倾向持续下降的原因，在理论分析的基础上，利用1978年以来的中国城镇住户调查数据估计了习惯形成参数，然后分析了习惯形成对平均消费倾向的影响，最后对习惯形成的原因做出了定量解释。王敏和梁利（2010）运用适应预期的消费函数模型，对中国农民的消费行为进行了实证分析，研究表明：农村居民消费的变动呈现出对收入变动的过度敏感，并且农民存在消费习惯，收入的不确定性进一步抑制了农民的消费。凌爱凡和吕江林（2011）在假设消费者的生命周期为有限的情形下，建立了一类具有习惯形成和财富偏好的消费与储蓄模型，研究表明消费习惯的存在会减弱劳动收入不确定性给消费带来的边际效用，而当财富偏好和习惯形成同时存在时，随着财富偏好强度系数增大，劳动收入不确定性对消费水平的影响也逐渐增大。贾男和张亮亮（2011）利用中国营养与健康调查数据对中国城镇居民消费中的习惯形成效应进行了研究，结果发现：习惯形成可以从一定程度上解释近年来中国城镇居民消费不振及高储蓄的现象，这一效应即使在考虑了城镇家庭的"预防性储蓄动机"之后仍然是稳健的,并且其对消费的边际影响比"预防性动机"更为重要。晏艳阳和官飞宇(2011)借鉴Dynan提出的具有习惯形成的生命周期消费函数模型,首先,运用状态空间模型求解出各个时点上城乡居民的消费习惯参数,分析结果显示:城乡居民习惯形成的动态变化路径存在比较显著的差异;其次,利用面板数据模型求解出东、中、西部居民的习惯形成参数,从而揭示了中国居民消费习惯形成存在地区差异性。研究结果表明,消费习惯形成与经济发展水平、现期与预期收入水平以及市场化发展水平相关。李春风、陈乐一和李玉双(2012)将消费习惯引入Carroll的缓冲储备模型,对我国城镇居民持久收入的边际消费倾向进行了实证分析,结果显示:消费习惯形成下的边际消费倾向(MPCP)相比无消费习惯时要小,而且消费习惯强度越大,MPCP减小得更为明显。如果利用卡尔曼滤波法对我国城镇居民的消费习惯强度进行估计,并用数值模拟消费习惯下与无消费习惯时的MPCP,分析结果发现:我国城镇居民的消费习惯强度整体呈现上升趋势,且对消费的影响逐渐增强;在消费习惯的影响下,MPCP持续走低,整体呈现下降趋势,可见,消费习惯是影响我国城镇居民MPCP处于低位运行的重要因素,所以应从居民消费习惯调节上来采取扩大消费的政策。

(2)研究中同时考虑内部习惯形成和外部习惯形成。例如,王海侠(2006)评述了消费习惯理论的有关观点,认为消费习惯包括内部习惯(internal habit)和外部习惯(external habit)两种,并进一步讨论了消费习惯理论在经济、金融领域中的应用。闫新华和杭斌(2010)将内部习惯形成、外部习惯形成与消费结构相结合,在构建理论模型的基础上,运用差分广义矩估计对中国26个省区市农村居民1994~2007年住户调查数据进行了实证分析。结果表明:中国农村居民的各项消费支出都表现出显著的内部习惯形成。内部习惯形成类似于谨慎,习惯形成参数越大,居民储蓄目标将越高,消费将变得更加节俭。这也是目前中国农村消费市场迟迟没有启动的一个重要因素。城镇居民的消费示范效应集中体现在交通通信、教育文化娱乐服务及医疗保健支出方面,这三类消费支出都带有很强的"生产性消费"特征,在一定程度上反映出农村居民消费更着眼于长期,而不是简单攀比。杭斌(2011)利用1978~2008年中国26个省区市的城镇住户调查数据,研究发现:消费者的习惯偏好与制度环境有关。受传统计划体制影响,1990年前中国城镇居民的习惯偏好具有明显的"短视"特征。1990~2008年的估计结果则支持了理性习惯形成假设,即内部习惯形成导致了边际消费倾向明显下降,并且消费攀比是理性的。崔海燕和范纪珍(2011)利用 1997~2009 年中国 26 个省区市农村居民的住户调查数据,将内部习惯形成、外部习惯形成与农村居民消费行为相结合,在构建省级动态面板数据理论模型的基础上,运用广义矩方法对其进行了实证分析。分析结果表明:中国农村居民的消费变动呈现出对收入变动的过度敏感性;农村居民的消费表现出了显著的内部习惯形成,消费存在着棘轮效应;城镇居民的消费行为对农村居民具有示范效应。张邦科和陶建平(2012)研究表明,湖北省农村居民在食品支出、家庭设备用品及服务与住房支出上存在负的内部习惯形成,而在文教娱乐支出上存在正的内部习惯形成,其他方面则不受到内部习惯形成的影响,城镇居民在交通通信和医疗保健支出上的示范效应为正,而在住房和衣着支出上为负,其他方面则不显著。崔海燕和范纪珍(2012)运用 1997~2008 年中国 26 个省区市的城镇居民家庭收支调查数据,在构建省级动态面板数据理论模型的基础上,运用系统广义矩估计方法对城镇居民的信息消费行为进行了实证分析,分析结果表明:中国城镇居民的信息消费表现出了显著的内部习惯形成,即信息消费存在棘轮效应;城镇居民的信息消费行为具有显著的示范效应,城镇居民的信息消费变动呈现出对收入变动的过度敏感性。

(四)社会保障对居民消费的影响研究

社会保障本身存在资产替代效应与引致退休效应,资产替代效应会增加当期消费,而引致退休效应会降低当期消费,社会保障究竟是抑制还是提升居民消费水平取决于两种效应作用下的净效应大小。研究发现,我国有些学者在这一问题的研究上也存在明显分歧,概括起来,认为两者关系有正、有负,甚至并不确定。

纪江明等(2013)以 1991~2008 年的数据实证分析得出我国东部地区社会保障对居民消费的正向作用最大,而西部地区最小。方匡南等(2013)通过整合 2006 年的家庭微观调查数据,同时研究分析了城乡社会保障制度与城乡人们消费水平两者之间的关系,发现有社会保障的人均消费支出水平明显高出没有进行社会保障的人们的人均消费支出水平。顾静和吴忠(2013)认为,社会保障通过增加居民转移性收入,在某种或某些商品价格上涨时会增加储蓄,减少当期消费,加之,社会保障存在引致退休效应,也会降低居民当期消

第二章 理论基础与文献回顾

费,因此,最终社会保障对居民消费的影响作用是不确定的。刘飞、王欣亮和白永秀(2018)通过数理模型推导判定社会保障与居民消费存在非线性关系,在城乡经济协调水平由高到低的四阵营划分下,构建多重面板门槛模型,得出:全国的城乡社会保障扭曲与居民消费差距间呈倒"U"形关系,即优化社会保障城乡配置政策存在消费"陷阱",第一阵营两者呈负向非线性相关,第二、第三阵营两者呈倒"V"形相关,第四阵营两者呈倒"U"形相关。城乡收入和财富差异约束社会保障扭曲对消费差距的影响作用:在城乡收入差异约束下,全国、第一、第三、第四阵营呈"U"形关系,但各自优化社会保障城乡配置必须跨越不同的收入差距门槛;在城乡财富差异约束下,呈"V"形相关,在跨越城乡财富差异的门槛值0.226之后,优化城乡社会保障支出配置对平衡城乡消费差距才有效率,但四个阵营财富差异对两者关系约束并不显著。

其中,关于养老保险对居民消费影响的研究成果较多,一般是围绕城镇职工基本养老保险、新型农村社会养老保险、城乡居民养老保险制度展开,根据持久收入理论、生命周期理论、世代交叠模型等,通过宏观总量数据、微观调查数据及政策模拟展开分析。

樊纲等(2004)研究发现居民消费与养老保险的普及程度存在比较显著的正相关关系。何立新等(2008)基于对养老保险改革前后,养老保险制度的外生性变化与城镇居民消费水平之间的关系研究,结果表明养老保险基金的财富对消费存在正向的影响。孟庆平(2008)根据1999~2005年的相关数据进行研究,结果发现我国城镇居民消费水平和养老保险发展水平存在较为显著的相关关系。刘慧(2009)发现社会保障对我国消费有正向显著影响,应该提高我国社会保障水平刺激消费,缓解未来的不确定性,减少家庭的预防性储蓄,显著影响家庭当期以及未来消费。石阳等(2010)从养老保险的筹资功能角度出发,认为我国现收现付制的养老保险与居民消费显著正相关,同时对储蓄的挤出效应不断膨胀。姚晓垒和虞斌(2012)基于1989~2009年全国宏观数据,对我国城镇职工基本养老保险改革前后进行比较发现,1997年以后人均养老金水平对居民消费的促进作用显著,大于改革以前养老保险对消费的影响。邹红和喻开志(2013)利用2002~2009年广东省城镇住户调查数据发现,参加基本保险使家庭的消费支出显著增加,但是养老保险缴费率每增加1%,家庭消费将减少2.58%。陈晓毅和张波(2014)基于中国家庭金融调查(CHFS)2011年调查数据,利用分位数回归和扩展的线性支出系统模型,研究发现有养老保障的家庭在各个消费项目上，无论是消费意愿还是消费质量都要高于无养老保障家庭。蔡兴（2015）在生命周期理论的前提下，通过代际交替模型发现，居民消费与预期寿命呈负相关，而与养老保险的覆盖率和水平呈正相关。孟醒和申曙光（2016）基于 CGSS2004 和 2009 年的数据，通过分位数回归模型探索 2005 年城镇基本养老保险政策变革下养老金财富对家庭消费的影响，研究发现：养老金财富变量对居民消费具有激励效应，并且政策改革对男性户主家庭消费的财富激励效应显著增强，而对女性户主家庭没有明显影响。康书隆、余海跃和王志强（2017）利用 2012 年中国追踪调查数据研究发现，中国基本养老保险参保家庭的实际费率随收入增加而下降，高收入家庭受益于养老保险高回报率带来的终生财富增长，参保能够提高家庭当期消费；而低收入家庭实际费率负担较重，在借贷约束的限制下，参保不能促进家庭当期消费。进一步考察实际费率对家庭消费的影响发现：高收入家庭实际费率偏低，导致保障不足、预防性储蓄增加，低收入家庭因实际费率过高而减少当期消费，两类家庭的消费均偏离最适宜水平。研究还表明：养老保险改革应当降低缴费门槛，遵循名义费率和实际费率相匹配、实际费率和家庭适宜保障水平相适应的原则，以有效发挥养老保险降低储蓄、提振消费的作用。田玲和刘章艳（2017）利用 CGSS（2010）数据，基于倾向得分匹配法（PSM），从心理层面的压力感知这一新视角考察基本养老保险的政策效果，结果发现基本养老保险显著增加了居民在服装、食品、交通通信、文化娱乐等消费项目的压力感知，而对住房、教育、医疗等消费则没有显著影响。赵青和李珍（2017）根据国际比较福利权益数据库提供的 21 国 1971 年以来的跨国宏观经验数据，构建长面板数据模型，为公共养老金制度与居民消费的真实关系提供跨国比较的经验证据。研究表明，无论采取哪种估计方法，不论对于单身户还是家庭户，各国的人均 GDP 水平对居民消费支出的正向显著性影响结果最为稳健，这与绝对收入假说相一致。公共养老金覆盖率对不同 GDP 分组国家居民消费的影响具有显著的差异性：养老金覆盖率对居民的消费促进作用仅在低 GDP 分组国家较为明显，而在较高 GDP 分组国家影响减弱。可见，公共养老金制度促进消费的经济功能并不能被夸大。这对于各国制定合理的公共养老金政策，理性看待公共养老金与经济发展的关系有一定启示意义。易行健和黄远（2018）利用 2014 年中国家庭追踪调查数据（CFPS），分析了养老保险对城镇家庭消费的影响。研究发现，养老保险会显著促进家庭的消费，持有养老保险会使得家庭消费增加 13.4%；考虑负债后，持有养老保险使得家庭消费增加 10.6%，下降了 2.8%。从不同收入层次家庭来看，养老保险对高收入家庭、较高收入家庭的消费没有显著的影响，但是对低收入家庭、较低收入家庭以及中等收入家庭的消费有显著的正向影响。持有养老保险对城镇家庭有显著的促进作用，但是对新进城镇家庭有抑制作用；退休家庭与未退休家庭，养老保险都会显著刺激家庭消费，但是退休家庭养老保险的刺激作用更大。同时家庭收入、家庭规模、受教育程度都会正向刺激家庭消费。赵青和李珍（2018）基于中国社会不同地区之间的复杂性与多样性，通过多层次线性回归模型的构建，探索基本养老保险在参保类型和保障水平方面对居民消费影响的地区性差异。研究结果表明：城、乡基本养老保险的参保者比其他类型养老保险参保者或未参保居民的消费支出更多，且在社区、村庄层面存在显著差异；另外，在人均初始生活水平较低、经济欠发达的地区，公共养老金单位增长所带来的家户边际消费倾向要高于初始人均生活水平较高、经济较为发达的地区。

陈池波等（2012）对 2008~2009 年 31 个省区市的横截面数据进行分析，发现新型农村养老保险的参保家庭相对来说更具有消费倾向。岳爱等（2013）基于相关农户调查数据分析，结果表明"新农保"参保农户相对于未参保农户有更高的家庭日常费用支出。张川川等（2015）基于 CHARLS（2011）调查数据，采用断点回归（RD）与双重差分（DID）估计策略以探求变量间的因果关系，实证结果表明，"新农保"的养老金收入在一定程度上增进了家庭人均总消费水平。田华等（2016）基于生命周期理论，将社会保障支出加入农村居民消费模型，并采用面板数据就我国社会保障对农村居民消费的影响进行了分析，认为社会保障支出对农村居民消费具有明显的引致效应。

但是，养老保险对居民消费也会产生负向效应。白重恩（2012）使用 2002~2009 年中国 9 个省的城镇住户调查（UHS）数据，利用养老保险缴费率的城市和年份差异，构建养老保险缴费的工具变量，研究发现给定被养老保险系统覆盖以及缴费前收入，养老金缴费率的上升对家庭消费具有显著的抑制作用。王小龙（2013）以养老双轨制为前提，实证研究了养老双轨制、家庭异质性与城镇居民消费之间的关系，发现养老双轨制会抑制家庭消费支出，对消费总需求也会产生抑制作用。李珍和赵青（2015）采用全国时序和省级面板数据的研究表明，转轨后的养老保险替代率对居民消费支出的影响并不显著，覆盖率的提高反而挤出了居民消费。

(五) 财政支出对居民消费的影响研究

国内学者关于财政支出对居民消费的影响进行了大量研究,但得出的结论并不完全统一,大致有以下三种代表性观点。

(1) 认为财政支出会挤入居民消费。经济学理论一般认为,扩张性财政政策对居民消费有着正向的刺激作用(李广众,2005;胡永刚和郭新强,2012;易行健等,2013;毕玉江和裴瑱,2016)。潘彬等(2006)采用1995~2004年的财政支出和居民消费数据进行实证研究,结果表明政府合理扩大财政支出能有效促进居民消费。官永彬和张应良(2008)以及孟奎(2012)利用财政支出和城乡居民消费数据,分别就财政支出对城镇居民消费和农村居民消费的影响进行实证分析,结果表明财政支出对居民消费有显著的促进作用,并且对城镇居民消费的作用大于农村居民。储德银和闫伟(2009)通过加大农村交通、水、电、通信等基础设施的供给,为农民营造良好的消费环境,可以有效促进农民消费。杨子晖等(2009)认为,政府提供了大量与居民消费互补的公共服务,以及具有正外部效应的基础设施等公共物品,改善了居民消费外部环境,从而有效降低了居民消费的私人成本。李建强(2012)基于我国31个省区市2007~2010年的面板数据建立动态随机一般随机均衡模型,也证实财政支出在整体上会促进居民消费,但不同区域的影响程度会有区别。胡永刚和郭长林(2013)认为,由于预期效应的作用,财政支出对居民消费存在挤入效应。汪勇和赵昕东(2014)基于 SVAR 模型发现,财政支出对城乡居民消费总量在长期内存在挤入效应,对农村居民消费更为显著。许安拓和刘绪硕(2017)基于2002~2015年中国31个省区市的面板数据,借助门槛面板估计,以居民收入水平为门槛变量,考察了民生财政支出对居民消费支出的门槛效应。门槛面板实证结果表明,民生财政与居民消费之间存在显著的非线性关系,即民生财政对居民消费的促进呈现出阈值转换特征:在居民低收入水平阶段,民生财政对居民消费的增加有促进作用;在居民中等收入水平阶段,民生财政对居民消费的促进作用更加明显;而在居民高收入阶段,民生财政对居民消费的促进效果显著高于居民中低收入阶段,进而提出了相关的政策建议。洪源等(2017)则进一步分析了民生财政支出对城镇居民消费的影响,结果表明民生财政支出最终会刺激居民消费。张超、甘梦群和徐蕾(2018)基于1978~2015年全国31个省区市的财政支出和居民消费等相关数据,对全国四大区域及各省区市地方财政支出与居民消费之间的关系进行面板协整检验和参数估计,结果表明全国各区域内地方财政支出对居民消费基本呈现挤入效应,且各区域乃至各省区市的挤入效应存在差异性,而经济发展水平、财政支出结构和城市辐射效应等是造成这种差异的重要原因。据此提出促进区域经济均衡发展、财政支出因地制宜、加快供给侧结构性改革和加强区域间经济合作等对策建议,以期为政府更好地发挥财政支出作用提供理论基础,从而促进居民消费的增加和经济的健康发展。

(2) 认为财政支出会挤出居民消费。黄赜琳(2005)利用 RBC 模型发现我国的财政支出对居民消费具有显著的挤出效应。申琳和马丹(2007)利用 1978~2005 年的数据,通过消费倾斜和资源撤出两个方面分析财政支出对居民消费的影响作用,结果表明前者促进居民消费,后者却抑制居民消费,但两者的综合作用对居民消费具有挤出作用。杨智峰(2008)进一步指出这种挤出效应会因为区域和时间不同产生差异性。徐忠等(2010)认为目前我国政府财政支出多以盈利性为主,挤占了公共财政支出,居民又因公共支出不足而增加预防性储蓄,因而财政支出间接挤出了居民消费。张治觉等(2013)建立了空间计量模型,认为各地财政对于居民消费具有空间异质性,且认为基本建设支出与行政管理支出对居民消费产生挤出效应。梁媛(2017)认为由于需求层次的提高和预期不确定性的增加,民生性财政支出对居民消费也会产生负面影响。文甫等(2017)研究发现在较长的时期,财政支出有偏性与经济结构失衡之间存在相关关系,但对居民消费具有抑制作用。彭晓莲和李玉双(2013)及郭长林(2016)将财政支出和居民消费纳入动态随机一般均衡模型中进行实证分析,也证实财政支出会对居民消费产生一定的挤出作用。但是,许先普(2010)基于封闭经济中消费跨期最优框架,探讨了李嘉图等价之谜的中国经验分析,认为在短期内政府支出会促进居民消费的提升,在长期则会完全挤占私人消费。胡蓉、劳川奇和徐荣华(2011)实证发现,财政支出对居民消费的挤入效应只表现在短期内,长期内则呈现挤出效应。胡永刚和郭新强(2012)构建内生增长模型并经数值模拟发现,中国政府的投资性支出比重大于其相对生产性,继续提高投资性支出比重将挤出居民消费。蔡伟贤(2014)通过构建二阶段实证分析模型,利用我国省级面板数据进行实证检验发现,总体而言,公共支出挤占了居民消费;但科教文卫支出对居民消费有正向影响,且对农村居民的刺激作用更明显;农业支出和基础设施建设能有效刺激农村居民消费。严玉华和王燕武（2016）的研究结论则明确指出财政支出对居民消费在短期内具有挤入效应，在长期内具有挤出效应。

（3）认为不同财政支出类别对居民消费的影响不同。张治觉和吴定玉（2007）研究认为政府消费性和转移性支出会促进居民消费，而投资性支出会抑制居民消费。杨汝岱和陈斌开（2009）研究各阶段政府教育支出与居民消费的关系，得出高等教育支出增加对居民未来消费预期作用不大，居民依然会通过储蓄以备未来消费支出，当教育支出提高时，居民储蓄会提高，从而挤出居民消费。苑德宇、张静静和韩俊霞（2010）发现科教文卫支出显著挤入了居民消费，而消费性支出对居民消费则呈现挤出效应。刘东皇和沈坤荣（2010）认为，财政总支出挤入了居民消费，无论是城镇还是农村；大多数财政支出项目对居民消费的影响并不明显，只有社会文科教支出的挤入效应较为显著。刘生龙和周绍杰（2011）发现政府行政费用占财政总支出的比重上升较为明显地降低了居民消费率。武晓利和晁江锋（2014）利用DSGE模型和贝叶斯估计方法却得出了差异较大的结论，认为政府增加转移性支出、投资性支出和服务性支出在长期内能够促进居民消费，而增加政府消费性支出会挤出居民消费。蔡伟贤（2014）在宏观研究地方财政支出与居民消费关系的过程中，将财政支出分解为教育、医疗、社会保障等多个方面，并将以上几个方面融入单一实证模型中估计其与居民消费的关系，研究得出政府教育支出对农村居民消费具有更大的挤入效应。饶晓辉和刘方（2014）通过构建不完全竞争的DSGE模型研究发现，政府生产性支出冲击对居民消费和私人投资造成了短期挤出效应、长期挤入效应，且该冲击有利于促进经济体系资本持续性积累。王玉凤和刘树林（2015）以及戴洛特和乔扬（2017）将财政支出分为生产性和消费性两大类，研究表明前者挤入居民消费，后者挤出居民消费，具体影响要看两类财政支出作用的大小比较。而杨翱和李长洪（2016）则认为政府消费性支出在长期内挤入居民消费，但生产性支出在长期内对居民消费的作用不明显。吴强和刘云波（2017）运用我国31个省区市2007~2014年的省级面板数据，构建财政总支出及分类支出影响城乡居民各项消费的计量模型。研究表明：从总量来看，财政总支出对城乡居民消费总量的影响并不显著；从结构来看，财政分类支出对居民各项消费的影响存在差异性：教育财政支出挤入了居民的食品和衣着消费，挤出了居民的教育消费，科学研究财政支出挤出了居民的家庭设备及服务消费，文化财政支出挤入了居民的衣着消费，医疗财政支出挤入了居民的医疗消费，社会保障及就业支出挤出了居民的教育消费；从城乡差异来看，财政分类支出对城镇居民和农村居民各项消费的影响方向大致相同，影响力度上略有差异。冉光和李涛（2017）从资本存量视角实证检验基础设施投资对居民消费的影响，研究表明：政府支出挤出了居民消费，而基础设施资本存量增加能够挤入居民消费，但经济意义较弱。考察区域差距与城乡差异，发现基础设施挤入消费的作用在中西部地区和农村地区表现得更为明显，经济意义也更为显著。进一步探索影响机制，发现基础设施的改善提升了居民平均消费倾向，这种机制在城市和农村同时存在。王欣亮和刘飞（2018）基于空间异质性和非线性的双重视角，利用门槛回归技术对我国省级城乡面板数据进行考察发现，基础教育投入差异总体上显著促进了城乡居民消费水平差异的扩大，但这种影响具有边际效率递减的非线性动态特征和空间异质门槛效应。进一步对非线性增长效应的约束机制分析表明：只有当城乡收入差距和城乡财富水平差距分别跨越一定门槛时，教育投入均衡化才会有利于缩小城乡消费差距；在控制了收入差异的影响下，全国、东部和中部地区均表现为明显的"U"形；在控制了财富差异的影响下，全国和东中西部地区呈现出"N"形、"N"形、倒"U"形和线性的特征；教育投入对于缩小城乡消费差距存在最优区间，现阶段我国教育投入已处于最优区间内，但是这在不同的空间维度下也表现出一定的异质性特征。

（六）利率对居民消费的影响研究

在理论层面上，古典经济学派认为，储蓄是实际利率的增函数，较高的实际利率往往会鼓励储蓄抑制消费，消费作为储蓄的对立面，它是实际利率的减函数。凯恩斯在古典主义基础上，承认利率对消费的影响，但他同时认为利率对短期消费的影响是第二位及不重要的，实际收入才是决定消费的最重要的因素。莫迪里亚尼和弗里德曼分别提出了"生命周期假说"与"持久收入假说"，假设消费者选择最优消费路径，追求终生的效用最大化。理论层面尚未就实际利率与消费的关系得出一致性的结论。

在实证分析层面上，可分为两类：第一，消费与实际利率呈负相关关系。王立平（2005）运用加权最小二乘法得出在剔除制度性因素的前提下，实际利率上升会引起居民消费下降。王勇（2015）基于脉冲响应分析和反事实仿真，表明降低实际利率会提高居民消费，其中存贷款利率虽然显著但不持久，拆借等市场利率影响微弱但较为持久。第二，消费与实际利率呈正相关关系。刘赣州（2010）发现，对于中低收入消费者来说，降息所带来的收入效应会大于替代效应；对于中高收入者来说，降息带来的双重效应被互相抵销，对消费的影响不明显。

考察实际利率与消费之间关系的文献并不是很多，大部分是在考察对消费的影响因素中纳入了实际利率这一变量。王合旭和夏阳（2000）基于生命周期假说与持久收入假说，发现了城乡居民消费均与实际利率成反比的现象。张五六（2010）运用时变参数状态空间模型研究利率与消费之间的关系，认为利率对农村和城镇居民消费需求影响不显著，利率机制尚不是调节我国消费的良方。

现有的文献并没有对两者的关系给出明确的结论。原因有以下两点：一是费雪跨期消费决策模型指出，利率对消费有替代与收入的双重效应，收入效应与利率同方向，替代效应则相反，利率变动结果则是基于两种效应之和，故具有不确定性；二是生命周期消费理论和持久收入假说传导机制在中国未必成立。近年来，我国居民消费决策环境发生了很大的变化，社会处于转型期，不确定因素增多，医疗保障体系和金融借贷体系有待健全；人们对于房屋等耐用消费品购买意愿不断增强，居民消费变得更加审慎，规避风险，抵御不确定性带来的冲击。同时，我国目前实行的是典型的利率"双轨制"，即由央行管控的存贷款利率与完全市场化的同业拆借利率，仍处于"金融抑制"状态，存在一定的"流动性约束"，居民的投融资渠道十分有限。在此情况下，导致我国居民消费存在消费短视现象。

（七）互联网对居民消费的影响研究

刘湖和张家平（2016）指出互联网的普及对居民消费具有显著的促进作用，且能够促进消费结构的优化升级。张红伟和向玉冰（2016）指出，网购规模在互联网化水平高的地区能够显著地促进居民总消费的增长，而在互联网化水平低的地区网购规模促进居民消费增长的效应不显著，从基本逻辑上来说，互联网可能对农村居民的消费行为产生正反两个方面的影响。王茜（2016）指出，"互联网+"不仅能够从需求侧推动消费升级，还能实现从供给端发力驱动消费升级。杜丹清（2017）指出，互联网能够推动消费方式更新换代、消费观念转变，促进居民消费结构升级。祝仲坤和冷晨昕（2017）

基于 2015 年中国社会状况综合调查数据（CSS2015），系统考察了互联网对农村消费的影响。实证结果表明，掌握互联网技能会显著提高农村居民的消费水平，在加入控制变量、考虑地区异质性后，效应依然存在。为了克服潜在的内生性问题，其以省级层面的"互联网普及率"和"农村宽带覆盖率"作为工具变量，并利用倾向得分匹配法构造反事实框架纠正选择性偏误，结论依然稳健。分位数回归结果显示，随着农村居民消费水平的提高，互联网技能所发挥的正向作用不断弱化。从年龄分组来看，青年人掌握互联网技能对消费水平提升作用最明显，中年人次之，老年人无显著作用。

此外，还有一些学者从金融、互联网金融、不确定性、城市商业文化、流通、政府举债、国际石油价格波动、电子商务、家庭资产与金融资产、家庭债务等角度研究了对居民消费的影响。

涂先进、谢家智和张明（2018）采用中国家庭追踪调查（CFPS）数据，在对金融借贷的虚拟财富水平进行量化的基础上，运用有序 Probit 模型实证检验二元金融对城乡家庭消费的虚拟财富效应。研究发现：二元金融对消费都产生积极的虚拟财富效应，并且形成联动后的虚拟财富效应都得到充分释放；与收入等真实财富相比，虚拟财富更有利于增加居民消费支出。郭念枝（2018）基于收入差距、金融市场分割等经济特征，构建一个简单宏观模型来研究金融自由化对消费水平的影响，尝试为中国居民消费水平波动做出新解释。研究发现，中国金融自由化更多的是改善高收入居民的投资机会，使其可以通过减少货币需求、增加资本持有，调整资产配置，对货币收益率产生影响。在一定收入差距条件下，金融自由化能提升消费水平，当收入差距高过一定阈值时，自由化就会抑制甚至恶化消费水平。

吕建黎（2017）利用 2004~2016 年中国居民网购服装消费额和人均可支配收入、第三方支付规模的时间序列数据，运用动态时间序列模型，实证分析了这三者之间的关系。结果表明：居民网购服装消费额和人均可支配收入、第三方支付规模之间存在长期稳定的均衡关系。

张晓芳（2018）用反映居民心理指标的 BSI 和 CSI 以及 GARCH 模型来测度居民收入的不确定性，并比较分析这三种方法的计算结果；同时，用 GARCH 模型计算贷款、房价和股票收益等的不确定性，并将不确定性与消费进行了相关性分析；在此基础上，实证检验了收入、资产价格的不确定性对中国居民消费的影响，得出收入的不确定对当期的消费有显著的促进作用，房价的不确定对消费的影响在 10% 的置信水平下显著,而股票价格与贷款的不确定对消费的影响不显著。因此,要促进消费还是要以提高收入为主,适度调整房价,适当引导进而改变居民的消费观念。

周佳(2018)运用场景理论,对城市商业文化这一概念进行具体化、可操作化研究,通过量表测度城镇居民对城市商业文化的感知和评价,建立城市商业文化影响城镇居民消费支出的多元有序决策模型。实证分析结果表明:完备的社区商业、良好的消费环境和权益保障、富有地方特色的商业空间、商品集合和商业推广活动,能够有效提高消费者的消费意愿,增加消费支出。转变发展思路,切实发挥文化场景推进城市经济的效能,打造场景式城市商圈、突出商圈文化,吸引建立在场景基础上的"时间消费",营造有利于文化消费、信息消费等体验式消费的氛围,是持续促进城镇居民消费的有效对策。

文启湘(2007)认为,推动农村居民消费发展的重要条件就是构建新型的现代化农村流通体系。吴学品等(2012)基于对流通业与农村居民消费关系动态演化过程的研究发现,农村流通总量的单位增长会推动农村居民消费的增长,且推动作用逐年增强。刘根荣(2012)分析了我国转型期间城乡流通二元结构的成因及表现形式,认为城乡流通二元结构是阻碍农村居民消费和经济发展的重要因素,进而提出了城乡流通一体化路径的选择策略。吴学品(2014)基于变参数状态空间模型分析指出,城乡流通差距的改善对农村居民消费率有正向推动作用,能够提高农村居民消费率,缩小城乡消费差距。李丽和徐丹丹(2018)根据北京市 1995~2015 年时间序列数据,从流通规模、流通环境、流通信息、宏观环境、商品市场五个方面着手构建城乡流通差距综合评价体系并进行分析发现,近年来城乡流通整体差距逐年扩大,流通环境差距不断缩小,流通环境有所改善,农村居民消费率随城乡流通环境差距的增大而缩小,缩小城乡流通差距可有效促进农村居民消费。可见,要提高农村居民消费水平,必须着力改善流通环境,缩小城乡流通环境差距。

陈志刚、吴国维和潘博雅(2018)在 Ramsey-Cass-Koopmans 模型的基础上扩展,将地方政府举债行为和债务融资资金使用过程中的寻租行为引入模型,探讨地方政府举债冲动对居民消费的影响,结果表明,地方政府举债冲动会对居民消费起到抑制作用,而资金使用中的寻租行为则进一步加剧了这种影响。实证检验的结果验证了理论模型的假设和结论,分区域实证分析发现,东北地区这种抑制作用最强,其次为中部地区和东部地区,西部地区这种抑制作用较弱，但各地区抑制作用都较为显著。因此，中央采取积极措施推动地方政府去杠杆、调结构是适当而必要的。

王艳和胡援成（2018）构建了国际石油价格波动对我国居民消费价格指数影响的 VAR 模型，并以 2014 年 1 月至 2015 年 11 月的各项月度数据为样本，应用 ADF 单位根检验、误差修正模型和脉冲响应函数等方法，对国际石油价格波动与居民消费价格指数间的关系进行实证分析。结果表明，国际油价波动可以显著影响我国居民消费价格指数，但这种影响仅局限在一定范围内，且国际石油价波动对不同类型居民消费价格指数的影响路径也存在差异。

方福前和邢炜（2015）基于搜寻理论构建动态一般均衡模型，论证了电子商务市场发展与居民消费之间的"U"形关系。刘根荣（2017）则指出农村电子商务的快速发展，不仅改善了农村居民的消费结构、减少了供求之间的矛盾，还推动了互联网金融的发展，进而刺激了农村居民消费的增长。

邢大伟和王寅（2016）利用中国健康与养老追踪调查（CHARLS）数据，研究不同年龄段家庭资产对家庭消费的影响。实证结果显示：老年家庭房产和金融资产对消费的正向影响大体上都小于中年家庭；中年家庭房产对消费影响大于金融资产对消费影响。中年家庭和老年家庭的房产净值增值时对消费的拉动作用都要大于金融资产净值增加时对消费的拉动作用。同时，随着户主年龄段的增加，家庭房产增值对消费的拉动作用要比金融资产增加对消费的拉动作用要大。

囿于即期有限的收入水平与财富存量，家庭部门往往难以按其意愿进行消费，而家庭借贷的引入则能有效缓解这一困境。一方面，家庭借贷主要用于购买资产，补充家庭总财富进而提高消费支出，即"财富效应"。适度规模的家庭债务常被视为金融体系稳健运行的指示器，并能促进经济增长。郭新华等（2013）、何丽芬等（2015）与许桂华（2013）研究认为借款者较放款者有更高的边际消费倾向。何南（2013）认为，当银行类金融机构紧缩信贷时，家庭部门将难以获得贷款，造成收入预期的逆转及经济不确定性的加剧，并由此增强消费的波动性。而当经济的不确定性程度增加时，家庭收入将难以保证，人们的预防性储蓄动机增强，由此压缩总体消费。在家庭借贷市场中，"财富效应"与"挤出效应"两种机制是同时存在的，家庭债务对总消费的影响最终取决于这两种机制的相对大小。郭新华等（2015）认为，若放松信贷约束条件，家庭债务将发挥杠杆效应，推动消费进一步增长。另一方面，不断累积的家庭债务由于刚性偿付的压力，致使家庭不得不压缩当期消费，家庭债务增加反而挤占消费的这一机制即"挤出效应"。周利和王聪（2018）基于2010年、2012年与2014年的家庭追踪调查数据（CFPS），构建一个纳入家庭债务的传统消费决定模型（LC-PIH），以微观的视角考察家庭借贷对居民消费的影响。研究发现：在LC-PIH框架下，家庭债务对居民消费有积极的促进作用，即财富效应占支配作用，而挤出效应不明显；除日用品消费支出外，家庭债务对其余六项消费支出均有显著的正向影响；生活满意度较高的家庭以及经济社会地位较高的家庭，边际消费倾向反而较低，家庭债务对居民消费的促进效应较弱。

另外，关于国内学者对居民消费结构问题的研究始于20世纪80年代中后期，进入21世纪后，研究成果数量激增，从研究方法到研究内容上更加丰富和完善。国内对消费结构的研究，影响较大的是尹世杰对消费结构的影响因素、消费结构发展趋势的研究。由于中国具有典型的二元经济特征，因此，学者们对于消费结构问题的研究主要分为城镇居民消费结构和农村居民消费结构两个方面展开，但对两者的研究主要表现在以下五个方面：居民消费结构的影响因素、城乡居民消费结构的对比、居民消费结构的区域性研究、居民消费结构的优化升级以及消费结构的变动趋势等。

第一，居民消费结构影响因素的研究：由于影响消费结构的因素很多，许多学者从不同角度进行了研究。

（1）关于收入水平或收入差距对居民消费结构的影响研究：张保法（1993）、孙凤（2002）、沈晓栋和赵卫亚（2005）等分析了收入水平对城镇居民消费结构的影响；孙凤和易丹辉（2000）、陈波（2013）、胡日东等（2014）分析了收入差距对城镇居民消费结构的影响；卢方元和鲁敏（2009）、肖立（2012）等分析了不同收入等级对农村居民消费结构的影响。

（2）关于地区差异对居民消费结构的影响研究：刘艺容和蔡伟（2014）等分析了地区差异对城镇居民消费结构的影响，得出城镇居民消费结构的地区差异较为明显的结论；樊茂清和任若恩（2006）运用1992~2004年全国各省区市的城镇居民能源、食品、消费品、资本服务以及消费服务5类消费资料的有关数据，采用面板数据（panel data）模型分析了城镇居民的消费结构，结果表明：不同地区的城镇居民对能源、电、食品、消费品、消费服务等的边际消费倾向呈现出差异性；地区差异对城镇居民的消费结构有重要的影响；城镇居民消费对某些产品如交通和通信、燃料、煤炭、食品、消费品的消费与时间有较强的关联性。王选选和刘娟英（2007）、李晓楠和李锐（2013）等分析了农村居民消费结构的地区差异较大。

（3）关于其他因素对居民消费结构影响的研究：樊茂清和任若恩（2007）研究表明城镇家庭偏好的差异对其消费结构有重要影响；闫新华等（2010）分析了内、外部习惯形成对我国农村居民消费结构的影响；董志勇和黄迈（2010）研究了信贷约束对农户消费结构的影响；向晶（2013）分析了人口结构调整对我国城镇居民消费结构的影响；邓宗兵等（2014）分析了农村公共品供给对农村居民消费结构的影响；王殿茹和赵欣勃（2014）深入探讨了河北省城镇化对农村居民消费结构的影响；李军等（2015）实证检验了受教育程度对我国城镇居民消费结构的影响。

第二，城乡居民消费结构对比的研究：臧旭恒和孙文祥（2003）利用ELES和AIDS模型对城乡居民消费结构进行了比较研究；林文芳（2011）基于空间相关性和扩展线性支出系统，对我国县域居民消费结构与收入关系进行实证分析；孙仁龙和李辉来（2014）比较分析了我国城乡居民消费结构的差异。

第三，居民消费结构区域性的研究：张邦科和陶建平（2012）研究表明湖北省农村居民在食品支出、家庭设备用品及服务与住房支出上存在负的内部习惯形成，而在文教娱乐支出上存在正的内部习惯形成，其他方面则不受到内部习惯形成的影响，城镇居民在交通通信和医疗保健支出上的示范效应为正，而在住房和衣着支出上为负，其他方面则不显著；李传志（1996）对山西省城镇居民的消费结构及变化趋势进行了分析；万克德等（2013）分析了人口老龄化对山东省城镇居民消费结构的影响；李翔和朱玉春（2013）对陕西农村居民消费结构变动情况进行了灰色关联分析。

第四，居民消费结构变动趋势的研究：赵卫亚（1999）分析了我国城镇居民消费结构演变的原因和影响；范剑平（2001）论述了我国农村消费结构和需求热点的变动趋势，并提出了调控消费结构的措施；谭涛等（2014）采用2010年农业部农村固定观察点15606个农户的观测数据，运用QUAIDS模型进行两阶段一致估计，对中国农村居民家庭生活消费支出的结构与弹性进行了分析与测算。

第五，居民消费结构优化升级的研究，主要体现在以下六个方面。

(1) 居民消费结构升级影响因素的研究：由于影响消费结构升级的因素很多，许多学者从不同角度进行了研究。孙连铮和韩淑梅（2011）研究认为降低农村居民的消费成本是促进农村消费市场升级的关键；王学真等（2011）研究表明收入增长性、收入永久性和收入不确定性三种收入性质对居民消费结构升级的影响方向和影响程度不同；秦秋红和章倩茹（2011）研究了消费信贷对消费结构升级的促进作用；彭云（2012）研究了人口结构会影响消费结构升级；杨辉和李翠霞（2014）研究认为完善农村社会保障制度，会促进农民消费结构升级；胡日东等（2014）分析了收入差距对我国农村食品消费份额和城乡消费结构变动的影响；范叙春（2016）研究认为有针对性地提供有效的产品供给有利于中国居民消费结构升级；王辉龙和高波（2016）研究发现，住房消费对消费结构升级的影响由总资产收益率决定，当资产总收益为正时，居民家庭持有适量的房产有利于消费升级，当资产总收益为负时，增加房产持有量将影响消费升级；尹新丹（2017）认为要想使消费结构升级，必须要在满足人们的物质与精神需求的同时，追求经济与社会、环境的全面、协调发展。

(2) 城乡居民消费结构升级对比的研究：李姗姗（2014）从城乡比较的视角，分析了1993~2012年我国城乡居民消费结构的变化情况，发现城乡居民消费结构都在优化，但农村居民优化速度慢于城镇居民；金彩红和毕梦昭（2014）运用面板数据模型，研究了城乡消费结构的升级趋势；俞剑和方福前（2015）运用城乡面板数据，研究了城乡居民消费结构升级对我国经济增长的影响机制。

(3) 居民消费结构升级与产业结构之间关系的研究：范剑平和向书坚（1994）研究发现城市居民消费收入提高速度过快导致城市消费结构升级超过产业结构调整速度，农民收入增长过慢使其消费需求结构升级落后于产业结构升级；刘慧和王海南（2015）研究认为居民消费结构变化明显，对第三产业产品的消费比重逐年提升，居民最终消费对各产业总产出拉动力的强弱不同，消费结构的升级促进了产业结构优化升级；张忠根等（2016）实证结果表明：消费结构确实是人口年龄结构影响产业结构的重要中间变量，消费结构与产业结构呈正向变动关系，少儿抚养比的下降和老年抚养比的提高均促进了消费结构升级，进而有利于产业结构升级。

(4) 居民消费结构升级的区域性研究：黄吉乔（2011）分析了深圳居民

消费结构的变化趋势，探讨了消费结构与产业结构的调整升级之间的紧密关系；谢仁寿和谢希（2014）分析了广东消费结构升级存在的问题及对策；刘成海（2015）研究认为，"十三五"时期山西消费结构的转型升级，将成为山西省经济转型升级的强大动力。

（5）居民消费结构升级的规律与发展趋势的研究：郭鹏（2007）探讨了我国居民消费结构升级的主要阶段，指出了我国居民消费结构升级的发展趋势；刘慧（2013）利用结构相似系数和非竞争型投入产出数据库，定量分析了对若干与我国可比性较强的发达和追赶型经济体以及地区居民消费结构的升级过程。

（6）居民消费结构升级的制约因素与对策研究：沈素素（2011）采用层次分析方法（AHP）分析了城镇居民消费状况，对城镇居民消费结构模型优化，并提出了相应对策；朱长明（2012）研究认为，收入水平低、社会保障不完善、消费环境差和消费不理性是制约农村居民消费结构升级的主要因素；路红艳（2016）研究认为，"十三五"时期，消费作为拉动经济增长的强劲动力，应从需求和供给两端发力，创新消费升级制度、政策体系，优化供给结构，改善消费环境，培育消费新动能，促进消费结构升级。

总之，从现有文献资料来看，学者们主要研究了居民消费行为的各种影响因素和互联网金融的相关问题，但研究互联网金融对居民消费行为影响的成果很少，而且研究内容还不全面、不系统。所以本书旨在梳理并借鉴国内外学者研究成果的基础上，紧密结合中国居民消费行为的实际情况和互联网金融的发展情况，进一步比较系统、全面地研究互联网金融对中国居民消费行为的影响，力争在本书的研究中有所发展，有所创新，力求为决策部门制订扩大内需的政策提供依据和重要参数，并建言献策。

第三章

互联网金融的产生背景、现状和发展趋势

第一节

互联网金融的产生背景

随着互联网技术的兴起与迅猛发展,特别是以用户为主的第二代互联网革命(Web 2.0 革命)的兴起,以及伴随着云计算、社交网络、移动支付、大数据等的快速发展,互联网技术开启了一个全新的时代。互联网在资源共享,大数据获取、分析方面起着重要作用,金融则是实现了资源的优化配置,因此互联网与金融两者有着天生的融合性。所以在经济的核心即金融领域,互联网的发展引发了生产要素与互联网技术重新组合,形成了全新的金融业务形态——互联网金融。通过互联网平台创新金融业务形态,体现资金融通、支付与信息中介服务的金融本质,形成有别于传统金融的一种新兴金融业态。这种崭新的金融模式有着深刻的产生背景。

一、第五次信息技术革命推动下的互联网金融的快速发展

以计算机和互联网技术为主导的第五次信息技术革命于 20 世纪 70 年代首先起源于美国,20 世纪 90 年代,伴随着信息技术的发展,互联网的商业化在以美国为核心的发达国家蓬勃兴起。1992 年,全球第一家互联网经纪商 E-Trade 在美国成立;互联网金融的雏形则以全球第一家纯互联网银行——SFNB(Security First Network Bank)于 1995 年在美国诞生为标志;同年,在

美国成立的 INSWEB 网络保险公司更是开创了利用网络渠道进行保险销售业务的先河；美国第三方支付公司 Paypal 在 1999 年开创性地完成网络支付与货币市场基金的对接；英国则是 P2P 借贷的发源地，全球第一家提供 P2P 金融信息服务的公司始于 2005 年英国伦敦的一家名为 Zopa 的网站。在互联网热潮的推动下，以英国、美国等发达国家已于 21 世纪初率先完成了网络支付、融资、理财等互联网金融服务的布局。同时，发达国家互联网的发展，为我国发展互联网信息技术提供了宝贵经验，带动着我国信息技术的变革。

二、我国传统金融体系的不健全为互联网金融的发展提供了空间

我国的金融体系长期存在着金融排斥，这主要体现在证券、保险、理财等金融服务受限于其在传统金融机构下运营的高成本、高门槛，使得贫困人群、农民等低收入人群被排斥在外，社会弱势群体的金融服务需求得不到满足。此外，由于我国目前征信机制的不健全，中小微企业通过商业银行进行借款融资的过程中往往存在审核程序烦琐、周期长、效率低等问题，使得很多中小微企业难以获得及时的可用资金，甚至很多企业无法通过审核导致资金无法筹集，这导致许多中小微企业资金来源受阻，进而影响企业的生产经营及未来发展。所以我国目前的金融体系存在很大的局限性，无法合理有效地分配金融资源，在满足人民群众多元化金融服务需求方面存在严重不足。互联网和金融具有天然的融合性，通过互联网渠道创新金融产品与金融服务模式，通过大数据、云计算，大大地降低了信息采集、处理的成本，通过平台和移动智能终端将各主体连接在一起，提高了交易的效率，而产生与传统金融相比的低成本、高效率优势，能更好地满足个人及中小微企业的金融服务需求，使私营部门获得更多的金融资源，这在很大程度上弥补了传统金融体系的缺陷，所以互联网金融的发展是我国完善金融体系的必经之路。

三、我国互联网技术的迅速提高与互联网的迅速普及

1994年,中关村地区教育与科研示范网络工程实现了和Internet的连接,从而开通了Internet全功能服务,标志着中国正式成为拥有互联网的国家。之后,Chinanet、Cernet、Cstnet等多个互联网络项目在全国范围相继启动,互联网开始进入公众生活。互联网金融的发展源于技术的进步,随着我国互联网技术的迅速发展,我国互联网行业逐渐向内容品质化、平台一体化方向不断迈进,不断寻求金融创新,加快了互联网与金融更深层次的融合。据中国互联网络信息中心统计数据显示,我国互联网用户规模2006~2017年上半年增长了近5.5倍,从1.37亿人增加到7.51亿人。目前,我国网民人数占全球网民总数的1/5,互联网普及率达到54.3%,超过全球平均水平4.6个百分点(见图3.1)。同时,手机上网比例持续提升,我国手机网民规模2006~2017年上半年增长超过42倍,从0.17亿人增加到7.23亿人,网民中使用手机上网的比例已提升至96.3%,手机网民规模增速连续三年超过10%(见图3.2)。我国网民规模增长趋于稳定,互联网普及率不断提高,为我国互联网的深层次发展提供了强大的市场支撑。

图3.1 中国网民规模及普及率

资料来源:《中国互联网络发展状况统计报告》。

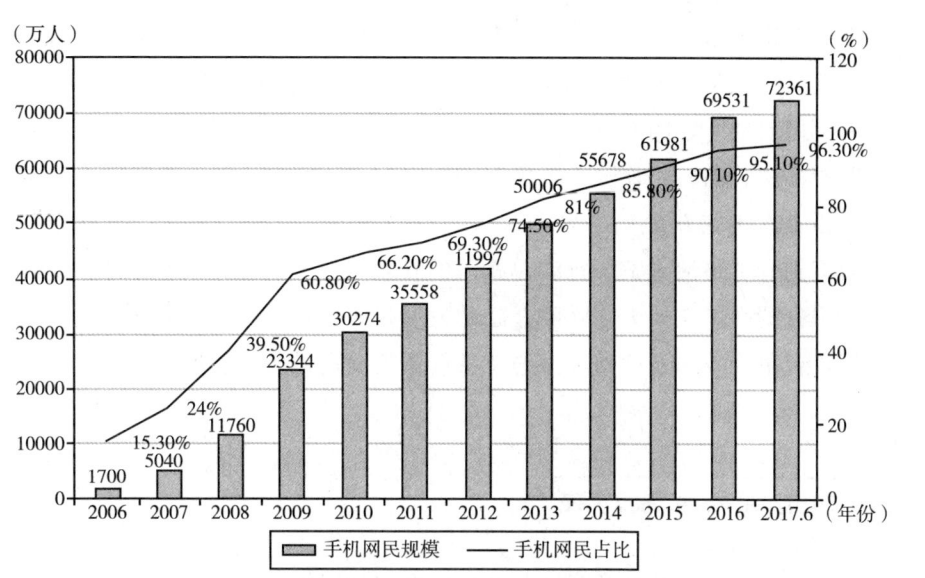

图3.2 中国手机网民规模及占网民比例

资料来源:《中国互联网络发展状况统计报告》。

四、政府政策助力我国互联网金融的发展

我国互联网金融发展的热潮始于2012年,并在2013年迎来爆发式的增长。近年来以互联网为代表的数字技术正在加速与经济社会各领域深度融合,成为促进我国消费升级、改善民生、经济社会转型的强力助推器,是推动我国经济社会发展的重要力量。互联网金融的发展不光有市场方面因素的推动,国家的政策支持也为我国互联网金融等发展明确了前进的方向。2014年《政府工作报告》首次提出促进互联网金融健康发展;2015年,李克强总理在国务院《政府工作报告》中强调要全面推进"三网"融合,加快光纤网络建设,提升宽带网络速率;制订互联网行动计划,推动移动互联网、云计算、大数据、物联网等与现代制造业结合,促进电子商务、工业互联网和互联网金融健康发展;同年,国务院发布《国务院关于积极推进"互联网+"行动的指导意见》,明确了互联网金融的重点发展领域,要求促进互联网金融健康发展,全面提升互联网金融服务能力,普惠水平和培育一批具有行业影响力的互联网金融创新型企业,中国人民银行等十部委联合颁发《关于促进互联网金融健康发展的指导意见》,提出

了一系列鼓励创新、支持互联网金融稳步发展的政策措施，坚持简政放权和落实、完善财税政策，推动信用基础设施建设和配套服务体系建设；2016年年初政府部门启动互联网金融专项整治，央行等各部委先后出台互联网金融细分领域监管办法；随后，伴随着中国互联网金融协会的成立，《互联网金融风险专项整治工作实施方案》的出台，从中央到地方，从监管政策、行业自律组织、政策到专项整治方案、行动，我国的互联网金融监管体系基本成型。毫无疑问，国家的政策支持为互联网金融的发展指明了正确的前进方向，监管政策的相继出台更为我国互联网金融的持续健康发展提供了重要保障。

第二节 互联网金融的发展历程

在国外，更广泛地称互联网与金融的融合为网络金融或电子金融，计算机信息技术与金融结合的早期阶段始于20世纪90年代的美国，1992年，美国第一家网络证券公司E-Trade成立，E-Trade首次建立了基于网络证券交易服务体系，服务效率高，交易佣金低。1995年，美国安全第一网络银行（SFNB）的成立，成为全球第一家网络银行，是电子金融业务诞生的标志，预示了互联网金融的深化和拓展。随后，电子金融或网络金融的概念被提出，并得到了国际社会的广泛关注。1998年，第一支互联网货币基金PayPal成立，改变了传统的支付模式和货币流动形式。世界上最早建立的众筹网站是美国的ArtistShare，于2001年开始运营，2005年，第一家网络借贷ZOPA在英国成立，自此，众筹平台与网络P2P平台迅速在世界范围内蔓延开来，随着以Kickstarter为代表的众筹模式以及以Prosper、Lending Club为代表的P2P借贷平台的建立，标志着互联网金融时代的全面到来。自20世纪90年代以来，发达国家和地区的互联网金融发展非常迅速，出现了从网络银行到网络理财，从网络证券交易到互联网金融信息服务的全方位、多元化的互联网金融服务。网络银行走向成熟，网络证券和网络保险获得了长足的发展，电子货币和网络支付开始受到青睐。目前，互联网金融服务的多元化、全能化、综合化程度相当高，互联网金融的发展已经相对成熟、完善，并具有一定规模。

根据中国人民银行发布《中国金融稳定报告（2014）》，我国的互联网金融发展历程可以划分为四个阶段。

第一阶段是20世纪90年代后期至2005年，此阶段体现为传统金融机构服务的线上化。1997年，我国首家网络银行——招商银行网上银行正式投入运营，并率先完成第一笔网上银行交易，标志着我国传统银行已初步实现部分线下业务线上化。同年，中国保险信息网开始运行，成为中国网络保险发展的里程碑，中国华融信托投资公司也开展了媒体公众信息网网上交易系统，揭开了我国网络证券的帷幕，随后网络交易方式在我国券商中得到迅速的推广。网上银行、网上证券、网上保险、网上理财等互联网金融业务逐渐渗透到了社会经济生活的各个方面，但此时还未形成真正意义上的互联网金融业态。

第二阶段是2005年以后网络借贷与第三方支付的兴起。我国P2P网络借贷最早始于2007年"拍拍贷"的成立，最初的P2P借贷主要服务于民间借贷，随后某些平台推出了本金担保模式，保障了投资者的本金安全，降低了投资者的投资风险，加之2008年次贷危机的爆发使得全球经济进入衰退期，我国经济也深受影响，导致我国众多小微企业经营困难，这给我国P2P借贷市场提供了发展平台，推动了我国P2P借贷市场的快速发展。在这一阶段，我国电商也迅速崛起，电商规模急速增长，其中最具代表性C2C电商平台主要有淘宝网、当当网等，以及以阿里集团为代表的B2B平台，电子商务的发展推动了银行账户体系外的第三方支付的快速发展。

第三阶段是2012年以后互联网金融的大爆发，2013年是互联网金融元年，这一年深刻影响着传统金融业态和格局。阿里巴巴、腾讯、百度、新浪、京东、苏宁等互联网企业纷纷布局互联网金融业务，开始构建自己的金融业态模式，使得互联网金融进入了新的发展阶段。互联网金融的发展逐步成为我国金融业务的主流形态，对我国金融产业的发展方向、现代化水平以及国际竞争力的提高起着决定性作用。

第四阶段是2015年以后的互联网金融监管与规范发展阶段。这是张兆曦和赵新娥（2017）提出的互联网金融发展的新阶段，互联网金融作为实体经济的重要补充，其发展在不断完善，商业模式日益成熟，对我国的经济发展有着重大贡献。据统计数据显示，2016年中国网络经济营收规模达到14707亿元，同比增长28.5%；截至2017年6月底，以P2P网贷为代表的互联网金融行业历史累计成交量将近5万亿元，相较于2016年同期历史累计成交量2.21亿元，上升幅度达到了118.55%，并且自2017年3月以来，借款人数和投资人数一直保持着10%以上的月增水平。这显示了我国互联网金融正处于高速发展时期，并对我国经济的贡献度不断增强。2017年7月，举世瞩目的全国金融工作会议在北京召开，互联网金融作为国家建设普惠金融体系，以及金融改革深入推进的关键，也第一次被纳入议题，表明国家顶层设计对其发展的高度重视和认可。但互联网金融的快速发展在我国催生出许多问题与风险，为了保障广大消费者、投资者的合法权益以及互联网金融的有序发展，2015年7月中国人民银行出台的《关于促进互联网金融健康发展的指导意见》，意味着互联网金融行业将告别"缺门槛、缺规则、缺监管"的"野蛮生长"时代，纳入法制化规范发展轨道。随后，相关部门先后出台了《互联网保险业务监管暂行办法》《关于审理民间借贷案件适用法律若干问题的规定》等互联网金融监管细则来规范互联网金融的发展。相信随着我国对互联网金融监管的力度加大，操作和管理不规范的互联网金融企业将难以生存，而正规企业将迎来发展的好时机。

第三节

互联网金融的现状

互联网金融在过去几年爆发出了强大的能量，催生了千亿美元交易规模的移动支付产业、数百亿美元的P2P网贷产业，以及高速增长的众筹、网络小额借贷、网络金融产品销售、理财APP等细分领域，正逐步改变传统消费理财习惯，甚至是生活方式。基于国内众多学者对互联网金融模式的研究，本部分重点对第三方支付、P2P网络借贷、众筹融资模式的发展现状进行分析。

一、第三方支付的发展现状

第三方支付主要包括第三方互联网支付和第三方移动支付。

互联网支付依托于电子信息技术，能够高度掌握资金流数据，能够将金融服务范围扩散至零散移动互联网用户，对小额资金起到了聚沙成塔的作用，是实现普惠金融的重要着力点，与相对固化的传统金融相比更加灵活。自2008年起我国电商行业迅猛发展，第三方支付行业也随之取得了快速的发展，交易额连续3年增长率超过100%。2011年，中国人民银行发放首批支付牌照，第三方支付自此获得合法地位。随着智能手机的普及、网络情况的不断改善，以及得益于余额宝、现金宝等互联网金融理财方式的快速发展让移动第三方支付越来越火。在以支付宝和微信为主导地位的移动支付持续升温的形势下,网络支付依旧保持良好的增长势头。同时,微信红包、滴滴打车等新型消费模式的兴起,深刻影响了人们的网络支付行为,第三方支付行业嵌入更多的生活场景,人们越来越习惯于这种支付方式。网络支付业务在我国经过近十年的发展壮大,已成为我国目前金融行业中不可或缺的组成部分。

图 3.3 是我国 2010~2016 年中国第三方互联网支付交易规模变化情况,从 2010 年的 1 万亿元到 2016 年的 20 万亿元,单受到"双十一"影响,2016年第四季度第三方互联网支付交易规模就突破了 6 万亿元大关,由此可知我国第三方互联网支付在近些年取得了巨大发展。2010 年和 2011 年我国第三方互联网支付交易规模年增速均超过 100%,虽然近 5 年第三方互联网支付交易规模增速有所下降,但每年仍然保持着超过 50% 的增度增长,预计在"双十一"等电商促销活动的带动下,我国第三方互联网支付交易规模将继续稳步增长。

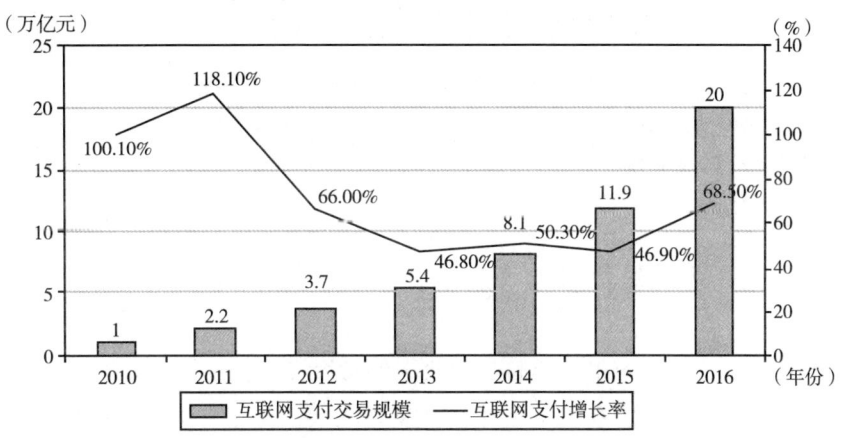

图 3.3　2010~2016 年中国第三方互联网支付交易规模

注:互联网支付是指客户通过电脑设备发起支付指令,实现货币资金转移的行为。
资料来源:艾瑞咨询网。

随着智能手机的普及,消费者由 PC 端向移动端的迁移速度加快,以及"双十一""双十二"等电商网购促销活动的影响,移动购物有着较快的环比增长。另外,2016 年央行首次承认二维码支付的地位,这带来了二维码支付市场新一轮的爆发,同时也促进线下市场进一步升级,加速了无现金社会的进程。2011 年我国第三方移动支付交易规模近 0.1 万亿元,截至 2016 年中国第三方移动支付交易规模达58.8万亿元,实现了近388倍的快速增长。虽然移动支付给传统的PC端支付带来了巨大冲击,但是目前用户的支付习惯仍处于从PC端向移动端过渡的阶段,并预计这一阶段将会持续较长的时间。图3.4是我国2011~2016年中国第三方移动支付交易规模变化情况。

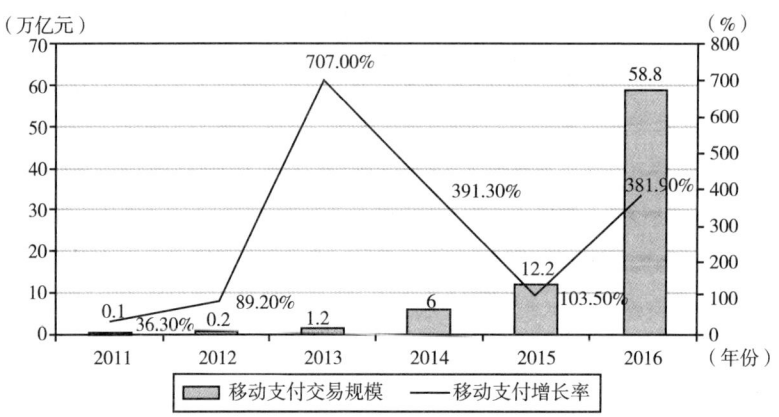

图3.4 2011~2016年中国第三方移动支付交易规模

注:移动支付,是利用手机,安装银行支付软件后,完成支付的行为。

资料来源:艾瑞咨询网。

二、P2P网络借贷的发展现状

我国P2P网贷市场正处于起步阶段,但发展飞速,规模不断扩大。2010~2016年的7年时间内,我国P2P市场成交量在大部分年份均以超过200%的速度高速增长。2015年,中国P2P借贷市场成交量为11805.7亿元,同比增长258.62%,2016年中国P2P借贷市场成交量为28049.4亿元,同比增长137.59%(见图3.5)。同时伴随着媒体大范围报道P2P借贷,虽以负面报道占多,但P2P概念一度火热,使广大用户迅速熟知并了解了P2P借贷,从侧面缩短了市场教育的时间。P2P借贷在中国蓬勃发展的核心原因在于银行信贷服务的缺失,而银行信贷服务的风控技术成本,包括资金投入、技术投入和数据客观获取等成本过高。但P2P行业内一直在进行自我规范,加之中央监管机构的促进,使用户对P2P的不信任感有所降低,预计未来P2P借贷市场仍将处于发展的黄金期,市场规模还将继续保持高速增长。

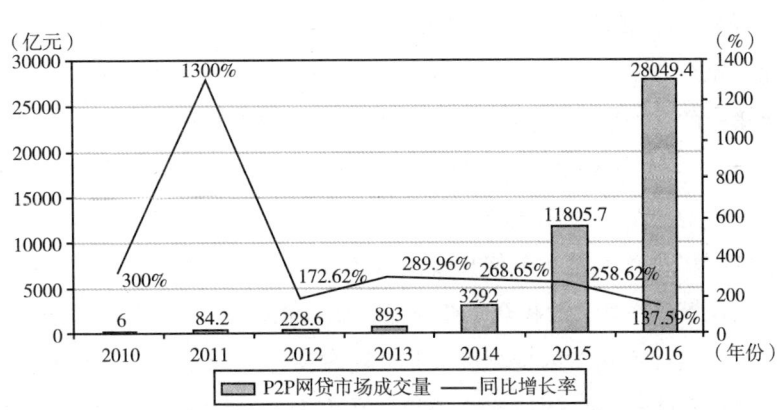

图 3.5　2010~2016 年中国 P2P 网贷市场成交量

资料来源：前瞻数据库、网贷之家、盈灿咨询。

根据网贷之家的统计数据显示，截至 2016 年 12 月底，网贷行业正常运营平台数量达到了 2448 家，相比 2015 年年底减少了 985 家，同比减少 5.66%。全年正常运营平台数量维持逐级减少的走势（见图 3.6）。由于平台整改的脚步尚未停歇，2017 年网贷行业运营平台数仍进一步下降，合规平台将上涨。

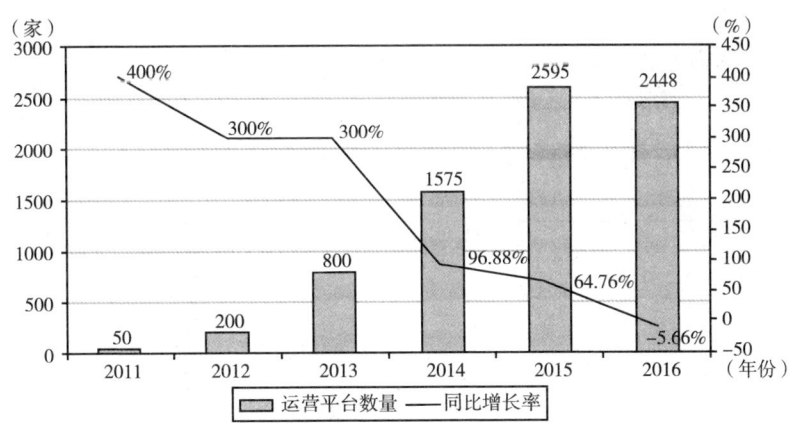

图 3.6　2010~2016 年中国 P2P 网贷市场运营平台数量

资料来源：前瞻数据库、网贷之家、盈灿咨询。

三、众筹融资模式的发展现状

近年来，互联网金融发展方兴未艾，其中，作为互联网金融重要模式之一的"众筹融资"发展迅速：2009 年美国出现了 Kickstarter 众筹网站；随后英国出现了第一家众筹出版社 Unbound；Pozible 是澳大利亚最大的众筹平台，也是世界上排名第三的众筹平台；Trevolta 是诞生于南非的首家在线旅游众筹平台；新加坡的 To Gather Asia 是亚洲第一家众筹门户网站；中国香港众筹平台 ZAOZAO 以时尚设计为主；随后点名时间、众筹网、京东众筹、淘宝众筹等也在中国迅速崛起。2011 年国内首家发布天使投资人众筹规则的平台天使汇成立，拉开了中国国内股权众筹的序幕，股权众筹亦为创业市场带来一种新的融资渠道和融资方式。众筹行业经过近几年的培育和成长，同时在"大众创业，万众创新"政策影响下，股权众筹不断升温，京东、360、阿里等行业巨头也纷纷开始布局股权众筹，股权众筹在 2014 年和 2015 年迎来了爆发式的增长（见图 3.7），现已成为我国互联网金融的重要组成部分。由于股权众筹市场规模相对较小，且处于初期发展阶段，因此股权众筹市场发展有着巨大的发展潜力。据中国众筹行业发报告（2018）可知，截至 2018 年 6 月底，全国共上线过众筹平台 854 家，其中正常运营的为 251 家，下线或转型的为 603 家；运营中平台的类型分布为：股权型平台 80 家，权益型平台 75 家，物权型平台 48 家，综合型平台 34 家，公益型平台 14 家；2018 年上半年共有 48935 个众筹项目，其中已成功项目有 40274 个，占比 82.30%；2018 年上半年成功项目的实际融资额达 137.11 亿元，与 2017 年同期相比增长了 24.46%；2018 年上半年，成功项目中融资额排名前十的股权型项目及权益型项目的融资额均超过 2000 万元，最受投资者欢迎的十个项目的支持人次均超过 5 万人次。

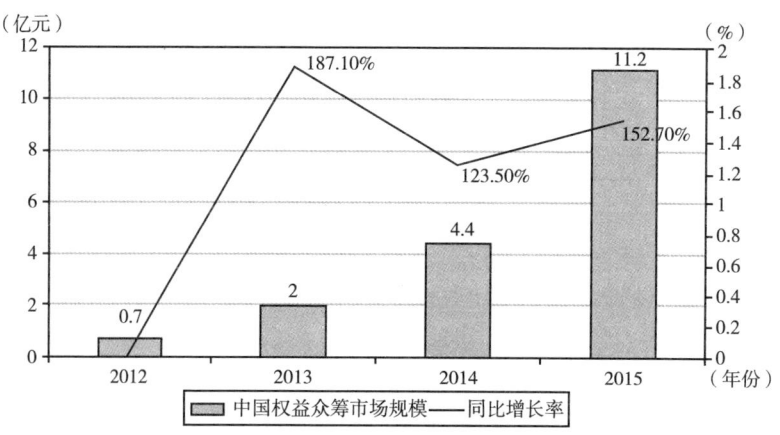

图 3.7　2012~2015 年中国权益众筹市场规模

资料来源：前瞻数据库。

第四节

互联网金融的发展趋势

近年来,以第三方支付、网络借贷、众筹为代表的互联网金融模式越发引起人们的高度关注,互联网金融以其独特的经营模式和价值创造方式,对商业银行传统业务形成直接冲击甚至具有替代作用。本部分结合当前我国互联网金融的发展现状对互联网金融未来的发展趋势进行了如下分析。

一、互联网金融线上与线下结合逐步深入

自2014年年末开始,支付宝和微信率先开展了线上来支付线下消费并可获得不定额减免的优惠活动,使它们的支付业务迅速扩张,占据了我国绝大部分的市场份额,领跑于我国的第三方支付行业。线上支付线下消费模式的兴起极大地改变了人们的消费支出方式,推进了我国的"无现金化"的进程,大大拓展了第三方支付业务的范围。随着我国互联网普及率、手机用户的不断增加与二维码支付技术的成熟,移动支付的影响进一步加大,相信线下与线上业务模式在未来仍然会继续引领第三方支付行业的发展。此外,P2P的借贷模式自传入我国以来,P2P借贷行业迎来了爆发式的增长阶段,成交额屡创新高,P2P在本土化的过程中,许多大规模的P2P平台已经建立了多家线下门店,为投资者提供咨询服务,这有助于投资者更好地了解产品信息,同时并通过与贷款公司和担保公司合作开拓线下的贷款市场、分散业务风险,不断开始进行线下的业务创新。因此,随着P2P行业的不断发展,纯线上业务模式将不再成为主流,在结合线下营销的同时开展线上业务将成为推动P2P平台未来发展的新路径,未来P2P行业线上与线下的融合将继续深入。

二、互联网征信迎来新时代

信用在现阶段中国经济中已经占了主导地位,现金交易比例越来越低,但我国金融征信市场仍处于初级阶段,央行个人征信系统中收录有信贷记录的自

然人不足全国总人口的 1/4，征信的欠缺给我国的借贷市场带来了巨大风险。完善的征信体系是金融市场稳健运行的前提，在我国信用评价机制尚不完善的情况下，基于互联网的征信为我国征信体系的完善打开了新局面。互联网征信依托于大数据、云计算、互联网安全等信息技术手段，通过采集个人或企业通过互联网进行交易时所产生的信息数据，同时结合线下的信息数据，来评价个人或企业的信用情况。"十三五"期间互联网征信更广泛地用于 P2P 网贷、股权众筹、互联网保险和互联网消费等各种业态。中国支付清算协会已经在开发 P2P 平台的信息对接系统，未来 P2P 平台数据将更加透明，征信体系将逐步建立，这会扫清以前传统金融机构不容易触及的很多角落，使得我国的交易环境将大大改善。互联网征信是传统征信的重要补充，互联网征信的发展能够最大限度地扩大信用体系的数据范围，带来全新信息处理方式，是对传统信用评价机制的升级，具有广泛的应用前景，对完善我国征信体系发挥着重要作用。

三、传统金融加速互联网化进程

目前，传统金融依旧在我国金融市场中处于主导地位，互联网金融只是新兴力量，虽然近几年发展势头迅猛，给传统金融机构的业务带来了不小的冲击和挑战，但要撼动传统金融行业的龙头地位还是显得太过弱小。但互联网金融的飞速发展以及互联网企业的迅速崛起在给传统金融机构带来挑战的同时也给其在经济新形势下带来了新的发展机遇。自 2012 年以来，传统银行业把握住了互联网发展机遇，中国银行、建设银行、交通银行、民生银行、浙商银行等均纷纷推出了电商平台，在渠道建设、平台建设、产品创新方面学习互联网金融的运营与管理思维，并取得了显著的成效。近期，工行宣布和京东签署金融业务合作框架协议，百度和农行也宣布合作，中行公布与腾讯在大数据、云计算、区块链等多方面的合作。传统金融可以通过借鉴互联网金融组织形式，运用互联网技术来降低传统金融服务的门槛，借助电商平台将银行服务前移，加强与新兴互联网融资机构的合作，加强金融服务透明度，提升金融服务于实体经济的效率，积极开拓网络支付、理财、保险、证券等金融业务，实现自身结构、业务与服务模式的转型与调整。

四、互联网企业跨界发展势头强劲

自 2013 年以来，互联网企业"跨界"金融的势头越发明显，互联网巨头纷纷进军金融领域：阿里巴巴推出阿里金融服务，蚂蚁金服旗下的支付宝与天弘基金联姻推出余额宝掀起了货币基金发展的大浪潮，百度与中信银行成立百信银行，腾讯与阿里、平安联合成立了首家互联网保险公司——众安在线，腾讯旗下的财付通也与华夏、易方达等基金公司合作推出类似的理财产品，并与浦发银行分别签订合作协议，互联网企业以势不可挡的态势在理财、保险、证券、银行等领域迅速布局。2016 年国务院提出了《关于深化制造业与互联网融合发展的指导意见》，明确了包括推动制造企业互联网"双创"平台的建立、支持制造企业与互联网企业跨界融合等当前七项主要任务，以充分释放"互联网+"的力量，从而加快推动"中国制造"的升级，制造业与互联网融合将成为我国供给侧改革的重要推力。"十三五"期间，随着金融业进一步开放以及政策红利的不断释放，互联网金融综合经营趋势将更加明显，"互联网+"制造业的发展前景也值得期待。

第四章

中国居民消费行为的演变

近年来,中国经济进入新常态,宏观经济下行,经济增速放缓,GDP 增长率稳定在 7% 左右,经济高速发展向中高速发展过渡。虽然经济增速放缓,整体经济不太乐观,但中国消费者在居民收入持续增加、失业率稳定在较低水平的支撑下,仍对未来保持乐观。我国已经进入了一个消费需求持续增长、消费结构加快升级、消费拉动经济作用明显增强的重要阶段。2016 年 11 月 28 日国务院办公厅提出的《关于进一步扩大旅游文化体育健康养老教育培训等领域消费的意见》,旨在积极扩大新兴消费、稳定传统消费、挖掘潜在消费。随着消费者观念的变化,以前的消费模式正在被新的消费形态所取代,消费形态正从购买产品到购买服务,从大众产品到中高端商品转变;消费者的消费方式也开始追求健康、家庭和体验。"80 后""90 后"逐渐成为消费的主力军,消费结构从以衣食消费为主的生存型到追求生活质量的享受型和发展型,居民消费结构进行了优化升级。图 4.1 显示了从 1978 年改革开放至 2015 年三大产业对 GDP 的贡献率,第一、第二产业的比重呈下降趋势,第三产业比重逐渐上涨,第三产业逐渐成为居民消费的主要推动力。

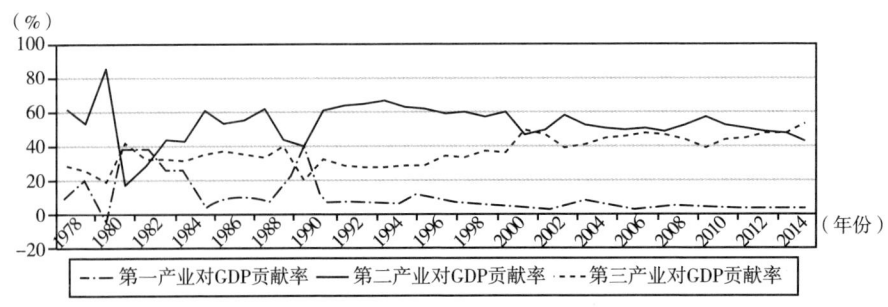

图 4.1 1978~2015 年三次产业对 GDP 的贡献率

资料来源:根据 1980~2016 年《中国统计年鉴》的相关数据计算而得。

图 4.2 显示了 1978~2015 年的最终消费支出、资本形成总额以及货物和服务净出口对 GDP 增长的贡献率,其中最终消费支出近年来呈增长趋势,可见,消费已成为推动经济发展的新引擎。

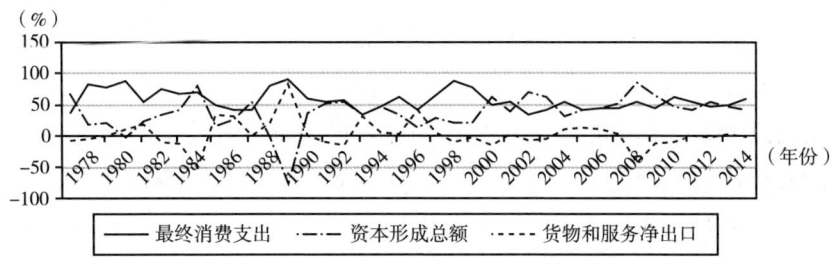

图 4.2　1978~2015 年三大需求对 GDP 增长贡献率

资料来源:根据 1980~2016 年《中国统计年鉴》的相关数据计算而得。

图 4.3 显示了 1978~2015 年的居民消费支出、政府消费支出在最终消费支出中所占比重的变动趋势,居民消费支出由 1978 年的 78.8% 下降至 2015 年的 73.6%,政府消费支出由 1978 年的 21.2% 上升至 2015 年的 26.4%,虽然居民消费支出所占比重自 1978 年以来有所下降,但比政府消费支出所占比重要高得多。可见,居民消费对经济发展起着举足轻重的作用。

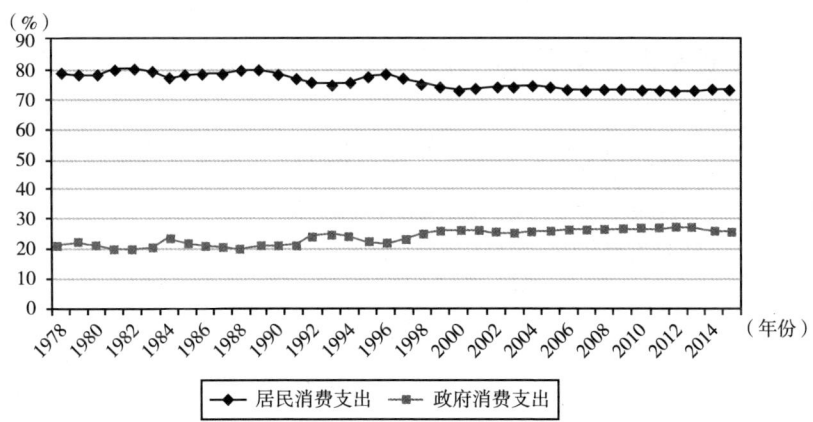

图 4.3　1978~2015 年居民消费占比与政府消费占比的变动趋势

资料来源:根据 1980~2016 年《中国统计年鉴》的相关数据计算而得。

第一节
中国城镇居民消费行为的演变

改革开放以来，中国经济经历了不同的历史阶段逐步发展。以十一届三中全会为起点，中国经济开始进入由传统的计划经济体制逐步向市场经济体制转变的过渡期。此时市场和计划两个方面的因素在经济运行中并存，并且市场因素的作用不断强化，计划因素的作用则不断弱化，所以通常将这一时期称为"双轨制时期"。1992年党的十四大的胜利召开是"双轨制时期"结束的标志。党的十四大以后中国经济体制改革进入了实质性的阶段，在经济体制运行中，计划因素彻底被市场因素所取代，建立起有中国特色的社会主义市场经济体制。相应的就业、住房、医疗、教育等各项制度改革也取得突破性进展，居民消费的市场化程度大幅提高。通过经济体制改革，中国摆脱了"短缺经济"的尴尬局面，物质产品极大丰富，居民可以按照自己的意愿进行自由消费，城镇居民消费体制完成了从供给、半供给型消费向市场型消费的历史性转变，由此开启了"市场经济时代"。随着改革开放政策的推进，中国经济体制改革逐渐深入，衡量经济发展的各项指标有着十分明显的阶段性特征。

一、计划经济体制下的中国城镇居民消费行为（1952~1978年）

在计划经济时期，中国城镇居民长期生活在个人风险与系统风险几乎为零的环境下，但微观层面的决策权力受到强力约束，市场（无论是商品市场还是要素市场）上的价格和数量的变化都缺乏灵活性，固定化的价格和数量与市场供求变化之间没有直接的联系。1949年后，中国政府实施了优先发展重工业的战略，为了保证国有工业部门的利润率和积累率，政府采取了压低生产要素投入成本的方法。其中之一就是将工业部门的工资率控制在较低的水平上。因为家庭收入几乎全部来自工资收入，而且个人的工资水平以及工作时间都有比较严格的限定，这就造成了居民家庭收入低而且平均。据Hu和Khan（1997）的估计，在1952~1978年的20多年间，劳动收入占中国国民收入的份额在大多数年份中都低于40%，远远低于国际平均水平。由于受到低收入的约束，而且相当部分的消费品都是通过配给制的形式进行分配，即使是市场交易，市场上的价格水平也极为稳定。除此之外，居民的许多支出都被纳入了社会保障和社会福利体系，如公费医疗制度、国家对城镇居民基础教育与高等教育的补贴等，这样使得居民的医疗支出费用与教育支出的费用非常低。居民很少有消费选择自由，同时也没有多少收入可供储蓄。消费者基本上不存在对未来收入和支出的不确定性，也基本上不存在风险预期。据统计数据显示：城镇居民食品消费支出占消费支出总和的比重约为60%，他们把大部分收入用于生活必需品的消费，这也是导致计划经济年代城镇居民消费倾向很高的一个基本原因。

1952～1978年，中国城镇居民平均消费倾向（APC）、平均储蓄倾向（APS）的变化趋势如图4.4所示。

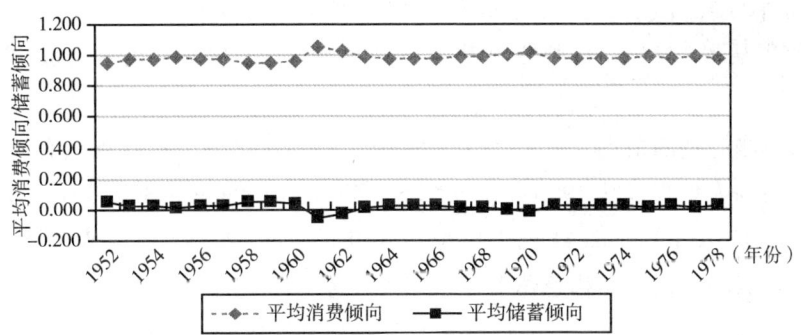

图4.4 1952～1978年中国城镇居民平均消费倾向、储蓄倾向变化趋势
资料来源：根据1981年《中国统计年鉴》的相关数据计算而得。

从图4.4可以看出，在计划经济体制下，城镇居民的平均消费倾向很高。据臧旭恒（1994）的计算，1952～1978年，城镇居民的平均消费倾向始终保持在0.95以上，储蓄倾向却很低，意味着居民的储蓄动机很弱，拥有的金融资产数量也少。

二、双轨制时期的中国城镇居民消费行为（1979～1992年）

自1979年以来，中国政府调整了优先发展重工业的战略，包括工资在内的生产要素价格逐步放开并逐步过渡到由市场决定。随着国有企业改革的深化，原有的收入分配制度被逐渐打破，实行了灵活的收入分配制度，这在一定程度上可以调动企业职工的积极性。在这种情况下，过去被压低的劳动收入得到了大幅度提高。然而，在城镇居民生活中存在着明显的微观风险与宏观风险，居民的收入与支出的不确定性程度将逐步增强。在收入方面，居民的收入水平已不再仅仅限于工资性收入，即使是工资性收入，其面临的不确定性程度也在增强，出于激励机制的实行，个人之间的收入差距逐步拉大，降低了居民的消费倾向，国家也逐步打破了对个人包办终身的劳动力管理体制，所以个人将会面临失业的可能性。在支出方面，由于国家对市场管制的逐步解除，各种消费品的价格水平和数量也因供求状态的瞬息万变而发生波动，尤其是在原有体制下实施的各种福利性补偿将转化为现实的支出。这种"摸着石头过河"的制度变革，一方面增强了体制转轨过程的主动性与灵活性；另一方面又对居民的收入与支出行为造成外生的冲击，使得居民难以对未来的政策走向、未来的收入与支出等形成准确的预期。

双轨制时期的前期，即1978~1984年，城镇居民的人均收支虽有所提高，城镇居民的人均收入从1980年的477.6元增长到1984年的652.1元，人均消费支出从1980年的412.44元增长到1984年的559.44元，但生活水平才刚刚能够达到温饱，消费结构总体上变化不大。这一时期的特征是：首先，恩格尔系数，也就是食品消费支出这一块出现波动，在1982年、1983年连续出现反弹，但在总体上呈现出下降的趋势。恩格尔系数，即食品支出占所有消费支出中的比重，通常被用来衡量一个国家或地区居民生活水平的状况。根据联合国粮食及农业组织提出的标准，恩格尔系数低于30%为最富裕，30%~40%为富裕，40%~50%为小康，50%~59%为温饱，59%以上为贫困，70%以上为贫寒。其次，在其他消费支出中，除了衣着支出比重从1981年的14.79%增加到1984年的15.50%外，其他六项中的支出比例要么下降，要么增速十分缓慢，这也能够体现出一定的时代特征。例如，居住支出几乎未增长是由于此时的城镇住房制度仍旧沿用计划经济体制下的住房福利分配制度。1978~1984年处于改革开放的初期，经济体制刚刚由计划转入市场，此时的消费结构没有发生实质性的改变，城镇居民消费需求主要是量的增加，可以说仍然处于生存型消费模式。

随着1985年"七五"规划的施行，中国城镇居民的生活水平全面实现温饱。城镇居民的人均收入从1985年的739.1元增长到1992年的2026.6元，人均消费支出从1985年的673.2元增长到1992年的1671.73元。这一时期的恩格尔系数总体上看比较平稳，1985年为53.3%，到1992年变为53.04%，没有较大的波动，在整体下降的同时1989年、1990年两年略有反弹。一开始，城镇居民对食品的支出比重下降是因为收入水平的提高，后来也正是因为收入提高、物资供给相对充足，人们对食品的品质和营养上自然会产生更高的要求，所以对奶制品、肉类等营养价值较高的食品消费比之前就会有所增加。衣着的支出比例出现小幅度波动。1986年和1990年家庭用品这项支出在区间内出现峰值。除了食品消费支出外的其他几个方面的消费支出也稍有增长。例如，居住方面的消费支出由1985年的4.79%增长到1992年的5.96%，医疗保健从1985年的0.92%增长到1992年的2.48%，交通通信由1985年的2.14%增长到1992年的2.64%，教育文化娱乐服务从1985年的8.17%增长到1992年的8.82%（见图4.5和表4.1）。在这一阶段城镇居民的人均可支配收入已经能够满足基本生存需要，人们不用再为生存担忧，生活水平、生活质量也都在不断提高。城镇居民在解决了温饱问题后，慢慢开始对享受型、发展型消费资料有了追求。但是，由于刚刚达到温饱，类似医疗、旅游、保险这些层次较高花销较大的消费仍然难以形成较大的市场消费需求。

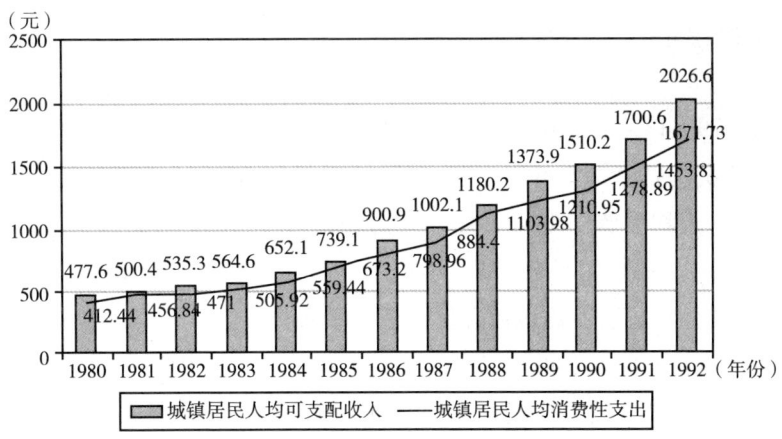

图4.5　1980～1992年城镇居民人均收支变化

资料来源：根据1981～1993年《中国统计年鉴》的相关数据计算而得。

表 4.1 1981~1992 年中国城镇居民各类消费支出的比重变化 单位:%

年份	食品	衣着	居住	家庭设备用品及服务	医疗保健	交通通信	教育文化娱乐服务	杂项商品及服务
1981	56.70	14.79	4.65	9.56	0.92	1.44	8.43	3.55
1982	58.60	14.40	4.40	9.20	0.60	1.50	7.20	4.10
1983	59.20	14.50	4.40	9.00	0.60	1.50	6.60	4.20
1984	58.00	15.50	4.20	9.10	0.60	1.50	7.10	4.00
1985	53.30	14.56	4.79	8.60	2.48	2.14	8.17	7.01
1986	52.40	14.15	4.76	11.13	1.22	2.25	8.34	5.72
1987	53.50	13.69	4.92	9.53	1.29	2.85	8.21	6.03
1988	51.40	13.88	4.69	9.84	1.51	2.51	8.45	7.76
1989	54.50	12.32	4.73	8.62	1.73	2.89	8.62	6.60
1990	54.20	13.36	6.98	10.14	2.01	1.20	11.12	0.94
1991	53.80	13.73	5.46	8.72	2.21	3.48	8.86	3.72
1992	53.04	14.39	5.96	8.42	2.48	2.64	8.82	4.36

资料来源:1982~1993 年的《中国统计年鉴》的相关数据计算得到。

三、社会主义市场经济体制下的中国城镇居民消费行为(1993~2012年)

党的十四大以后,中国经济进入市场经济时期。中国城镇居民的生活水平迈入小康。城镇居民人均可支配收入从 1993 年的 2577.4 元增长到 2012 年的 24564.7 元,人均消费支出从 1993 年的 2110.81 元增长到 2012 年的 16674.3 元(见图 4.6)。恩格尔系数 1994 年首次下降到 50% 以下,1999 年更是下降到了 41.46%,标志着我国城镇居民生活水平整体上已经进入小康阶段。居住支出开始增加,原因在于进行了住房体制改革,国家为了实行商品化住房,陆续推出了住房消费信贷、公积金制度等改革方案,给房地产市场带来了商机,加快了其开发进程,居民居住消费支出由 1993 年的 6.63% 上升到 1999 年的 9.84%。医疗保健、交通通信、教育文化娱乐服务等几项增幅也比较大,尤其是医疗保健方面开始蓬勃发展,支出比例由 1993 年的 2.70% 上升到 1999 年的

5.32%。教育文化娱乐的支出比重上升得也十分明显,由1993年的9.19%直线上升到1999年的12.28%。在这一阶段温饱型消费需求比重大幅下降,享受型、发展型消费需求大幅上升,这显示了中国城镇居民生活水平质的飞跃。

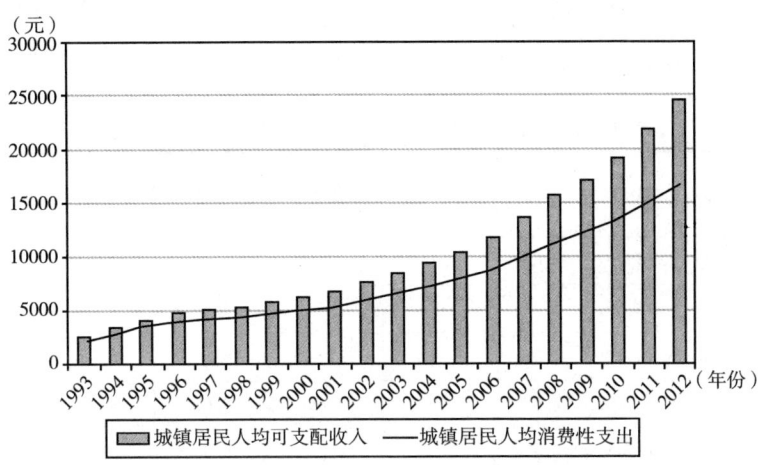

图4.6　1993~2012年城镇居民人均收支变化

注：从2012年第四季度起,国家统计局对分别进行的城乡住户调查实施了一体化改革,规范了城乡划分范围,统一了城乡居民收入指标名称、分类和统计标准,建立了城乡统一的一体化住户调查,并据此采集全国居民有关数据。2012年及以前年份,中国的住户调查一直分城乡分别开展。由于分别调查,农村与城镇居民收入、支出等指标的统计口径有所不同,数据也不完全可比,城镇调查城镇居民可支配收入,农村调查农村居民纯收入。城镇居民收入与支出数据,指现金收入或现金支出,不包括实物收支;其中,计算城镇居民人均可支配收入和消费支出时,既不包括自有住房折算租金,也不包括购建房支出。农村居民收入与支出数据,分为总收支和现金收支,即农村居民的总收支部分包括自产自用的实物收支;其中,计算农村居民人均纯收入和消费支出时,也不包括自有住房折算租金,但农村居民居住消费支出中,包括购建房支出。

资料来源：根据1994~2013年《中国统计年鉴》的相关数据计算而得。

　　进入2000年以后,中国的市场经济体制更加完善,城镇居民生活水平在进入小康阶段以后继续向着更高水平的小康不断发展并逐步走向富裕。这一阶段中国城镇居民消费结构的变化体现在：恩格尔系数已经跌破40%,意味着城镇居民生活水平总体上接近富裕,但是每年的降幅与上一个阶段相比要小。其他方面,交通通信消费支出比重的变化是最为明显的,从2000年的8.54%上升到2012年的14.73%,汽车类等交通工具的迅速发展,电子类产品在城镇居民中也得到了普及（见表4.2）。再看医疗保健方面的消费支出比重,先是上升而后又下降,其原因可能在于医疗制度的相对完善减少了城镇居民对这一项目的消费支出。文化娱乐教育消费支出所占比例在上下波动中有所下降,但下降幅度不大,也无显著变化。其他消费支出比重上,家庭设备用品及服务支出、杂项及服务变动也都不大。总之,这一阶段的总体趋势就是恩格尔系数在平稳下降,其他各项消费支出也大部分都在逐年小幅度发生变动。

表 4.2　　　1993~2012 年中国城镇居民各类消费支出的比重变化　　　单位:%

年份	食品	衣着	居住	家庭设备用品及服务	医疗保健	交通通信	教育文化娱乐服务	杂项商品及服务
1993	50.32	14.24	6.63	8.76	2.70	3.82	9.19	4.52
1994	50.04	13.69	6.77	8.82	2.91	4.65	8.79	4.47
1995	50.09	13.55	7.07	8.39	3.11	4.84	8.84	4.28
1996	48.76	13.47	7.68	7.61	3.66	5.08	9.57	4.35
1997	46.59	12.45	8.57	7.57	4.29	5.56	10.71	4.44
1998	44.66	11.1	9.43	8.24	4.74	5.94	11.53	4.55
1999	42.07	10.45	9.84	8.57	5.32	6.73	12.28	4.96
2000	39.44	10.01	11.31	7.49	6.36	8.54	13.4	3.44
2001	37.94	10.05	10.32	8.27	6.47	8.61	13.00	5.35
2002	37.68	9.80	10.35	6.45	7.13	10.38	14.96	3.25
2003	37.12	9.79	10.74	6.30	7.31	11.08	14.35	3.30
2004	37.73	9.56	10.21	5.67	7.35	11.75	14.38	3.34
2005	36.69	10.08	10.18	5.62	7.56	12.55	13.82	3.50
2006	35.78	10.37	10.40	5.73	7.14	13.19	13.83	3.56
2007	36.29	10.42	9.83	6.02	6.99	13.58	13.29	3.58
2008	37.89	10.37	10.19	6.15	6.99	12.60	12.08	3.72
2009	36.52	10.47	10.02	6.42	6.98	13.72	12.01	3.87
2010	35.67	10.72	9.89	6.74	6.47	14.73	12.08	3.71
2011	36.31	11.05	9.27	6.75	6.39	14.18	12.21	3.83
2012	36.23	10.94	8.90	6.69	6.38	14.73	12.19	3.94

资料来源:1994~2013 年的《中国统计年鉴》的相关数据计算得到。

四、经济新常态时期的中国城镇居民消费行为（2013年至今）

党的十八大以后，中国城镇居民的收入水平和支出水平都有所提高，其中，城镇居民人均可支配收入从2013年的26467元增长到2017年的36396元，人均消费支出从2013年的18478.5元增长到2017年的24445元（见图4.7）。2017年城镇居民人均可支配收入36396元，比上年增长8.3%，扣除价格因素，实际增长6.5%，城镇居民人均可支配收入中位数33834元，增长7.2%；城镇居民人均消费支出24445元，增长5.9%，扣除价格因素，实际增长4.1%。在此期间，恩格尔系数迅速下降到30%以下。

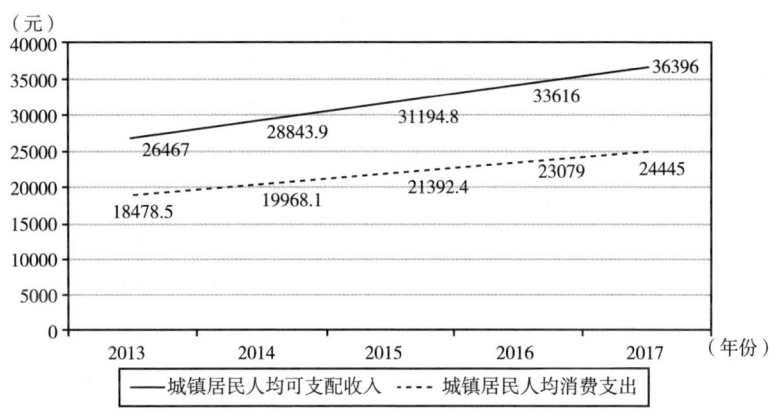

图4.7　2013~2017年城镇居民人均收支变化

资料来源：2014~2018年的《中国统计年鉴》。

根据表4.3可知，居民在居住这一项的消费支出上直线上升至23.2%，随后几年稍有下降却也仍然保持着较高的支出比例，这可能是由于各地的购房政策稍有放宽，房地产市场复苏。医疗保健支出占比从2013年的6.15%上升至2017年的7.27%，交通通信支出占比从2013年的12.50%上升至2017年的13.59%，教育文化娱乐服务支出占比从2013年的10.70%上升至2017年的11.64%，衣着支出占比有所下降，从2013年的8.40%下降至2017年的7.19%，杂项商品及服务变化不明显，从2013年的2.60%略上升至2017年的2.66%。恩格尔系数下降至30%以下意味着，城镇居民的生活水平正逐步进入最富裕的阶段。

表 4.3　　2013~2017 年中国城镇居民各类消费支出的比重变化　　单位:%

年份	食品	衣着	居住	生活用品及服务	医疗保健	交通通信	教育文化娱乐服务	杂项商品及服务
2013	30.10	8.40	23.20	6.10	6.15	12.50	10.70	2.60
2014	30.05	8.15	22.40	6.17	6.54	13.21	10.73	2.67
2015	29.70	7.95	22.09	6.10	6.75	13.53	11.14	2.69
2016	29.30	7.54	22.16	6.18	7.07	13.75	11.43	2.58
2017	28.64	7.19	22.76	6.24	7.27	13.59	11.64	2.66

资料来源：2014~2018 年的《中国统计年鉴》的相关数据计算得到。

第二节　中国农村居民消费行为的演变

自 1949 年以后，中国发生了几次大的制度变动。1978 年实行改革开放政策，1992 年实行社会主义市场经济制度，这些重大的、根本性的体制改革，使居民消费行为的外部环境发生了相应的变化。许多学者从研究的实际出发对变化的时间范围进行了阶段性的划分。其中，臧旭恒在《中国消费函数分析》一书中将研究的阶段划分为 1978 年以前与 1978 年以后，以此研究中国消费者行为与消费函数。孙凤在其著作《消费者行为数量研究——以中国城镇居民为例》中，运用数量分析方法，将 1952 年以后的居民消费行为分为 1952~1978 年的计划经济体制时期、1978~1991 年的双重体制时期与 1992 年以后的市场经济时期。本部分研究将考察农村居民消费行为的演变过程分为四个阶段：即 1952~1978 年的计划经济体制时期、1979~1992 年的双重体制时期、1993~2012 年的社会主义市场经济时期以及 2013 年之后的经济新常态时期。

一、计划经济体制下的中国农村居民消费行为（1952~1978 年）

改革开放前，中国经济、政治都发生过重大的变化。1949 后，中国经历过四年的"社会主义改造"、五年的"恢复发展"、八年的"大跃进"和经济调整、十年的"文化大革命"。在这样的社会经济环境下，中国的居民生活十分困苦，消费行为在发生着历史性的演变。

1949年以后，经过短暂的国民经济恢复，实行了计划经济体制。在传统计划经济体制下，中国政府实行户籍制度，限制城乡人口流动，集中资源发展城市和保障城市居民福利，调拨农业收益和牺牲农民利益，农村居民的人均纯收入极低，仅能满足基本的生活需要，而且大部分是实物性收入，真正由个人自由支配的货币收入部分所占比例很小，自给性消费在其消费总额中所占比重较大，按当年价格计算，1952～1978年，除个别年份外，农村居民的自给性消费一般在50%以上；商品处于卖方市场环境中，消费品价格是长时间固定不变的，也就谈不上价格弹性的问题，消费品短缺、供给缺乏弹性限制了消费者的消费选择自由；在这一时期，农民纯收入很低，基本上不存在资金市场和消费信贷，消费者明显受到流动性约束的限制；但是在改革开放之前，中国实行土地归国家所有，主要农产品实行统购包销制度，加之供给农村的农业生产资料和消费品在价格、数量上的稳定，农村居民基本上不存在市场的不确定性，虽然存在环境的不确定性，但由于他们的收入与支出是相对确定的，在这一阶段，农民面临的不确定性较小。因此，在这一阶段，"新三年、旧三年，缝缝补补又三年"是中国农村居民的写照，加之农村居民收入分配平均化，弱化了消费者之间的示范效应，较低的收入与较强的流动性约束使得在传统计划体制下的农村居民无法追求终身效用最大化，因此处于该阶段的消费者是短视的、原始的消费者，理性化程度较低。

二、双重经济体制下的中国农村居民消费行为（1979～1992年）

1978年召开党的十一届三中全会以后，农村实行"家庭联产承包责任制"，大大解放了生产力，农村居民的生活水平和生活质量也有了显著的提高。农村居民年人均纯收入1979年为160.2元，1992年则上升为784.0元，增加了623.8元，1992年是1979年的4.89倍；收入水平的提高带来消费水平的增加，农村居民1979年的人均生活消费支出为134.51元，1992年为659.21元，增加了524.70元，1992年是1979年的4.90倍（见图4.8）。

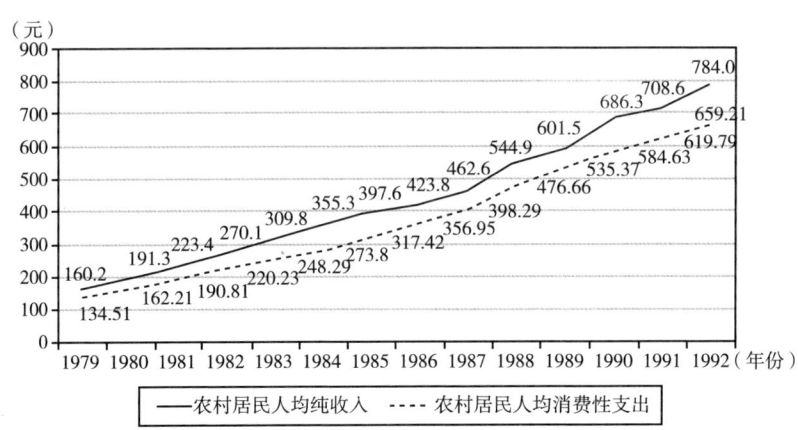

图 4.8　1979~1992 年农村居民人均收支变化

资料来源：根据 1981~1993 年《中国统计年鉴》的相关数据计算而得。

改革开放以后，中国农村居民的消费结构也发生了较大变化。一般把食品消费支出占总消费支出的比重称为恩格尔系数。恩格尔系数从 1980 年的 61.80% 下降到 1992 年的 57.55%，农村居民基本摆脱了贫困，进入了温饱水平，衣着支出从 1980 年的 12.32% 下降到 1992 年的 7.97%，居住支出从 1980 年的 13.85% 上升到 1992 年的 15.92%，这主要是由于随着人们收入水平的不断提高，消费水平也大大提升，因此，作为生活必需品的衣着，其消费开支也有所减少，而改革开放以来，农村居民对扩大宅基地的冲动使得农村的"建房热"经久不衰，造成农村居民的居住消费比重一直位居第二。在此期间，交通通信支出占比直线下降，由 1980 年的 12.06% 下降到 1992 年的 1.86%。

三、社会主义市场经济体制下的中国农村居民消费行为（1993~2012 年）

1992 年，中国确立了社会主义市场经济体制，这是中国历史上又一光辉伟大创举。市场经济体制改变了传统的资源配置方式，改变了人们的生活环境，整个社会、经济都在发生着深刻的变革。实行市场经济制度后农村居民的收入水平有了大幅度的提高，农村居民家庭年人均纯收入从 1993 年的 921.6 元增加到 2012 年的 7916.6 元，增加了 6995 元，2012 年是 1993 年的 8.59 倍。

收入增加的同时，居民消费支出也相应增加了。农村居民人均年生活消费支出从1993年的769.65元增加到2012年的5908.02元，增加了5138.37元，2012年是1993年的7.68倍（见图4.9）。

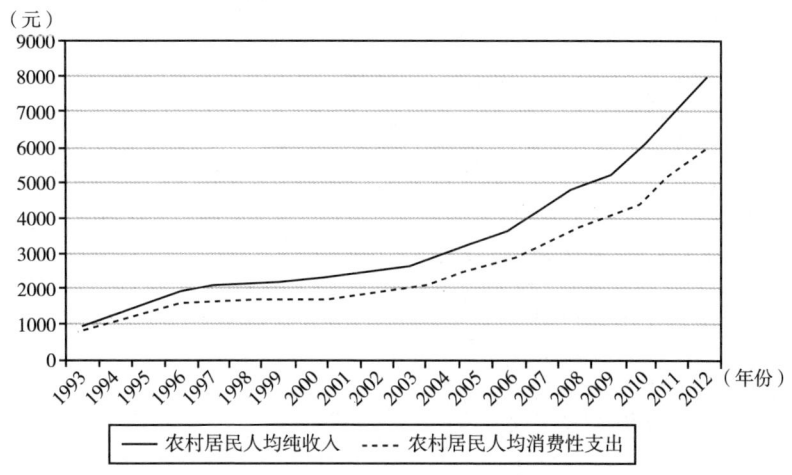

图4.9　1993~2012年农村居民人均收支变化

资料来源：根据1994~2013年《中国统计年鉴》的相关数据计算而得。

党的十四大以后，中国农村居民的生活水平迈入小康。根据表4.4显示：恩格尔系数从1993年的58.06%下降到2012年的39.33%，标志着我国农村居民生活水平从温饱水平逐步走向富裕阶段。衣着支出占比从1993年的7.18%略降为2012年的6.71%，主要是由于随着人们收入水平的不断提高，消费水平也大大提升，因此，作为生活必需品的衣着，其消费开支也有所减少。家庭设备用品及服务支出变化不明显，从1993年的5.8%降为2012年的5.78%，说明农村居民由于收入增长缓慢，"用"类消费比重基本上是原地踏步。但居住支出开始增加，1993年之后，农村第二轮"建房热"又开始升温，居住比重有所上升，到2012年，居住消费比重高达18.39%，而城镇居民2012年的居住消费比重才达到8.90%。可见，城镇居民的居住消费比重在2012年比农村居民大约就低10个百分点。

表 4.4　　1993~2012年中国农村居民各类消费支出的比重变化　　单位:%

年份	食品	衣着	居住	家庭设备用品及服务	医疗保健	交通通信	教育文化娱乐服务	杂项商品及服务
1993	58.06	7.18	13.88	5.80	3.53	2.26	7.58	1.70
1994	58.86	6.92	13.99	5.45	3.15	2.36	7.39	1.87
1995	58.62	6.85	13.91	5.23	3.24	2.58	7.81	1.76
1996	56.33	7.24	13.93	5.36	3.71	2.99	8.43	2.02
1997	55.05	6.76	14.42	5.28	3.86	3.33	9.16	2.12
1998	53.43	6.17	15.07	5.15	4.28	3.82	10.02	2.07
1999	52.56	5.83	14.75	5.22	4.44	4.36	10.67	2.18
2000	49.13	5.75	15.47	4.52	5.24	5.58	11.18	3.14
2001	47.71	5.67	16.03	4.42	5.55	6.32	11.06	3.24
2002	46.25	5.72	16.36	4.38	5.67	7.01	11.47	3.14
2003	45.59	5.67	15.87	4.20	5.96	8.36	12.13	2.21
2004	47.23	5.50	14.84	4.08	5.98	8.82	11.33	2.21
2005	45.48	5.81	14.49	4.36	6.58	9.59	11.56	2.13
2006	43.02	5.94	16.58	4.47	6.77	10.21	10.79	2.23
2007	43.08	6.00	17.80	4.63	6.52	10.19	9.48	2.30
2008	43.67	5.79	18.54	4.75	6.72	9.84	8.59	2.09
2009	40.97	5.82	20.16	5.13	7.20	10.09	8.53	2.11
2010	41.09	6.02	19.06	5.34	7.44	10.52	8.37	2.14
2011	40.36	6.54	18.42	5.91	8.37	10.48	7.60	2.34
2012	39.33	6.71	18.39	5.78	8.70	11.05	7.54	2.50

资料来源：根据1994~2013年《中国统计年鉴》的相关数据计算而得。

医疗保健支出与交通通信支出的增幅比较明显，医疗保健支出比例由1993年的3.53%上升到2012年的8.70%，上涨了5.17%；交通通信支出由1993年的2.26%上升到2012年的11.05%，上涨了8.79%。教育文化娱乐的支出比重在波动中变化不大，由1993年的7.58%略降到2012年的7.54%，2003年达到峰值，为12.13%。可见，改革开放以后，随着收入水平的提高，人们的消费更着眼于长远考虑，越来越注重自己的身体健康与保健，加之政府对基础设施投入的加大，人们拥有的交通通信设施也大大增加，出行更加方便，另外，农村家庭为了提高子女将来向非农产业转移的竞争能力，对子女教育投资的重视程度也大大提高，但是，由于农村居民的收入低于城镇居民，2012年农村居民人均纯收入为7916.6元，而城镇居民人均可支配收入为

24564.7元，是农村居民人均纯收入的3.10倍，再加上我国政府对农村教育的总体投入不足，所以造成了农村居民教育费用负担的加重也对其他消费能力产生了"挤出效应"。

四、经济新常态时期的中国农村居民消费行为（2013年至今）

党的十八大以后，中国农村居民的收入水平和支出水平都有所提高，其中，农村居民人均可支配收入从2013年的9429.6元增长到2017年的13432.4元，人均消费支出从2013年的7485.1元增长到2017年的10954.5元（见图4.10）。2017年农村居民人均可支配收入13432.4元，比上年增长8.6%，扣除价格因素，实际增长7.3%；农村居民人均可支配收入中位数11969元，增长7.4%。农村居民人均消费支出10954.5元，增长8.1%，扣除价格因素，实际增长6.8%。根据表4.5显示：2013~2017年，恩格尔系数从2013年的37.67%下降到31.17%，衣着支出占比略微下降，从2013年的6.62%下降至2017年的5.58%，居民在居住这一项的消费支出上有所上升，从2013年的18.62%上升至2017年的21.48%，医疗保健支出占比从2013年的9.27%略升至2017年的9.66%，交通通信支出占比从2013年的12.01%上升至2017年的13.78%，教育文化娱乐服务支出占比从2013年的7.33%上升至2017年的10.69%，增幅较大，为3.36%，生活用品及服务支出占比略微下降，从2013年的5.84%降至2017年的5.79%，其他用品及服务变化不明显，从2013年的2.64%降至2017年的1.83%（见表4.5）。恩格尔系数下降至40%以下，意味着农村居民的生活水平正步入小康阶段。

表4.5　2013~2017年中国农村居民各类消费支出的比重变化　　单位:%

年份	食品	衣着	居住	生活用品及服务	医疗保健	交通通信	教育文化娱乐	其他用品及服务
2013	37.67	6.62	18.62	5.84	9.27	12.01	7.33	2.64
2014	33.57	6.09	21.03	6.04	9.00	12.08	10.25	1.94
2015	33.05	5.97	20.89	5.92	9.17	12.61	10.51	1.89
2016	32.24	5.68	21.19	5.88	9.17	13.42	10.57	1.84
2017	31.17	5.58	21.48	5.79	9.66	13.78	10.69	1.83

资料来源：2014~2018年的《中国统计年鉴》的相关数据计算得到。

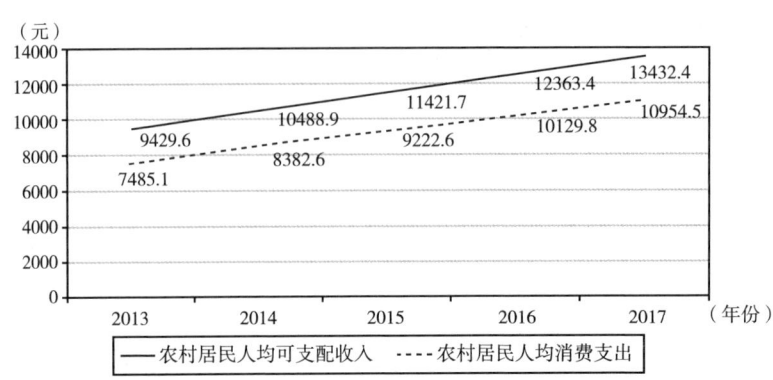

图 4.10　2013~2017 年农村居民人均收支变化

资料来源：根据 2014~2018 年《中国统计年鉴》的相关数据计算而得。

第三节

中国城乡居民消费的差异及其原因

改革开放以来，伴随着中国经济总量的高速增长和经济结构的持续转化，人们的生活水平不断提高，然而由于城乡二元结构等因素的影响，使得城乡居民消费出现明显的差异，主要体现在城乡居民消费水平、消费结构、空间消费差距等方面。

一、中国城乡居民消费的差异

（一）城乡居民消费水平的差异

评价城乡居民在消费水平上差异的指标有两类，即绝对差距和相对差距，本部分根据城镇居民与农村居民的人均消费支出差值和比值，分别计算出 1978~2017 年城镇与农村居民在消费支出上的绝对差距和相对差距。与绝对差距相比，相对差距不会因为通货膨胀、货币的时间价值等因素而受到干扰从而影响结果的可靠性，在年份的比较上更具实际意义。根据表 4.6 所示，1978~2017 年城镇居民人均消费支出从 311.16 元增至 24445.00 元，农村居民人均消费支出则从 116.06 元增至 10954.50 元，这意味着改革开放以来的高速经济增长确实改善了城乡居民的生活状态和福利水平。

表 4.6　　1978~2017 年城乡居民人均消费的变化

年份	城镇居民人均消费（元）	农村居民人均消费（元）	城乡居民消费的绝对差距（元）	城乡居民消费的相对差距
1978	311.16	116.06	195.10	2.68
1979	—	134.51	—	—
1980	412.44	162.21	250.23	2.54
1981	456.84	190.81	266.03	2.39
1982	471.00	220.23	250.77	2.14
1983	505.92	248.29	257.63	2.04
1984	559.44	273.80	285.64	2.04
1985	673.20	317.42	355.78	2.12
1986	798.96	356.95	442.01	2.24
1987	884.40	398.29	486.11	2.22
1988	1103.98	476.66	627.32	2.32
1989	1210.95	535.37	675.58	2.26
1990	1278.89	584.63	694.26	2.19
1991	1453.81	619.79	834.02	2.35
1992	1671.73	659.21	1012.52	2.54
1993	2110.81	769.65	1341.16	2.74
1994	2851.34	1016.81	1834.53	2.80
1995	3537.57	1310.36	2227.21	2.70
1996	3919.47	1572.08	2347.39	2.49
1997	4185.64	1617.15	2568.49	2.59
1998	4331.61	1590.33	2741.28	2.72
1999	4615.91	1577.42	3038.49	2.93
2000	4998.00	1670.13	3327.87	2.99
2001	5309.01	1741.09	3567.92	3.05
2002	6029.88	1834.31	4195.57	3.29
2003	6510.94	1943.30	4567.64	3.35
2004	7182.10	2184.65	4997.45	3.29
2005	7942.88	2555.40	5387.48	3.11
2006	8696.55	2829.02	5867.53	3.07
2007	9997.47	3223.85	6773.62	3.10
2008	11242.85	3660.68	7582.17	3.07
2009	12264.55	3993.45	8271.10	3.07
2010	13471.45	4381.82	9089.63	3.07
2011	15160.89	5221.13	9939.76	2.90

续表

年份	城镇居民人均消费（元）	农村居民人均消费（元）	城乡居民消费的绝对差距（元）	城乡居民消费的相对差距
2012	16674.32	5908.02	10766.30	2.82
2013	18487.50	7485.10	11002.40	2.47
2014	19968.10	8382.60	11585.50	2.38
2015	21393.40	9222.60	12169.80	2.32
2016	23078.90	10129.80	12949.10	2.28
2017	24445.00	10954.50	13490.50	2.23

资料来源：《中国统计年鉴》（1980~2018年）。

根据图4.11可知，城乡居民人均消费的绝对数均呈现持续增长态势，城乡居民人均消费的绝对差距也在不断扩大。1978~2017年城乡居民人均消费的绝对差距从195.10元增至13490.50元。但城乡居民人均消费的相对差距却表现出阶段性变化态势，且在不同时段这种差距的变动趋势很不相同（见图4.12）。1978~1984年，城乡居民人均消费支出差距从2.68倍降至2.04倍，呈现持续缩减的态势，表明城乡二元结构在改革开放初期出现了明显的转化趋势；1985~2003年，城乡居民人均消费支出差距尽管存在波动，但基本趋势是不断扩大的，差距从2.12倍增至3.35倍，城乡二元结构表现出不断加剧和激化的特征；2004~2017年，城乡居民人均消费支出差距再次呈现持续缩减态势，差距从3.29倍降至2.23倍，相对于21世纪初期，此阶段的消费差距缩减表明城乡居民共同富裕程度有所提高，城乡二元结构渐趋转化。

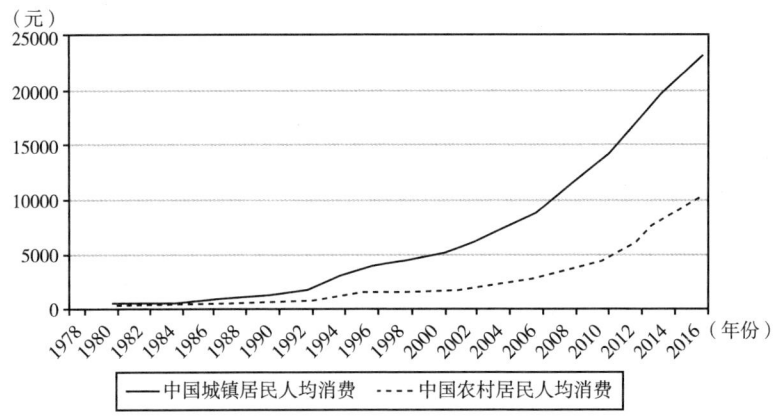

图4.11　1978~2017年中国城乡居民人均消费的变化趋势

资料来源：《中国统计年鉴》（1980~2018年）。

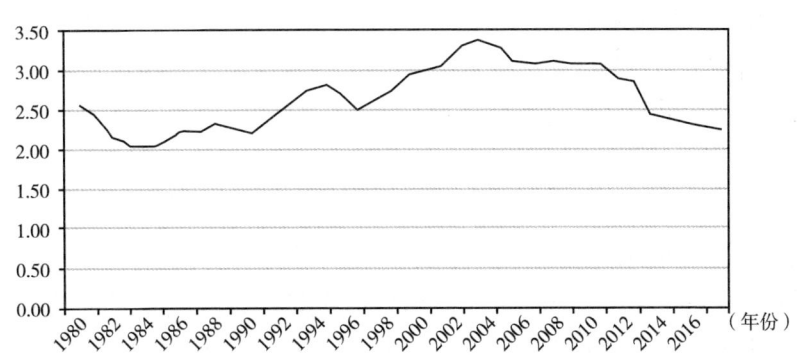

图 4.12　1980~2017 年中国城乡居民人均消费相对差距的变化趋势

资料来源：《中国统计年鉴》(1980~2018 年)。

(二) 城乡居民消费结构的差异

除消费水平外，消费结构差距也是城乡居民存在消费差异的另一重要表现。消费结构是不同商品或劳务消费支出占总消费支出的比例，包括食品类消费、衣着类消费、居住类消费、交通通信类消费、医疗保健类消费、生活用品及服务类消费、文教娱乐类消费和其他商品及服务类消费等八个支出子项。

根据表 4.7 可以看出，近年来中国城乡居民家庭恩格尔系数有所下降，1994~2017 年城镇居民家庭恩格尔系数从 50.04 个百分点下降到 28.64 个百分点。由于恩格尔系数 (Engel's coefficient) 是食品支出总额占个人消费支出总额的比重。19 世纪德国统计学家恩格尔根据统计资料，对消费结构的变化得出一个规律：一个家庭收入越少，家庭收入中 (或总支出中) 用来购买食物的支出所占的比例就越大，随着家庭收入的增加，家庭收入中 (或总支出中) 用来购买食物的支出比例则会下降。推而广之，一个国家越穷，每个国民的平均收入中 (或平均支出中) 用于购买食物的支出所占比例就越大，随着国家的富裕，这个比例呈下降趋势。联合国粮农组织曾根据恩格尔系数的高低，对世界各国的生活水平进行划分，即一个国家平均家庭恩格尔系数大于 60% 为贫穷；50%~60% 为温饱；40%~50% 为小康；30%~40% 属于相对富裕；20%~30% 为富足；20% 以下为极其富裕。根据此标准，说明 2017 年城镇居民家庭接近富裕标准。农村居民恩格尔系数尽管近年来也呈下降走势，然而其一直高于城镇居民恩格尔系数，1994~2017 年农村居民家庭恩格尔系数从

58.86个百分点下降到31.17个百分点,达到相对富裕标准,1994年农村居民的恩格尔系数高出城镇居民恩格尔系数8.82个百分点,到2017年农村居民的恩格尔系数高出城镇居民恩格尔系数2.53个百分点,城乡居民消费虽然有所减小,但依然存在明显差距。

据表4.7中数据可知,城乡居民恩格尔系数总体上均呈现持续下降态势,说明伴随着居民收入和支出水平提高,人们用在食品(生存资料)上的开支将呈现不断下降趋势,与此相对,享受资料和发展资料在人们消费支出中的占比将逐步攀升,城乡居民的消费结构均发生了明显改善。1996年城镇居民恩格尔系数开始降至50%以下,2000年农村恩格尔系数开始降至50%以下,这说明食品开支已不是城乡居民消费支出的"主体部分",城乡居民的生活状态均已从"温饱型""糊口型"转入"小康型""富裕型"。尽管如此,城乡恩格尔系数的差距依然存在,且城乡恩格尔系数的变动速度也很不相同。

表4.7　　　　　　1994~2017年城乡居民家庭恩格尔系数　　　　　　单位:%

年份	1994	1995	1996	1997	1998	1999
城镇	50.04	50.09	48.76	46.59	44.66	42.07
农村	58.86	58.62	56.33	55.05	53.43	52.56
年份	2000	2001	2002	2003	2004	2005
城镇	39.44	37.94	37.68	37.12	37.73	36.69
农村	49.13	47.71	46.25	45.59	47.23	45.48
年份	2006	2007	2008	2009	2010	2011
城镇	35.78	36.29	37.89	36.52	35.67	36.31
农村	43.02	43.08	43.67	40.97	41.09	40.36
年份	2012	2013	2014	2015	2016	2017
城镇	36.23	30.10	30.05	29.70	29.30	28.64
农村	39.33	37.67	33.57	33.05	32.24	31.17

资料来源:《中国统计年鉴》(1995~2018年)。

根据图4.13和图4.14可知,1992年以来,中国农村居民和城镇居民基本生活消费的变化,从衣食住行四个方面的基本生活需求型消费来看,中国农村居民的食品和居住消费所占比重明显高于城镇居民消费,而衣着和交通通信的消费支出占比明显低于城镇居民。农村居民食品消费刚性强,食品消费仍是我国农村居民的主要消费类别。近年来,随着人们收入与生活水平的提高,提高食品消费质量、改变食品的消费结构是居民需要主要考虑的问题。其中，从总体来看，农村和城镇居民在食品消费所占比重处于一个稳定的下降趋势。对于衣着消费而言，城镇和农村居民的消费占比都相对较稳定，城镇居民衣着消费下降幅度相对较大；对交通通信消费来说，随着新农村建设的稳步推进，农村交通通信基础设施的逐步完善，农村居民交通通信消费支出增长迅速，其消费占比在农村和城镇消费之间快速上升。

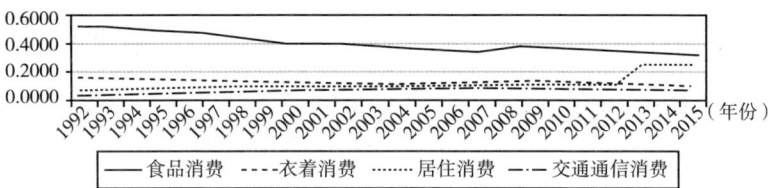

图 4.13　城镇居民基本生活需求型消费的趋势

（食品、衣着、居住、交通）

资料来源：根据 1993~2017 年《中国统计年鉴》的相关数据计算而得。

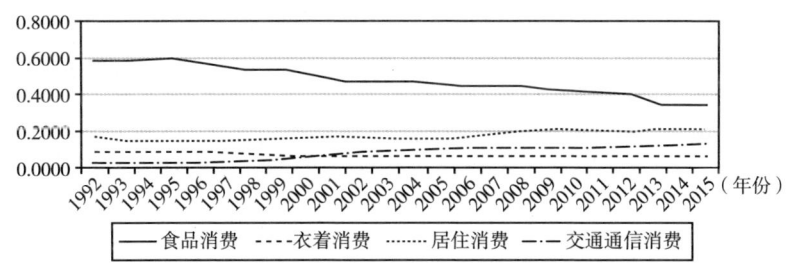

图 4.14　农村居民基本生活需求型消费的趋势

（食品、衣着、居住、交通）

资料来源：根据 1993~2017 年《中国统计年鉴》的相关数据计算而得。

图 4.15 和图 4.16，反映了中国从 1992 年以来的农村居民和城镇居民发展与享受型消费各构成部分所占比重的变化。从发展与享受型消费来看，农村居民消费所占比重显著低于城镇居民消费。与城镇居民相比，由于教育文化娱乐相配套的软硬件基础设施较为落后，农村居民在满足教育投入基础外的日常文化生活相对单调。城镇居民医疗保健消费支出始终高于农村居民，这说明农村医疗设施还不太完善，在医疗保健方面，农村居民消费仍比较保守。但农村医疗消费占比显著上升，这得益于农村居民基本医疗保险、新型农村合作医疗和

城乡医疗救助共同组成基本医疗保障体系的实施。总之,当前农村居民消费仍然集中在基本物质消费方面,文教娱乐及服务消费与医疗保健消费等方面的消费所占比重较低。城镇居民在享受型、发展型消费方面的支出占比更大,而农村居民在生存型消费方面的支出占比更大。在农村地区,重物质轻精神消费的问题非常常见,农村地区消费结构亟须进一步优化。

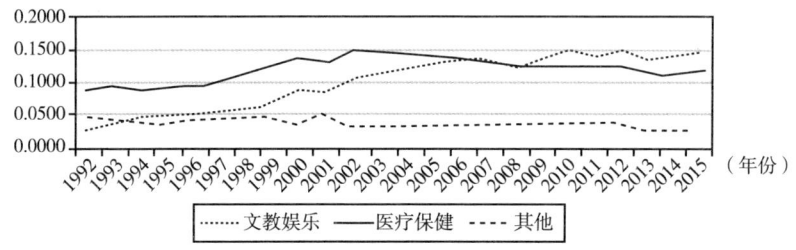

图 4.15 城镇居民发展与享受型消费的趋势

(文教娱乐、医疗保健、其他)

资料来源:根据 1993~2017 年《中国统计年鉴》的相关数据计算而得。

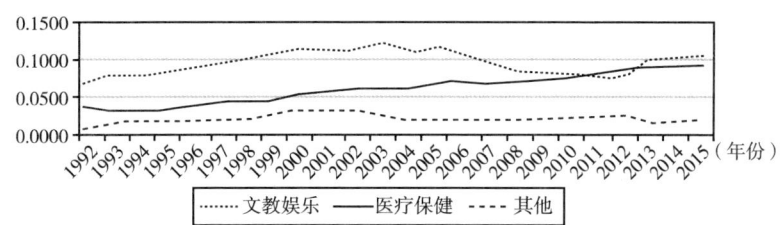

图 4.16 农村居民发展与享受型消费的趋势

(文教娱乐、医疗保健、其他)

资料来源:根据 1993~2017 年《中国统计年鉴》的相关数据计算而得。

(三) 不同省区市间的城乡居民消费差距

1978 年以来,我国各省区市均存在城乡居民消费差距,且在空间层面显现出差异化特征。表 4.8 给出了 2000 年和 2017 年城乡居民人均消费支出差距的比较情况。从纵向比较来看,2017 年相对于 2000 年,除了上海以外,其他省区市的城乡消费差距是渐趋缩小的,而全国的城乡消费差距也从 2.99 倍缩小至 2.23 倍。就特定年份而言,31 个省区市的城乡消费差距程度各不相同。例如,2000 年城乡消费差距最大的是西藏 (4.97 倍),最小的是上海 (2.14

倍),其他省区市的差距居于这两者之间。从类型学的角度看,差距在2.0~3.0倍之间的有16个省区市(北京、内蒙古、辽宁、吉林、黑龙江、上海、江苏、浙江、福建、江西、山东、河南、湖北、湖南、海南、宁夏),差距在3.0~4.0倍之间的有13个省区市(天津、河北、山西、安徽、广东、广西、重庆、四川、贵州、陕西、甘肃、青海、新疆),差距在4.0倍以上的有2个省区(云南、西藏)。2000年,城乡消费差距大于全国整体水平(2.99倍)的有15个省区市,小于全国整体水平的有16个省区市。

表 4.8 中国 31 个省区市城乡居民人均消费支出差距的比较情况

地区	2000 年			2017 年		
	城镇(元)	农村(元)	差距(倍)	城镇(元)	农村(元)	差距(倍)
北京	8493.5	3425.7	2.48	40346.3	18810.5	2.14
天津	6121.0	1995.6	3.07	30283.6	16385.9	1.85
河北	4348.5	1365.2	3.19	20600.3	10535.9	1.96
山西	3941.9	1149.0	3.43	18404.0	8424.0	2.18
内蒙古	3927.8	1614.9	2.43	23637.8	12184.4	1.94
辽宁	4356.1	1753.5	2.48	25379.4	10787.3	2.35
吉林	4020.9	1553.4	2.59	20051.2	10279.4	1.95
黑龙江	3824.4	1540.4	2.48	19269.8	10523.9	1.83
上海	8868.2	4137.6	2.14	42304.3	18089.8	2.34
江苏	5323.2	2337.5	2.28	27726.3	15611.5	1.78
浙江	7020.2	3230.9	2.17	31924.2	18093.4	1.76
安徽	4232.9	1321.5	3.20	20740.2	11106.1	1.87
福建	5638.7	2409.7	2.34	25980.5	14003.4	1.86
江西	3623.6	1642.7	2.21	19244.5	9870.4	1.95
山东	5022.0	1770.8	2.84	23072.1	10342.1	2.23
河南	3830.7	1315.8	2.91	19422.3	9211.5	2.11
湖北	4644.5	1555.6	2.99	21275.6	11632.5	1.83
湖南	5218.8	1942.9	2.69	23162.6	11533.6	2.01
广东	8016.9	2646.0	3.03	30197.9	13199.6	2.29
广西	4852.3	1487.9	3.26	18348.6	9436.6	1.94
海南	4082.6	1483.9	2.75	20371.9	9599.4	2.12
重庆	5569.8	1395.5	3.99	22759.2	10936.1	2.08

续表

地区	2000 年			2017 年		
	城镇（元）	农村（元）	差距（倍）	城镇（元）	农村（元）	差距（倍）
四川	4855.8	1484.6	3.27	21990.6	11396.7	1.93
贵州	4278.3	1096.6	3.90	20347.8	8299.0	2.45
云南	5185.3	1270.8	4.08	19559.7	8027.3	2.44
西藏	5554.4	1116.6	4.97	21087.5	6691.5	3.15
陕西	4276.7	1251.2	3.42	20388.2	9305.6	2.19
甘肃	4126.5	1084.0	3.81	20659.4	8029.7	2.57
青海	4185.7	1218.2	3.44	21473.0	9902.7	2.17
宁夏	4200.5	1417.1	2.96	20219.5	9982.1	2.03
新疆	4422.9	1236.5	3.58	22796.9	8712.6	2.62
全国	4998.0	1670.1	2.99	24445.0	10954.5	2.23

资料来源：根据2001年、2018年《中国统计年鉴》的相关数据计算而得。

2017年，31个省区市的城乡消费差距依然存在，其中差距最大的仍是西藏（3.15倍），最小的是浙江（1.76倍），其他省区市的消费差距居于这两者之间。从类型学的角度看，差距在1.0~2.0倍的有13个省区市（天津、河北、内蒙古、吉林、黑龙江、江苏、浙江、安徽、福建、江西、湖北、广西、四川），在2.0~3.0倍之间的有17个省区市（北京、山西、辽宁、上海、山东、河南、湖南、广东、海南、重庆、贵州、云南、陕西、甘肃、青海、宁夏、新疆），在3.0倍以上的只有西藏。2017年城乡消费差距大于全国整体水平（2.23倍）的有8个省区市，小于全国整体水平的有22个省区市，与全国整体水平持平的有山东。

二、中国城乡居民消费差异的原因

中国城乡居民消费差距主要是消费水平、消费结构、空间消费等方面的差距。这些差距主要是因为城乡居民收入、城乡居民消费环境、城乡居民消费观念等原因造成的。

（一）城乡居民收入差距较大

消费差距变动是度量城乡统筹发展和居民共同富裕实现程度最为核心的指

标,经验分析和理论探究均显示收入是影响特定群体消费支出和生活状况最为重要的因素(朱信凯和骆晨,2011;陈斌开,2012),自然地,收入差距也就成为影响不同群体消费支出差距最为重要的因素。随着我国经济的快速增长,国家在"三农"问题上出台了众多惠农利农政策,全面提升农村居民收入水平。截至目前,我国农村居民收入水平较改革开放之初有了明显提升,然而其增长幅度依然较小,城乡居民收入绝对差距仍然较大,从而加大了城乡居民消费之间的差距。根据统计数据显示,2007年我国农村居民人均可支配收入为4140.4元,城镇居民为13785.8元,收入差距为9645.4元。到了2017年,城镇居民人均可支配收入增长到36396.2元,农村居民可支配收入为13432.4元,城镇居民可支配收入是农村居民的2.71倍,收入绝对差距为22963.8元。城乡收入差距对城乡居民消费支出差距产生直接影响作用。

从图4.17可以看出,城镇居民人均可支配收入一直高于农村居民人均纯收入,且这种差距越来越大。过高的收入差距导致农村居民消费水平从总体上落后城镇居民消费,使得城镇居民消费升级后过剩的工业品无法及时地由农村来接纳和吸收,在城乡消费之间出现了极为显著的消费差距。因此,当前扩大消费的重点是要扩大农村消费市场,从各方面来保障和提高农民收入持续、稳定增长来缓解农村居民消费的后顾之忧,加快农村的城镇化发展进程,政府在文化教育、医疗卫生、社会保障等方面实施城乡平等的公共政策,充分发掘农村居民在发展型和享受型消费的潜力。

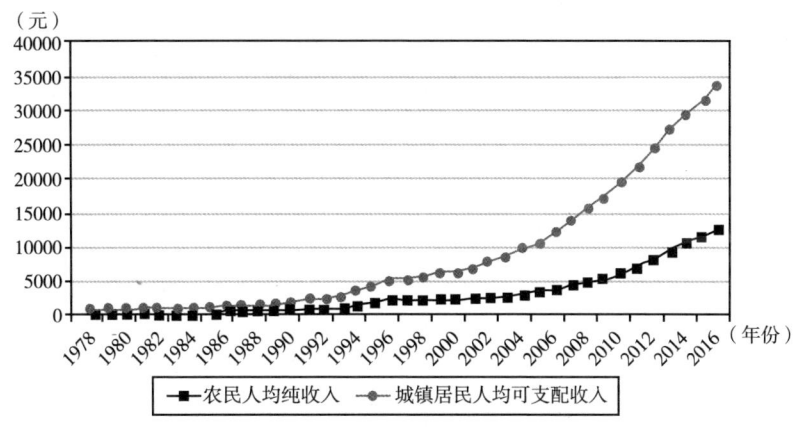

图 4.17 城乡居民人均收入变动的趋势

资料来源:根据1981~2018年《中国统计年鉴》的相关数据计算而得。

图 4.18 反映了 1980~2017 年我国城乡收入差距与城乡消费差距的相互关系,可以发现两者的变化趋势相似,城乡居民消费绝对差距随着城乡居民收入绝对差距的增大而增大,两者存在着显著的正相关性,根据 EViews 8.0 软件包计算出的相关系数达到 0.9952。

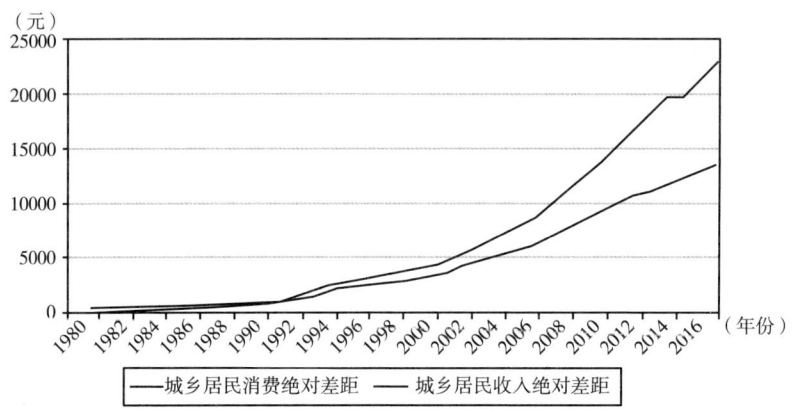

图 4.18 城乡居民人均收入与消费绝对差距变动的趋势

资料来源:根据 1981~2018 年《中国统计年鉴》的相关数据计算而得。

从图 4.19 可知,1980~2017 年我国城乡居民收入相对差距与城乡居民消费相对差距的变化趋势类似,城乡居民消费相对差距随着城乡居民收入相对差距的变化而变化,两者也存在着显著的正相关性,根据 EViews 8.0 软件包计算出的相关系数达到 0.8592。

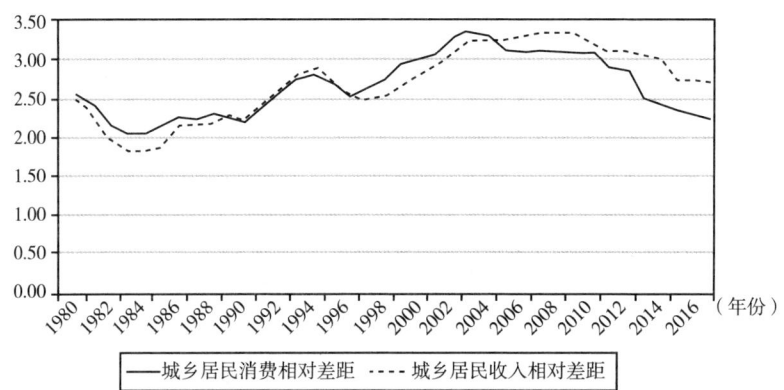

图 4.19 城乡居民人均收入与消费相对差距变动的趋势

资料来源:根据 1981~2018 年《中国统计年鉴》的相关数据计算而得。

(二) 城乡消费环境差异显著

消费环境为居民的消费提供了物质条件，城乡消费环境的差异也会造成城乡消费差距。近年来，我国城镇（市）的基础设施建设越来越发达，城市轨道交通线不断蔓延，电子通信设备花样百出，娱乐活动形式层出不穷，市场体系愈加完善，居民的消费环境舒适方便，这些对城镇居民的消费都是利好的。

而在农村方面，消费环境比较差，主要表现在：第一，硬件设施落后。在我国广大农村地区，普遍存在基础设施建设落后的问题。虽然近些年国家在农村基础设施建设方面投入大量财力、物力，然而农村地区基础设施建设落后问题依然存在。落后的农村基础设施导致大部分耐用消费品的使用价值在农村地区难以有效发挥，限制了耐用消费品在农村市场消费的进一步发展。第二，农村市场体系不健全，售后服务不到位。就农村市场分布状况而言，随着"万村千乡市场工程"在全国范围内的开展，目前已建成25万家农家店。但是其分布较为分散，整体覆盖率较低，乡镇覆盖率为49个百分点，而行政村的覆盖率仅为33个百分点。而且农村商品流通体系还很不完善，农村市场缺乏合理规划和科学指导，主要以露天集贸市场为主，且沿街叫卖、占道为市的现象广泛存在，规模较小、品种不全、场地狭窄、摊点简陋、售后服务跟不上，导致买卖之间经常出现脱节和断层。农村地区物流设施与技术水平较低，并且农村市场存在点多、面广、线长的特征，导致农村地区商品物流费用高于城市地区。与此同时，现阶段我国农村地区售后服务得不到有效保证，大部分商品损坏后需要到城镇地区去维修，影响农村居民的正常使用。第三，农村地区打假维权力度不够。一直以来，相关部门对农村市场的监管力度不足，不少企业把积压的、过时的大量库存商品投放到农村市场，甚至一些不法商贩把农村消费市场视为"销废市场"，把农村居民视为"销废者"，以次充好、乱涨价、欺行霸市等现象突出，坑农害农事件时有发生，严重挫伤了农民消费信心。此外，由于教育文化水平较低，农村居民消费权益保护意识较城镇更为薄弱，由于监管机制不完善，在农村厂商侵犯消费者权益的行为较难被查处，由于消费者维权成本较高，许多农村消费者在权益被侵犯后选择放弃维权。根据《全国工商和市场监管部门2016年处理消费者投诉举报咨询情况分析》，2016年农村相关投诉共计4.42万件，只占当年总量的0.5%，说明农村居民维权意识较低，坑农害农事件屡见不鲜,农村地区产品质量参差不齐,对农村居民消费信心形成严重影响。第四,农村社会信用体系还不健全,农民贷款缺乏有效的抵押担保品,加之长期以来"重生产、轻消费"的信贷政策,以及广大农民尚未形成"负债消费""超前消费"的观念,使得银行信贷对农民消费的支持作用远未发挥出来。这些种种在消费环境上的差别都直接影响了农村居民的消费数量与质量,从而扩大了其与城镇居民在消费上的差距。

(三) 城乡居民消费观念的差异

由于我国城乡经济、文化发展的不平衡性和城乡居民的富裕程度、文化素质、居住环境等的差异,城乡居民消费观念还存在较大区别,主要表现在以下几个方面。

(1) 城乡居民消费观念更新快慢不同。在人们逐渐由传统生活方式向现代生活方式转型过程中,由于城乡居民的生活条件、文化水平、居住环境等不同,人们接受新生事物的快慢就会不一样,人们思想观念的转变有先有后。目前我国城镇居民的消费观念较之农村居民更新快,具体来说,第一,城镇居民从追求以物质消费为主向追求以精神消费和服务消费为主转变,随着人们物质生活水平的提高,精神生活也变得丰富多彩,文化娱乐和其他各种服务性支出扩大;第二,城镇居民从满足基本生活需求向追求人的全面发展转变,人们开始重视自身素质的提高,花钱买健康、买知识、买休闲等逐渐成为消费新潮。而农村居民受传统文化和传统消费习俗的影响较大,在消费观念转变上滞后于城镇居民,消费行为比较保守,以追求物质消费为主,对精神、文化等方面的消费没有过高奢求。只有一部分进城打工族,因受到城镇居民生活方式的影响,在一定程度上认同或接受了城镇居民的消费方式,他们的消费思想倾向于城镇居民。

(2) 城乡居民消费观念存在着较大反差。现在许多城里人喜欢消费质优价高的名牌高档商品,乐于逛大商场和进超市购物,年轻人更喜欢出入精品店、专卖店选购名牌产品;而农村人多数喜欢赶大集、逛大众市场,买东西求便宜和实惠,不注重是否名牌。生活用品的营养性、保健性、环保型逐渐成为城镇居民的消费时尚,而农民买商品看重的是货真价实和经久耐用。城镇居民在居住方面讲究环境、方便和装饰的品位,而农村居民建房造屋重视结实、宽敞。城里人有时很喜欢乡下人的田园生活,追求回归自然和乡间情趣,而不少农村人又希望过上城里人那种富裕、方便的日子。城里人经常利用节假日去郊区、农村观光旅游和休闲，有时很喜欢购买和食用自己动手采摘的水果、蔬菜，城里人对一些土特产、野菜、野味等似乎情有独钟。有些农民早就不愿穿的粗糙棉布衣服，近几年却在城里人身上悄悄出现；正在被乡下人慢慢遗忘的土布鞋，如今也成了城里人抢购穿着的对象，据说一双做工考究的手工黑布鞋在某些城市能卖到 50~60 元。

（3）城乡居民对合理消费有不同认识。城镇居民认为科学消费就是合理消费，而农民认为不浪费就是消费合理。目前城镇居民的生活消费正朝着讲科学、重营养、求质量和图方便的方向发展，多数家庭饮食讲究营养，穿着讲究时尚，消费考虑健康。例如，饮食消费正从量的满足转向对质的追求，从以粮食为主的"主食型"消费转向以营养为主的"副食型"消费。虽说农村居民的生活水平也在不断地提高，但是食品类支出占消费总支出的比重仍然偏高，恩格尔系数一直居高不下，1978~2017 年，我国城镇居民消费的恩格尔系数由 57.5% 降到了 28.6%，农村居民由 67.7% 降到了 31.2%，目前仍高出城镇居民近 2.6 个百分点，并且大多数农民只注重消费的数量而忽视消费的质量，对食品的营养、保健、环保等功能重视不够，消费分配也很不均衡。城镇居民在选购衣着方面注重名牌，追求自然、大方、舒适、新潮、浪漫，时装、便装、休闲装备受市民的青睐，重视服装消费的审美价值，能够突出个人品位和张扬个性。现在农村居民在穿着上虽然也有了更高要求，但大多数农民对服装的消费相对偏重数量而忽视质量，追求价廉、耐穿，一般不太注重品牌、档次和新潮，认为衣服穿着实惠才算消费合理。

（4）城乡居民对耐用消费品的消费有不同要求。现在城乡居民对住房消费都很重视，城市人住房讲究的是质量、环境和情调，不惜花巨资搞房屋装修；而乡村人住房讲究的是数量、宽敞和气派，有了钱就尽可能地多建房。城市家庭对家用电器之类的高档耐用消费品进行升级换代的速度加快，正经历一次从"量"的满足到"质"的追求的大变革，科技含量高、智能化、时代感强的高档家电产品越来越备受欢迎，家庭影院、无氟环保电冰箱、液晶显示屏电脑、彩屏移动电话、高清晰度彩电、负离子空调机、全自动滚筒式洗衣机、太阳能淋浴热水器、微波炉和各类健身器材等逐步进入平常百姓家，消费绿色环保型电器成为城镇居民追求的新时尚。而目前相当一部分农村地区仍然存在着盲目性、愚昧性的消费行为，以及生小孩、升学参军、盖新房、开业庆典、老人祝寿等名目繁多的人情消费，特别是一些农民对婚丧嫁娶大操大办，大搞封建迷信和赌博活动，攀比消费心理较为严重，这种不科学、不健康的消费方式必然加重农民负担，使农民有限的支付能力分流较多，必然影响农村耐用消费品的消费需求进一步扩大。

从表4.9中数据可知，2000~2017年，城乡居民平均每百户年末主要耐用消费品拥有量出现了明显的增加，对城镇居民来说，耐用消费品拥有量增长幅度较大的是家用汽车、微波炉、空调、热水器、移动电话和计算机，而洗衣机、电冰箱和彩电的增长幅度较小；对农村居民来说，洗衣机、电冰箱、彩电、空调、排油烟机、移动电话和计算机的增长幅度都比较大。就特定年份而言，例如，2000年城乡居民平均每百户年末主要耐用消费品拥有量都相差较大，但到了2017年，城乡居民平均每百户年末主要耐用消费品拥有量相差较大的是家用汽车、微波炉、空调、热水器、排油烟机和计算机，而城乡居民主要耐用消费品拥有量基本持平的是洗衣机、电冰箱、彩电、移动电话。农村一般家庭只是选购价格便宜的普通型家用电器，不大注重品牌，不赶消费潮流，不少落后地区的农民很少拥有大件电器，有的农户使用的家电都是从小商贩手中以较低的价格购买的二手货，这些均为城镇中淘汰的过时产品。

表4.9　城乡居民平均每百户年末主要耐用消费品拥有量

耐用消费品	2000年		2017年	
	城镇	农村	城镇	农村
家用汽车（辆）	0.5	—	37.5	19.3
洗衣机（台）	90.5	28.6	95.7	86.3
电冰箱（台）	80.1	12.3	98.0	91.7
微波炉（台）	17.6	—	56.9	17.3
彩电（台）	116.6	48.7	123.8	120.0
空调（台）	30.8	1.3	128.6	52.6
热水器（台）	49.1	—	90.7	62.5
排油烟机（台）	—	2.8	73.7	20.4
移动电话（部）	19.5	4.3	235.4	246.1
计算机（台）	9.7	0.5	80.3	29.2

资料来源：根据2001年、2018年《中国统计年鉴》的相关数据整理而得。

（5）城乡居民对于非物质方面的消费有不同追求。最近几年，城镇居民服务性消费的比重增长较快，人们重视追求教育、文化、科技、通信、交通、医疗、保健、保险、旅游、娱乐和家庭服务等方面的消费。虽然农村居民在非物质性消费方面的开支有所增加，但是同城镇居民相比仍存在不小差距。首先，在教育、文化方面，城镇居民花费普遍较高，注重自身科技文化素质的提高，尤其重视对子女的教育投入，有的甚至把孩子升学作为头等大事来抓；而农村居民在文化教育方面的花费相对较少，不同地区、不同家庭对子女教育的重视程度也不相同，经济发达地区比经济相对落后地区的农民更重视对子女的教育，在一些偏僻农村有不少家长认为子女读完中学已属不错，一些人初中刚毕业便跟别人去外地打工。其次，在通信、保险、娱乐和服务等方面，城镇居民花费要远高于农村居民，城镇家庭电脑基本上得以普及，上网已成了城里人的平常事，而农村家庭有电脑的还为数不多；城镇居民保险意识不断增强，几乎每个家庭都会买上几个不同的险种，但农村居民的保险意识相对淡薄，买保险的家庭很少；城镇中收入较稳定者的各种服务开支不断增多，他们时常在周末去看一场球赛或演唱会，青年人的夜生活比较丰富，酒吧、茶楼、咖啡厅、健身房、舞厅等经常可见到他们的身影，年轻女性花在健身、减肥、美容、美发、化妆等方面的费用不断增加，而农村居民则很少有这方面的支出。

（6）城乡居民对节假日消费和信贷消费有不同看法。在每年的各类不同节假日消费，城镇居民花费要远高于农村居民。城镇居民的消费开支所占比重有越来越高的趋势，除了每年的春节、元宵节、中秋节等民族传统节日外，现在还有国际劳动节、国庆节两个"黄金周"，不少家庭每逢家庭成员生日、元旦、圣诞节、妇女节都要庆祝一下，为孩子过儿童节，为父母过老人节、母亲节，年轻情侣们还要过情人节，每逢节日，城市各家饭店酒楼、中西餐厅宾客满座，各大商场、超市内购物者熙熙攘攘，有的家庭还会选择外出观光旅游。相比之下，农村居民一般只重视庆祝春节、元宵节、中秋节等少数几个中华民族的传统节日，节日消费相对集中，出外旅游的机会很少。

城乡居民对于信贷消费也有不同的态度，由于城市具备更完善的金融业服务体系，信用消费的观念在城市已普遍为大众所认同，城镇居民已开始接受借贷性超前消费的方式，贷款买房子、买汽车，这被称作是"花明天的钱圆今天的梦";而大多数农村居民还是坚守"居安思危""勤俭持家""量入为出"的传统消费观念,先积累、后消费,忌讳"寅吃卯粮",贷款消费与超前消费的接受度不高。这在一定程度上弱化了国家刺激消费政策的执行效果。

(四) 地区经济发展不平衡

地区经济发展不平衡会导致居民消费的区域差异。我国地域辽阔,人口众多,长期以来经济发展不平衡,不仅形成城乡之间居民消费的差距显著,还同时形成地区之间居民消费存在显著的差距。

由于地区间的经济发展不平衡,使得东、中、西部地区在发展过程中产生了越来越大的差距。近年来,东、中、西部地区城镇居民的平均消费倾向均在逐渐下降,从下降速度上分析,东部地区下降速度最快。东部地区城镇居民的生活质量(住房、交通通信、文教娱乐、医疗保健等)远远高于中西部地区。东部地区城镇居民的消费热点主要集中在交通通信和文教娱乐。而中西部地区城镇居民的消费热点依然在食品和衣着上。这充分说明东部地区城镇居民的消费结构升级速度快于中西部地区,东部地区城镇居民已经开始追求发展与享受型消费,而中西部地区则依然停留在优化现有基本消费结构上。

第四节
中国居民消费方式变化分析

1978年以来我国居民消费方式发生了很大的变化,主要表现为:消费方式由重数量的低层次向重质量的高层次过渡;消费方式由雷同性、效仿模式向多元化、差异化、个性化过渡;消费方式由自我积累型、量入为出的滞后消费模式向信用支持型的超前消费模式过渡;消费方式由自然消费模式向理性消费模式过渡。

在数字信息化时代,"80后"和"90后"已经成为消费的主力军,他们个性张扬,注重品牌,追求个性,乐于享受,追求优质服务,正是这种人格特质使得这些年轻的群体成为互联网消费的最主要群体,这也是区别于以前的消费方式(见表4.10)。

表 4.10　　　　　　"80 后"和"90 后"居民的消费特征

"80 后"和"90 后"的消费特征	"80 后"和"90"后的消费属性
品牌 品质	网络购物、移动购物
	家庭消费、母婴产品
	耐用品消费、汽车等产品
服务 享受	科技产品、智能产品
	医疗、娱乐、旅游
精神 个性	注重精神体验、消费体验

近年来，我国居民消费日渐成熟，消费方式逐渐现代化，主要体现在：

第一，居民自我消费意识增强。我国居民以前在购物时容易受到从众心理的影响，随大流。如今，随着我国经济的发展和居民素质的逐渐提高，他们的自我消费意识逐渐增强，开始注意自己的需求，甚至开始渴望与众不同，希望通过差异化的消费还展示自己的个性。越来越多的居民消费注重品牌和品质的重要性，追求质的提升，消费者开始只关注几个品牌，并且不在其他品牌之外购买商品。居民消费决策的时间缩短，消费决策受个人偏好的影响增加，同一类商品被不同的偏好人群区分为不同的子品类，商品种类更加多元化，市场被无限细分，大而全的超市逐渐让位于"小"而"精"的专卖店。

第二，追求健康生活。收入的增加和生活水平的提高会影响生活质量，据 2016 年《麦肯锡中国消费者调研报告》发现，42% 的消费者称越来越难以享受生活，45% 的消费者则认为未来的压力将更大。居民消费在食品饮食方面更加注重食品安全，有超过 50% 的消费者偏爱健康和营养食品，尤其是保健产品受到大多数居民的追捧。38% 的消费者将"有机、绿色食品"列为首要选择。居民对健康生活的追求还体现在医疗消费上，消费者对医疗保健的态度也在转变，个人医疗保险、定期体检等逐渐进入人们的生活。随着人们的生活消费方式由生存型、传统型、物质型向发展型、现代性、服务型转变，服务体系日趋完善，生活性服务将会创造出更多新的服务消费需求。

第三，注重精神享受。居民消费越来越看重商品的情感价值。如今，我国居民看中的不再仅仅是产品和服务带来的物质利益，而是越来越重视品牌和精神享受。随着消费对象日益多元化、人性化以及消费者主体性的形成，居民在消费过程中开始注重人的体验、感受、认同等，从无奈地购买、被动地选择，逐渐转变为理性地反思、主动地诉求，消费者的主体作用日益突出。居民消对商品的需求弹性减小,而对于非经济因素对消费的影响强烈。出境游、教育逐渐成为满足人们"健康、美"的需求工具。从对基本生存需要的满足到日益关注自身的健康、人力资本的提高、精神世界的满足,不仅是消费结构升级的表现,更是消费服务于人之本真意义的回归。

  第四,互联网消费模式。在"互联网+"时代,互联网等信息和通信技术的发展以及广泛应用,对我国居民的生活和工作产生重大影响,对我国居民消费具有显著的促进作用。尤其是近年来电子商务等互联网交易和第三方支付平台的迅猛发展,网络购物、网络视频以及在线学习等生活消费活动正在不断地改变着居民的消费方式。随着"互联网+"的进一步发展,我国互联网技术必将为中国居民消费增长和经济增长转型注入新的活力。根据中华人民共和国2017年国民经济和社会发展统计公报中数据显示:2017年年末全国电话用户总数161125万户,其中移动电话用户141749万户。移动电话普及率上升至102.5部/百人。固定互联网宽带接入用户34854万户,比上年增加5133万户,其中固定互联网光纤宽带接入用户29392万户,比上年增加6627万户;移动宽带用户113152万户,比上年增加19077万户。移动互联网接入流量246亿G,比上年增长162.7%。互联网上网人数7.72亿人,增加4074万人,其中手机上网人数7.53亿人,增加5734万人。互联网普及率达到55.8%,其中农村地区互联网普及率达到35.4%。互联网金融充分利用互联网、云计算等高新技术做支撑,将"开放、平等、协作、分享"的互联网精神渗透到金融创新中,让融资、交易、理财变得高效、便捷,实现了存款理财化、融资多元化、支付电子化、需求多元化。因此,随着互联网技术在中国的快速发展,促进了互联网金融的出现及爆发式发展,同时也带动了居民消费方式的转变。

第五章

互联网金融对中国居民消费行为的影响分析

互联网金融是互联网与金融两个行业相结合的新兴产物,它是利用互联网技术和移动通信技术等一系列现代信息科学技术实现资金融通的一种新兴金融服务模式。它的"开放、平等、协作、分享"的精神渗透到传统金融业态,对原有的金融模式产生了根本性影响并衍生出创新金融服务方式,深刻地影响和改变了中国的金融体系,同时也影响了人们生产生活的方式。

第一节 互联网金融对中国居民消费行为影响的理论分析

互联网金融对居民消费的影响主要体现在以下三个方面。

一、互联网金融提高了居民消费的收入效应

根据莫迪利安尼(Modigliani,1954)提出的"生命周期假说"消费理论,消费者在预算约束下,总希望将自己一生的全部的收入在消费支出中进行最优分配,使其效用达到最大化。因此,消费者会在现期消费和未来消费之间进行最优选择,而金融资产的利率会影响消费者的未来预期收入,进而对消费者的现期消费产生影响。例如,自2013年以来,阿里巴巴的余额宝和腾讯的财付通,它们分别与天弘基金和华夏基金合作,提供用户超过6%年利率的金融理财产品。余额宝是2013年6月13日"上线"的,它是支付宝联合天弘基金推出的余额增值服务,它在同年11月14日的规模就突破1000亿元,用户超过3000万人使用,成为国内规模最大的货币基金,引爆整个互联网金融领域。

财付通（tenpay）是腾讯公司于 2005 年 9 月正式推出专业在线支付平台，其核心业务是帮助在互联网上进行交易的双方完成支付和收款，财付通致力于为互联网用户和企业提供安全、便捷、专业的在线支付服务。财付通与拍拍网、腾讯 QQ 有着很好的融合，按交易额来算，财付通排名第二，仅次于支付宝。这些金融理财产品的快速发展颠覆了传统银行在全国铺设实体网点通达消费者的通道，也对传统银行因垄断地位而高高在上的服务意识产生了较大的冲击。它们借助互联网金融渠道吸纳存款，转而向中小微企业放贷，通过节省传统商业银行铺设实体网点来降低成本开展业务，提高交易效率，降低交易成本，同时，加快存款利率市场化进程，拓宽消费者投资渠道，提高消费者的存款利率，增加了消费者的预期收入。

二、互联网金融促进了居民消费的转换效应

余额宝是由第三方支付平台支付宝为个人用户打造的一项余额增值服务。根据天弘基金一季报披露，余额宝 2015 年第一季末规模达 7117 亿元，相对 2014 年年末增 1328 亿元，环比增幅达 23%。在 2014 年连续四个季末保持在 5000 多亿元后，余额宝规模首次突破 7000 亿元。但据天弘余额宝的 2018 年第四季度报告，截至 2018 年 12 月 31 日，其管理资产规模已从 2018 年第一季度的 16961 亿元人民币的峰值下降至 11327 亿元人民币，缩水超 5500 亿元人民币，为近一年来最低值，期内实现收益 79.9 亿元人民币，原因在于余额宝对接的是天弘基金的增利宝货币基金，余额宝的成功也引发了市场上大批同行的跟进，据不完全统计，目前市场上仅直接取名为"××宝"的理财产品已达 20 余只，而由于互联网金融概念的火爆，众多的互联网巨头也开始纷纷涉足这一领域，其中百度、腾讯、苏宁等都将推出与余额宝类似的同类业务，越来越多的后进者也想从中分得一杯羹，这给余额宝天弘基金带来了较大压力。

通过余额宝，用户不仅能够得到收益，还能随时消费支付和转出，像使用支付宝余额一样方便。用户在支付宝网站内就可以直接购买基金等理财产品，同时余额宝内的资金还能随时用于网上购物、支付宝转账等支付功能。转入余额宝的资金在第二个工作日由基金公司进行份额确认，对已确认的份额会开始计算收益。其实质是货币基金，余额宝的收益是跟着资金利率走的，资金利率走高，余额宝的收益也高；资金利率低，余额宝的收益也降低。"金融脱媒"

已经切切实实发生在我们身边。越来越多的人将活期存款从银行搬家,投放到"余额宝"中,原因就是"余额宝"与银行间市场利率挂钩,收益率远高于银行活期存款利率。同时,"余额宝""财付通"这些互联网金融产品,虽然投资的是货币基金,却支持"T+0"资金实时划转,在功能上越来越像银行活期存款。当然,只有像阿里巴巴和腾讯这样的互联网巨人,拥有"支付宝"和"财付通"的巨量沉淀资金做后盾,以及庞大却分散的客户群,才能实现"T+0"。因此,互联网金融的发展使得传统金融市场下消费者在储蓄、投资和消费之间转换的约束大大缓解,消费者可以在既定的总收入水平下,极为便利地将储蓄用于投资,随时可以将储蓄和投资收益转化为消费支出,有利于改善消费条件,提高消费倾向。

三、互联网金融刺激了居民消费的欲望

互联网金融充分利用互联网、云计算等高新技术做支撑,将"开放、平等、协作、分享"的互联网精神渗透到金融创新中,让融资、交易、理财变得高效、便捷,实现了存款理财化、融资多元化、支付电子化、需求多元化。互联网金融模式中的第三方支付平台对居民消费的影响是有目共睹的。第三方支付平台是2005年在瑞士达沃斯世界经济论坛上由阿里巴巴集团创始人、董事局主席兼首席执行官马云提出的。第三方支付平台的种类较多,其中的支付宝市场占有率最高,交易规模最大,对居民消费的影响也最大,支付宝的出现是致力于为中国电子商务提供"简单、安全、快速"的在线支付解决方案,让一直处于不完善状态的网络消费瞬间获得了强有力的支付平台支持,在电子商务时代,网上购物的广泛性、便捷性、低成本为居民消费提供了广阔的发展空间,极大地刺激了居民消费的欲望。在社会经济现实中,"阿里小贷"的存在也让居民消费有了更加便捷的融资支持,"支付宝"提供了居民消费的便捷通道。这两者的有机结合为居民消费营造了良好的网上消费环境,刺激了居民消费的增长。

据中国证券网统计,2017年"双十一"当天全网销售额已达2539.7亿元,同比增长43.50%,其中天猫为1682亿元,同比增长39.35%。在2017年1682亿元的高基数基础上,2018年天猫"双十一"的销售额仍然再创新高,11日0分21秒,2018年天猫"双十一"总成交额超10亿元;02分05

秒，天猫"双十一"总成交额已突破100亿元，再创新纪录；15时49分39秒，2018年天猫"双十一"成交额超1682亿元，超过2017年天猫"双十一"全天交易额。根据星图数据，2018年全网"双十一"当日全网销售总额为3143.2亿元，同比增长23.8%。其中天猫为2135亿元，同比增长26.9%；京东为543.8亿元（京东1~11日累计下单金额1598亿元，同比增长26%），同比增长0.1%；苏宁易购主站为147.7亿元，同比增长35.3%；亚马逊为72.3亿元，同比增长42.3%；其他合计245.2亿元，同比增长58.3%。这也是互联网金融刺激居民消费的最直观体现。

第二节 互联网金融对中国城镇居民消费行为影响的实证分析

一、互联网金融对中国城镇居民总消费水平影响的实证分析

（一）变量选取及样本数据来源

根据凯恩斯（Keynes，1936）的绝对收入假说消费理论，消费是由当期收入决定的，消费与收入之间存在稳定的函数关系。随着收入水平的提高，消费也会增加，但消费的增加幅度低于收入的增加幅度，即边际消费倾向递减。而本部分为了反映收入对消费的影响，选择城镇居民可支配收入来表示收入，城镇居民消费支出来表示消费；互联网金融按其发展模式主要分为第三方支付（主要包括第三方互联网支付和第三方移动支付）、P2P网贷、众筹融资等。其中，第三方支付交易规模占互联网金融交易规模的比例较大，而且对居民消费的影响最大，因此用第三方支付交易规模来表现互联网金融发展指标。本部分选取的被解释变量是城镇居民消费支出总额（用C表示），解释变量分别是城镇居民可支配收入（用F表示）和第三方支付交易规模（用Z表示）。

城镇居民消费支出总额等于城镇居民人均消费性支出乘以城镇人口数，其中，城镇家庭消费性支出是指家庭用于日常生活的支出，包括食品、衣着、居住、家庭设备用品及服务、医疗保健、交通和通信、娱乐教育文化服务、其他

商品和服务等八大类支出。人均消费性支出是指按人口平均的消费性支出水平。

城镇居民可支配收入等于城镇居民人均可支配收入乘以城镇人口数，其中，城镇家庭可支配收入是指家庭成员得到可用于最终消费支出和其他非义务性支出以及储蓄的总和，即居民家庭可以用来自由支配的收入。它是家庭总收入扣除缴纳的个人所得税、个人缴纳的社会保障支出以及记账补贴后的收入。计算公式为：可支配收入＝家庭总收入－缴纳个人所得税－个人缴纳的社会保障支出－记账补贴。

第三方支付交易规模主要包括第三方互联网支付和第三方移动支付，第三方互联网支付是指客户通过电脑设备发起支付指令，实现货币资金转移的行为，第三方移动支付是指利用手机，安装银行支付软件后，完成支付的行为。

由于中国第三方支付市场从2004年开始进入快速发展阶段，根据数据的可得性，本部分分析所利用的是2004～2017年中国城镇居民消费支出总额、城镇居民总可支配收入和第三方支付交易规模的样本数据，数据主要来自艾瑞咨询、速途研究院和中国统计年鉴。为了消除通货膨胀对所选变量的影响，城镇居民消费支出总额、城镇居民总可支配收入和第三方支付交易规模的样本数据以城镇居民消费价格指数CPI（2004年＝100）为定基价格指数进行了折算。

（二）平稳性检验（ADF检验）

由于本部分使用的是时间序列数据，在实际建模之前首先要检验经济时间序列的平稳性，为了避免出现"虚假回归"现象。

本部分采用ADF方法检验变量是否平稳。1979年，Dickey和Fuller通过蒙特卡罗模拟法给出了检验用的临界值，在EViews中给出的是由Mackinnon改进的单位根检验的临界值。检验方程如下：

$$\Delta Y_t = \alpha + \lambda t + \beta Y_{t-1} + \sum_{j=1}^{p} \delta_j \Delta Y_{t-j} + \mu_t \tag{5.1}$$

并提出假设：$H_0: \beta = 0$ $H_1: \beta < 0$，如果接受H_0，则序列Y_t包含单位根，即Y_t是非平稳的；若拒绝H_0，则意味Y_t是平稳的。下面对C_t、F_t和Z_t进

行单位根检验,检验结果如表 5.1 所示。

表 5.1　　　　　　　　　ADF 检验结果

变量名称	ADF 统计量	5% 临界值	10% 临界值	AIC 值	结论
C	-2.4181	-3.9334	-3.4200	16.3396	非平稳
F	-2.1586	-4.0082	-3.4608	17.6193	非平稳
Z	-2.7510	-3.9333	-3.4200	17.9833	非平稳
D(C)	-4.1189	-3.9334	-3.4200	16.7651	平稳
D(F)	-3.9818	-3.9334	-3.4200	18.0353	平稳
D(Z)	-4.2079	-4.0082	-3.4608	18.5309	平稳

注:①估计结果所用软件是 EViews8.0,以上检验结果均是在包含常数 c 和趋势项 t,最优滞后期的选择是根据 AIC 准则和 SC 准则确定的;②由于检验模型中滞后阶数的选取不同,因此临界值有所不同。

从表 5.1 可知,尽管 C_t、F_t 和 Z_t 序列都是非平稳的,但它们经过一阶差分之后都是平稳的,都是一阶单整序列,因此,可进一步检验城镇居民消费、城镇居民可支配收入和互联网金融模式中的第三方支付之间的协整关系。

(三) 协整检验 (cointegration test)

时间序列 C_t、F_t 和 Z_t 经过 ADF 检验是一阶单整序列,虽然它们本身是非平稳的,但它们的某种线性组合却是平稳的。此线性组合反映了这些变量之间存在长期均衡关系,称其为协整关系。协整关系的基本思想是:如果两个或两个以上的时间序列变量是非平稳的,但它们的某种线性组合即表现出平稳性,则这些变量之间存在长期均衡关系。

利用普通最小二乘法对 C_t 和 F_t、Z_t 进行回归,得到它们之间的协整回归方程如下:

$$C_t = 6650.015 + 0.6338 F_t + 0.0226 Z_t + e_t \qquad (5.2)$$

对 e_t 做 ADF 单位根检验,检验结果如表 5.2 所示。

表 5.2　　　　　　　　残差 e_t 的 ADF 检验

残差序列	ADF 检验值	5% 临界值	10% 临界值	结论
e_t	-3.7796	-1.9823	-1.6011	平稳

从表 5.2 可以看出，2004～2017 年中国城镇居民消费和城镇居民可支配收入及互联网金融模式中的第三方支付之间具有协整关系，也就是说，中国城镇居民消费和城镇居民可支配收入及互联网金融模式中的第三方支付之间存在长期稳定的均衡关系。

（四）误差修正模型（DHSY 模型）

误差修正模型，不是使用变量的水平值或变量的差分值来建立，而是把两者有机地结合起来，它既能反映不同时间序列间的长期均衡关系，又能反映短期偏离向长期均衡修正的机制。

通过前面的协整检验已确定了中国城镇居民消费和城镇居民可支配收入及互联网金融模式中的第三方支付之间存在协整关系，但短期内变量之间是如何调整的呢？本章使用误差修正模型来估计中国城镇居民消费和城镇居民可支配收入及互联网金融模式中的第三方支付之间的短期动态过程，同时利用中国城镇居民消费和城镇居民可支配收入及互联网金融模式中的第三方支付之间存在的长期均衡关系，建立误差修正模型如下：

$$\Delta C_t = 2068.773 + 0.4307 \Delta F_t + 0.0651 \Delta Z_t - 0.7461 e_{t-1} \quad (5.3)$$
$$t \quad (2.7689) \quad (3.7261) \quad (2.6237) \quad (-3.3998)$$
$$R^2 = 0.9208, \overline{R^2} = 0.9156, DW = 2.0165, F = 212.7437$$

从回归结果可知，模型的拟合优度较高，并且通过了 F 检验、DW 检验，回归系数通过 t 检验，其中变量的符号与长期均衡关系的符号一致，误差修正系数为负，符合反向修正机制。回归结果表明，城镇居民可支配收入的短期变动对城镇居民消费支出存在正向影响，当期城镇居民可支配收入变动每增加 1 亿元，当期居民消费将增加 0.4307 亿元；第三方支付交易规模的短期变动对居民消费支出也存在正向影响，当期第三方支付交易规模每增加 1 亿元，当期居民消费将增加 0.0651 亿元；此外，短期调整系数对应的 t 绝对值为 3.3998，大于显著性水平 5% 的临界值 2.262，因而它是显著的，表明每年实际发生的居民消费支出与长期均衡值的偏差中的 74.61%（0.7461）被修正，即居民消费的短期波动偏离长期均衡时，以 74.61% 的调整力度将非均衡状态拉回到均衡状态。由此可见，互联网金融的发展能降低居民的消费成本，进而增加了居民的实际购买力，促进了居民消费的增长。

二、互联网金融对中国城镇居民消费结构影响的实证分析

城镇居民的消费结构是指城镇居民的各类消费支出（包括食品、衣着、居住、家庭设备用品及服务、医疗保健、交通和通信、娱乐教育文化服务、其他商品和服务等八大类支出）在城镇家庭总消费性支出中所占的比重及其相互联系。

近年来，中国城镇居民的消费结构发生了很大的变化，食品类、衣着类消费支出比重处于明显下降趋势，分别从 2004 年的 37.73% 和 9.56% 下降为 2017 年的 28.64% 和 7.19%，医疗保健类、教育文化娱乐服务类、其他用品及服务类消费支出比重略微下降，分别从 2004 年的 7.35%、14.38%、3.34% 下降到 2017 年的 7.27%、11.64%、2.66%，家庭设备用品及服务类、交通通信类消费支出比重略微上升，分别从 2004 年的 5.67%、11.75% 上升到 2017 年的 6.24%、13.59%，居住类消费支出比重处于明显上升趋势，从 2004 年的 10.21% 上升为 2017 年的 22.76%。但城镇居民的各类消费支出是否受到互联网金融的影响？如果有影响，互联网金融对中国城镇居民的各类消费支出的影响是否存在差异？对这些问题的回答有着重要的现实意义。

纵观相关文献，目前还没有学者深入系统地研究互联网金融对中国城镇居民各类消费支出的影响，鉴于此，本部分研究将利用 2004~2017 年城镇住户的调查数据，运用时间序列计量经济模型，对中国城镇居民的各类消费支出是否受到互联网金融的影响进行实证分析。

（一）样本数据说明

本部分研究使用的数据是 2004~2017 年中国城镇居民各类消费支出总额、城镇居民总可支配收入和第三方支付交易规模的样本数据，数据主要来自艾瑞咨询、速途研究院和中国统计年鉴。为了消除通货膨胀对所选变量的影响，城镇居民各类消费支出总额、城镇居民总可支配收入和第三方支付交易规模的样本数据以城镇居民分类消费价格指数 CPI（2004 年 = 100）为定基价格指数进行了折算。

（二）平稳性检验（ADF 检验）

为了避免出现"虚假回归"现象，在实际建模之前首先要检验经济时间

序列的平稳性。本部分研究采用 ADF 方法检验变量是否平稳。1979 年，Dickey 和 Fuller 通过蒙特卡罗模拟法给出了检验用的临界值，在 EViews 中给出的是由 Mackinnon 改进的单位根检验的临界值。检验方程如下：

$$\Delta Y_t = \alpha + \lambda t + \beta Y_{t-1} + \sum_{j=1}^{p} \delta_j \Delta Y_{t-j} + \mu_t \quad (5.4)$$

同时，提出假设：$H_0: \beta = 0$ $H_1: \beta < 0$，如果接受 H_0，则序列 Y_t 包含单位根，即 Y_t 是非平稳的；若拒绝 H_0，则意味 Y_t 是平稳的。

下面对城镇居民的各类消费支出（包括食品、衣着、居住、家庭设备用品及服务、医疗保健、交通和通信、教育文化娱乐服务、其他商品和服务等八大类支出）进行单位根检验，检验结果如表 5.3～表 5.10 所示。

表 5.3　　食品类（C1）对有关变量的单位根检验结果

变量名称	ADF 统计量	5% 临界值	10% 临界值	AIC 值	结论
C1	2.5076	-4.1078	-3.5150	16.3313	非平稳
F	-1.3971	-4.1082	-3.5150	17.8166	非平稳
Z	2.8618	-3.9333	-3.4200	17.6279	非平稳
D(C1)	-4.9482	-4.2465	-3.5905	16.7265	平稳
D(F)	-4.6939	-4.0081	-3.4608	17.9142	平稳
D(Z)	-4.3279	-4.2465	-3.5905	17.2709	平稳

注：①估计结果所用软件是 EViews8.0，以上检验结果是在包含常数 c 和趋势项 t，最优滞后期的选择是根据 SIC 信息准则确定的；②由于检验模型中滞后阶数的选取不同，因此临界值有所不同。

表 5.4　　衣着类（C2）对有关变量的单位根检验结果

变量名称	ADF 统计量	5% 临界值	10% 临界值	AIC 值	结论
C2	-2.3284	-4.1078	-3.5150	16.3664	非平稳
F	-1.3971	-4.1082	-3.5150	17.8166	非平稳
Z	2.8618	-3.9333	-3.4200	17.6279	非平稳
D(C2)	-4.2641	-4.0081	-3.4608	16.8201	平稳
D(F)	-4.6939	-4.0081	-3.4608	17.9142	平稳
D(Z)	-4.3279	-4.2465	-3.5905	17.2709	平稳

注：①估计结果所用软件是 EViews8.0，以上检验结果是在包含常数 c 和趋势项 t，最优滞后期的选择是根据 SIC 信息准则确定的；②由于检验模型中滞后阶数的选取不同，因此临界值有所不同。

表 5.5　　　居住类（C3）对有关变量的单位根检验结果

变量名称	ADF 统计量	5% 临界值	10% 临界值	AIC 值	结论
C3	-1.4618	-3.9334	-3.4200	19.7206	非平稳
F	-1.3971	-4.1082	-3.5150	17.8166	非平稳
Z	2.8618	-3.9333	-3.4200	17.6279	非平稳
D（C3）	-4.9523	-4.2465	-3.5905	18.8101	平稳
D（F）	-4.6939	-4.0081	-3.4608	17.9142	平稳
D（Z）	-4.3279	-4.2465	-3.5905	17.2709	平稳

注：①估计结果所用软件是 EViews8.0，以上检验结果是在包含常数 c 和趋势项 t，最优滞后期的选择是根据 SIC 信息准则确定的；②由于检验模型中滞后阶数的选取不同，因此临界值有所不同。

表 5.6　　　家庭设备用品及服务类（C4）对有关变量的单位根检验结果

变量名称	ADF 统计量	5% 临界值	10% 临界值	AIC 值	结论
C4	-2.5371	-3.9334	-3.4200	13.4832	非平稳
F	-1.3971	-4.1082	-3.5150	17.8166	非平稳
Z	2.8618	-3.9333	-3.4200	17.6279	非平稳
D(C4)	-4.5605	-4.0082	-3.4608	14.1019	平稳
D(F)	-4.6939	-4.0081	-3.4608	17.9142	平稳
D(Z)	-4.3279	-4.2465	-3.5905	17.2709	平稳

注：①估计结果所用软件是 EViews8.0，以上检验结果是在包含常数 c 和趋势项 t，最优滞后期的选择是根据 SIC 信息准则确定的；②由于检验模型中滞后阶数的选取不同，因此临界值有所不同。

表 5.7　　　医疗保健类（C5）对有关变量的单位根检验结果

变量名称	ADF 统计量	5% 临界值	10% 临界值	AIC 值	结论
C5	0.2108	-3.9334	-3.4200	14.0493	非平稳
F	-1.3971	-4.1082	-3.5150	17.8166	非平稳
Z	2.8618	-3.9333	-3.4200	17.6279	非平稳
D(C5)	-5.0969	-4.0082	-3.4608	14.0116	平稳
D(F)	-4.6939	-4.0081	-3.4608	17.9142	平稳
D(Z)	-4.3279	-4.2465	-3.5905	17.2709	平稳

注：①估计结果所用软件是 EViews8.0，以上检验结果是在包含常数 c 和趋势项 t，最优滞后期的选择是根据 SIC 信息准则确定的；②由于检验模型中滞后阶数的选取不同，因此临界值有所不同。

表 5.8　交通通信类（C6）对有关变量的单位根检验结果

变量名称	ADF 统计量	5% 临界值	10% 临界值	AIC 值	结论
C6	-2.5115	-3.9334	-3.4200	16.4330	非平稳
F	-1.3971	-4.1082	-3.5150	17.8166	非平稳
Z	2.8618	-3.9333	-3.4200	17.6279	非平稳
D(C6)	-4.2262	-4.0082	-3.4608	16.9438	平稳
D(F)	-4.6939	-4.0081	-3.4608	17.9142	平稳
D(Z)	-4.3279	-4.2465	-3.5905	17.2709	平稳

注：①估计结果所用软件是 EViews8.0，以上检验结果是在包含常数 c 和趋势项 t，最优滞后期的选择是根据 SIC 信息准则确定的；②由于检验模型中滞后阶数的选取不同，因此临界值有所不同。

表 5.9　教育文化娱乐类（C7）对有关变量的单位根检验结果

变量名称	ADF 统计量	5% 临界值	10% 临界值	AIC 值	结论
C7	-2.4819	-4.0081	-3.4608	15.7172	非平稳
F	-1.3971	-4.1082	-3.5150	17.8166	非平稳
Z	2.8618	-3.9333	-3.4200	17.6279	非平稳
D(C7)	-4.3762	-4.1078	-3.5150	16.2058	平稳
D(F)	-4.6939	-4.0081	-3.4608	17.9142	平稳
D(Z)	-4.3279	-4.2465	-3.5905	17.2709	平稳

注：①估计结果所用软件是 EViews8.0，以上检验结果是在包含常数 c 和趋势项 t，最优滞后期的选择是根据 SIC 信息准则确定的；②由于检验模型中滞后阶数的选取不同，因此临界值有所不同。

表 5.10　其他商品和服务类（C8）对有关变量的单位根检验结果

变量名称	ADF 统计量	5% 临界值	10% 临界值	AIC 值	结论
C8	-1.7676	-3.9334	-3.4200	14.8134	非平稳
F	-1.3971	-4.1082	-3.5150	17.8166	非平稳
Z	2.8618	-3.9333	-3.4200	17.6279	非平稳
D(C8)	-4.5615	-4.2465	-3.5905	14.1651	平稳
D(F)	-4.6939	-4.0081	-3.4608	17.9142	平稳
D(Z)	-4.3279	-4.2465	-3.5905	17.2709	平稳

注：①估计结果所用软件是 EViews8.0，以上检验结果是在包含常数 c 和趋势项 t，最优滞后期的选择是根据 SIC 信息准则确定的；②由于检验模型中滞后阶数的选取不同，因此临界值有所不同。

（三）协整检验

城镇居民的各类消费支出、城镇居民可支配收入（F_t）与第三方支付交易规模（Z_t）经过 ADF 检验是一阶单整序列，虽然它们本身是非平稳的，但它们的某种线性组合却可能是平稳的。此线性组合反映了这些变量之间存在长期均衡关系，称其为协整关系。协整关系的基本思想是：如果两个或两个以上的时间序列变量是非平稳的，但它们的某种线性组合即表现出平稳性，则这些变量之间存在长期均衡关系。

下面分别对城镇居民的各类消费支出、城镇居民可支配收入（F_t）与第三方支付交易规模（Z_t）进行协整检验。

（1）食品类消费支出（C_{1t}）、城镇居民可支配收入（F_t）与第三方支付交易规模（Z_t）的协整检验。

先利用普通最小二乘法对食品类消费支出（C_{1t}）、城镇居民可支配收入（F_t）与第三方支付交易规模（Z_t）进行回归，得到它们之间的协整回归方程如下：

$$C_{1t} = 8468.302 + 0.1295 F_t - 0.0722 Z_t + e_t \qquad (5.5)$$

对 e_t 做 ADF 检验，检验结果如表 5.11 所示。

表 5.11　　　　　　　　残差 e_t 的 ADF 检验

残差序列	ADF 检验值	5% 临界值	10% 临界值	结论
e_t	-3.7509	-1.9823	-1.6011	平稳

从表 5.11 可以看出，2004~2017 年中国城镇居民食品类消费支出和城镇居民可支配收入及互联网金融模式中的第三方支付之间具有协整关系，也就是说，中国城镇居民食品类消费支出和城镇居民可支配收入及互联网金融模式中的第三方支付之间存在长期稳定的均衡关系。

（2）衣着类消费支出（C_{2t}）、城镇居民可支配收入（F_t）与第三方支付交易规模（Z_t）的协整检验。

先利用普通最小二乘法对衣着类消费支出（C_{2t}）、城镇居民可支配收入（F_t）与第三方支付交易规模（Z_t）进行回归，得到它们之间的协整回归方程如下：

$$C_{2t} = 3586.663 + 0.1368 F_t + 0.0921 Z_t + e_t \qquad (5.6)$$

对 e_t 做 ADF 检验，检验结果如表 5.12 所示。

表 5.12　　残差 e_t 的 ADF 检验

残差序列	ADF 检验值	5%临界值	10%临界值	结论
e_t	-4.0363	-1.9823	-1.6011	平稳

从表 5.12 可以看出，2004~2017 年中国城镇居民衣着类消费支出和城镇居民可支配收入及互联网金融模式中的第三方支付之间具有协整关系，也就是说，中国城镇居民衣着类消费支出和城镇居民可支配收入及互联网金融模式中的第三方支付之间存在长期稳定的均衡关系。

（3）居住类消费支出（C_{3t}）、城镇居民可支配收入（F_t）与第三方支付交易规模（Z_t）的协整检验。

先利用普通最小二乘法对居住类消费支出（C_{3t}）、城镇居民可支配收入（F_t）与第三方支付交易规模（Z_t）进行回归，得到它们之间的协整回归方程如下：

$$C_{3t} = 3692.459 + 0.0125 F_t + 0.2488 Z_t + e_t \tag{5.7}$$

对 e_t 做 ADF 检验，检验结果如表 5.13 所示。

表 5.13　　残差 e_t 的 ADF 检验

残差序列	ADF 检验值	5%临界值	10%临界值	结论
e_t	-3.0338	-1.9823	-1.6011	平稳

从表 5.13 可以看出，2004~2017 年中国城镇居民居住类消费支出和城镇居民可支配收入及互联网金融模式中的第三方支付之间具有协整关系，也就是说，中国城镇居民居住类消费支出和城镇居民可支配收入及互联网金融模式中的第三方支付之间存在长期稳定的均衡关系。

（4）家庭设备用品及服务类消费支出（C_{4t}）、城镇居民可支配收入（F_t）与第三方支付交易规模（Z_t）的协整检验。

先利用普通最小二乘法对家庭设备用品及服务类消费支出（C_{4t}）、城镇居民可支配收入（F_t）与第三方支付交易规模（Z_t）进行回归，得到它们之间的协整回归方程如下：

$$C_{4t} = 1136.506 + 0.0622 F_t - 0.0143 Z_t + e_t \tag{5.8}$$

对 e_t 做 ADF 检验，检验结果如表 5.14 所示。

表 5.14　　　　　　　残差 e_t 的 ADF 检验

残差序列	ADF 检验值	5% 临界值	10% 临界值	结论
e_t	-3.3451	-1.9823	-1.6011	平稳

从表 5.14 可以看出，2004~2017 年中国城镇居民家庭设备用品及服务类消费支出和城镇居民可支配收入及互联网金融模式中的第三方支付之间具有协整关系，也就是说，中国城镇居民家庭设备用品及服务类消费支出和城镇居民可支配收入及互联网金融模式中的第三方支付之间存在长期稳定的均衡关系。

（5）医疗保健类消费支出（C_{5t}）、城镇居民可支配收入（F_t）与第三方支付交易规模（Z_t）的协整检验。

先利用普通最小二乘法对医疗保健类消费支出（C_{5t}）、城镇居民可支配收入（F_t）与第三方支付交易规模（Z_t）进行回归，得到它们之间的协整回归方程如下：

$$C_{5t} = 1212.21 + 0.0368F_t + 0.0131Z_t + e_t \qquad (5.9)$$

对 e_t 做 ADF 检验，检验结果如表 5.15 所示。

表 5.15　　　　　　　残差 e_t 的 ADF 检验

残差序列	ADF 检验值	5% 临界值	10% 临界值	结论
e_t	-2.4849	-1.9777	-1.6021	平稳

从表 5.15 可以看出，2004~2017 年中国城镇居民医疗保健类消费支出和城镇居民可支配收入及互联网金融模式中的第三方支付之间具有协整关系，也就是说，中国城镇居民医疗保健类消费支出和城镇居民可支配收入及互联网金融模式中的第三方支付之间存在长期稳定的均衡关系。

（6）交通通信类消费支出（C_{6t}）、城镇居民可支配收入（F_t）与第三方支付交易规模（Z_t）的协整检验。

先利用普通最小二乘法对交通通信类消费支出（C_{6t}）、城镇居民可支配收入（F_t）与第三方支付交易规模（Z_t）进行回归，得到它们之间的协整回归方程如下：

$$C_{6t} = 2797.115 + 0.1422F_t + 0.0086Z_t + e_t \qquad (5.10)$$

对 e_t 做 ADF 检验，检验结果如表 5.16 所示。

表 5.16　　　　　　　　残差 e_t 的 ADF 检验

残差序列	ADF 检验值	5%临界值	10%临界值	结论
e_t	-3.4887	-1.9882	-1.6001	平稳

从表 5.16 可以看出，2004~2017 年中国城镇居民交通通信类消费支出和城镇居民可支配收入及互联网金融模式中的第三方支付之间具有协整关系，也就是说，中国城镇居民交通通信类消费支出和城镇居民可支配收入及互联网金融模式中的第三方支付之间存在长期稳定的均衡关系。

(7) 教育文化娱乐类消费支出（C_{7t}）、城镇居民可支配收入（F_t）与第三方支付交易规模（Z_t）的协整检验。

先利用普通最小二乘法对教育文化娱乐类消费支出（C_{7t}）、城镇居民可支配收入（F_t）与第三方支付交易规模（Z_t）进行回归，得到它们之间的协整回归方程如下：

$$C_{7t} = 269.848 + 0.0997F_t + 0.0094Z_t + e_t \tag{5.11}$$

对 e_t 做 ADF 检验，检验结果如表 5.17 所示。

表 5.17　　　　　　　　残差 e_t 的 ADF 检验

残差序列	ADF 检验值	5%临界值	10%临界值	结论
e_t	-4.4513	-1.9823	-1.6011	平稳

从表 5.17 可以看出，2004~2017 年中国城镇居民教育文化娱乐类消费支出和城镇居民可支配收入及互联网金融模式中的第三方支付之间具有协整关系，也就是说，中国城镇居民教育文化娱乐类消费支出和城镇居民可支配收入及互联网金融模式中的第三方支付之间存在长期稳定的均衡关系。

(8) 其他商品及服务类消费支出（C_{8t}）、城镇居民可支配收入（F_t）与第三方支付交易规模（Z_t）的协整检验。

先利用普通最小二乘法对其他商品及服务类消费支出（C_{8t}）、城镇居民可支配收入（F_t）与第三方支付交易规模（Z_t）进行回归，得到它们之间的协整回归方程如下：

$$C_{8t} = 330.9534 + 0.0316F_t - 0.0238Z_t + e_t \tag{5.12}$$

对 e_t 做 ADF 检验，检验结果如表 5.18 所示。

表 5.18　　　　　　　　　　残差 e_t 的 ADF 检验

残差序列	ADF 检验值	5% 临界值	10% 临界值	结论
e_t	-4.3925	-1.9823	-1.6011	平稳

从表 5.18 可以看出，2004～2017 年中国城镇居民其他商品及服务类消费支出和城镇居民可支配收入及互联网金融模式中的第三方支付之间具有协整关系，也就是说，中国城镇居民其他商品及服务类消费支出和城镇居民可支配收入及互联网金融模式中的第三方支付之间存在长期稳定的均衡关系。

（四）误差修正模型（DHSY 模型）

误差修正模型，不是使用变量的水平值或变量的差分值来建立，而是把两者有机地结合起来，它既能反映不同时间序列间的长期均衡关系，又能反映短期偏离向长期均衡修正的机制。

通过前面的协整检验已确定了中国城镇居民各类消费支出和城镇居民可支配收入及互联网金融模式中的第三方支付之间存在协整关系，但短期内变量之间是如何调整的呢？本部分使用误差修正模型来估计中国城镇居民各类消费支出和城镇居民可支配收入及互联网金融模式中的第三方支付之间的短期动态过程，同时分析中国城镇居民各类消费支出和城镇居民可支配收入及互联网金融模式中的第三方支付之间存在的长期均衡关系。

（1）食品类消费支出（C_{1t}）、城镇居民可支配收入（F_t）与第三方支付交易规模（Z_t）之间建立的误差修正模型如下：

$$\Delta C_{1t} = 2369.473 + 0.3934\Delta F_t - 0.1562\Delta Z_t - 0.5894 e_{t-1} \qquad (5.13)$$

$$t \quad (2.4686) \quad (4.0628) \quad (-4.6923) \quad (-4.4664)$$

$$R^2 = 0.8212, \overline{R^2} = 0.7446, \ DW = 1.8239, \ F = 30.7169$$

从回归结果可知，模型的拟合优度较高，并且通过了 F 检验、DW 检验，回归系数通过 t 检验，其中变量的符号与长期均衡关系的符号一致，误差修正系数为负，符合反向修正机制。回归结果表明，城镇居民可支配收入的短期变动对城镇居民食品类消费支出存在正向影响，当期城镇居民可支配收入变动每增加 1 亿元，当期食品类消费将增加 0.3934 亿元；第三方支付交易规模的短期变动对食品类消费支出存在负向影响，当期第三方支付交易规模每增加 1 亿元，当期食品类消费将减少 0.1562 亿元；此外，短期调整系数对应的 t 绝对值为 4.4664，大于显著性水平 5% 的临界值 2.306，它是显著的，表明每年实际发生的食品类消费支出与长期均衡值的偏差中的 58.94%（0.5894）被修正，即居民食品类消费的短期波动偏离长期均衡时，以 58.94% 的调整力度将非均衡状态拉回到均衡状态。

（2）衣着类消费支出（C_{2t}）、城镇居民可支配收入（F_t）与第三方支付交易规模（Z_t）之间建立的误差修正模型如下：

$$\Delta C_{2t} = 1336.322 + 0.2671\Delta F_t + 0.1167\Delta Z_t - 0.7240 e_{t-1} \quad (5.14)$$

$$t \quad (1.5548) \quad (3.1096) \quad (4.2786) \quad (-2.6733)$$

$$R^2 = 0.7968, \overline{R^2} = 0.7669, DW = 1.9363, F = 27.6731$$

从回归结果可知，模型的拟合优度较高，并且通过了 F 检验、DW 检验，回归系数通过 t 检验，误差修正系数为负，符合反向修正机制。回归结果表明，城镇居民可支配收入的短期变动对城镇居民衣着类消费支出存在正向影响，当期城镇居民可支配收入变动每增加 1 亿元，当期衣着类消费将增加 0.2671 亿元；第三方支付交易规模的短期变动对衣着类消费支出存在正向影响，当期第三方支付交易规模每增加 1 亿元，当期衣着类消费将增加 0.1167 亿元；此外，短期调整系数对应的 t 绝对值为 2.6733，大于显著性水平 5% 的临界值 2.306，它是显著的，表明每年实际发生的衣着类消费支出与长期均衡值的偏差中的 72.4%（0.7240）被修正，即居民衣着类消费的短期波动偏离长期均衡时，以 72.4% 的调整力度将非均衡状态拉回到均衡状态。

（3）居住类消费支出（C_{3t}）、城镇居民可支配收入（F_t）与第三方支付交易规模（Z_t）之间建立的误差修正模型如下：

$$\Delta C_{3t} = 9546.431 + 0.0838\Delta F_t + 0.3047\Delta Z_t - 0.7581 e_{t-1} \quad (5.15)$$

$$t \quad (2.3638) \quad (2.4413) \quad (3.8866) \quad (-3.8742)$$

$$R^2 = 0.7879, \overline{R^2} = 0.7671, DW = 1.9648, F = 18.6719$$

从回归结果可知，模型的拟合优度较高，并且通过了 F 检验、DW 检验，回归系数通过 t 检验，误差修正系数为 -0.7581，符合反向修正机制。回归结果表明，城镇居民可支配收入的短期变动对城镇居民居住类消费支出存在正向影响，当期城镇居民可支配收入变动每增加 1 亿元，当期居住类消费将增加 0.0838 亿元；第三方支付交易规模的短期变动对居住类消费支出也存在正向影响，当期第三方支付交易规模每增加 1 亿元，当期居住类消费将增加 0.3047 亿元；此外，短期调整系数对应的 t 绝对值为 3.8742，大于显著性水平 5% 的临界值 2.306，它是显著的，表明每年实际发生的居住类消费支出与长期均衡值的偏差中的 75.81%（0.7581）被修正，即居民居住类消费的短期波动偏离长期均衡时，以 75.81% 的调整力度将非均衡状态拉回到均衡状态。

（4）家庭设备用品及服务类消费支出（C_{4t}）、城镇居民可支配收入（F_t）与第三方支付交易规模（Z_t）之间建立的误差修正模型如下：

$$\Delta C_{4t} = 279.8459 + 0.0875\Delta F_t - 0.0181\Delta Z_t - 0.7507 e_{t-1} \quad (5.16)$$
$$t \quad (2.2038) \quad (3.7663) \quad (-2.4413) \quad (-2.3376)$$
$$R^2 = 0.7317, \quad \overline{R}^2 = 0.7168, \quad DW = 1.8869, \quad F = 26.3650$$

从回归结果可知，模型的拟合优度较高，并且通过了 F 检验、DW 检验，回归系数通过 t 检验，误差修正系数为 -0.7507，符合反向修正机制。回归结果表明，城镇居民可支配收入的短期变动对城镇居民家庭设备用品及服务类消费支出存在正向影响，当期城镇居民可支配收入变动每增加 1 亿元，当期家庭设备用品及服务类消费将增加 0.0875 亿元；第三方支付交易规模的短期变动对家庭设备用品及服务类消费支出存在负向影响，当期第三方支付交易规模每增加 1 亿元，当期家庭设备用品及服务类消费将减少 0.0181 亿元；此外，短期调整系数对应的 t 绝对值为 2.3376，大于显著性水平 5% 的临界值 2.306，它是显著的，表明每年实际发生的家庭设备用品及服务类消费支出与长期均衡值的偏差中的 75.07%（0.7507）被修正，即居民家庭设备用品及服务类消费的短期波动偏离长期均衡时，以 75.07% 的调整力度将非均衡状态拉回到均衡状态。

（5）医疗保健类消费支出（C_{5t}）、城镇居民可支配收入（F_t）与第三方支付交易规模（Z_t）之间建立的误差修正模型如下：

$$\Delta C_{5t} = 152.7245 + 0.0252\Delta F_t + 0.0141\Delta Z_t - 0.6548 e_{t-1} \quad (5.17)$$
$$t \quad (2.4665) \quad (2.7526) \quad (3.2772) \quad (-2.7683)$$
$$R^2 = 0.8023, \quad \overline{R}^2 = 0.7746, \quad DW = 1.9601, \quad F = 25.5037$$

从回归结果可知，模型的拟合优度较高，且通过了 F 检验、DW 检验，回归系数通过 t 检验，误差修正系数为 -0.6548，符合反向修正机制。回归结果表明，城镇居民可支配收入的短期变动对城镇居民医疗保健类消费支出存在正向影响，当期城镇居民可支配收入变动每增加1亿元，当期医疗保健类消费将增加0.0252亿元；第三方支付交易规模的短期变动对医疗保健类消费支出存在正向影响，当期第三方支付交易规模每增加1亿元，当期医疗保健类消费将增加0.0141亿元；此外，短期调整系数对应的t绝对值为2.7683，大于显著性水平5%的临界值2.306，它是显著的，表明每年实际发生的医疗保健类消费支出与长期均衡值的偏差中的65.48%（0.6548）被修正，即居民医疗保健类消费的短期波动偏离长期均衡时，以65.48%的调整力度将非均衡状态拉回到均衡状态。

（6）交通通信类消费支出（C_{6t}）、城镇居民可支配收入（F_t）与第三方支付交易规模（Z_t）之间建立的误差修正模型如下：

$$\Delta C_{6t} = 1748.09 + 0.3224\Delta F_t + 0.0520\Delta Z_t - 0.4307 e_{t-1} \quad (5.18)$$
$$t \quad (2.4765) \quad (3.8876) \quad (1.9801) \quad (-3.4406)$$
$$R^2 = 0.8296, \quad \overline{R^2} = 0.7566, \quad DW = 1.9766, \quad F = 21.3633$$

从回归结果可知，模型的拟合优度较高，且通过了F检验、DW检验，城镇居民可支配收入的回归系数通过t检验，而第三方支付交易规模的回归系数对应的t值小于显著性水平5%的临界值2.306，没能通过t检验。误差修正系数为-0.4307，符合反向修正机制。回归结果表明，城镇居民可支配收入的短期变动对城镇居民交通通信类消费支出存在正向影响，当期城镇居民可支配收入变动每增加1亿元，当期交通通信类消费将增加0.3224亿元；第三方支付交易规模的短期变动对交通通信类消费支出也存在正向影响，当期第三方支付交易规模每增加1亿元，当期交通通信类消费将增加0.0520亿元；此外，短期调整系数对应的t绝对值为3.4406，大于显著性水平5%的临界值2.306，它是显著的，表明每年实际发生的交通通信类消费支出与长期均衡值的偏差中的43.07%（0.4307）被修正，即居民交通通信类消费的短期波动偏离长期均衡时，以43.07%的调整力度将非均衡状态拉回均衡状态。

（7）教育文化娱乐类消费支出（C_{7t}）、城镇居民可支配收入（F_t）与第三方支付交易规模（Z_t）之间建立的误差修正模型如下：

$$\Delta C_{7t} = 1247.938 + 0.2232\Delta F_t + 0.0341\Delta Z_t - 0.6857 e_{t-1} \quad (5.19)$$
$$t \quad (2.44276) \quad (3.8106) \quad (1.8604) \quad (-2.3624)$$
$$R^2 = 0.7976, \quad \overline{R^2} = 0.7108, \quad DW = 1.9518, \quad F = 29.1925$$

从回归结果可知，模型的拟合优度较高，且通过了 F 检验、DW 检验，城镇居民可支配收入的回归系数通过 t 检验，而第三方支付交易规模的回归系数对应的 t 值（1.8604）小于显著性水平 5% 的临界值 2.306，没能通过 t 检验。误差修正系数为 -0.6857，符合反向修正机制。回归结果表明，城镇居民可支配收入的短期变动对城镇居民教育文化娱乐类消费支出存在正向影响，当期城镇居民可支配收入变动每增加 1 亿元，当期教育文化娱乐类消费将增加 0.2232 亿元；第三方支付交易规模的短期变动对教育文化娱乐类消费支出也存在正向影响，当期第三方支付交易规模每增加 1 亿元，当期教育文化娱乐类消费将增加 0.0341 亿元；此外，短期调整系数对应的 t 绝对值为 2.3624，大于显著性水平 5% 的临界值 2.306，它是显著的，表明每年实际发生的教育文化娱乐类消费支出与长期均衡值的偏差中的 68.57%（0.6857）被修正，即居民教育文化娱乐类消费的短期波动偏离长期均衡时，以 68.57% 的调整力度将非均衡状态拉回均衡状态。

（8）其他商品及服务类消费支出（C_{8t}）、城镇居民可支配收入（F_t）与第三方支付交易规模（Z_t）之间建立的误差修正模型如下：

$$\Delta C_{8t} = 752.188 + 0.1106\Delta F_t - 0.0448\Delta Z_t - 0.1989 e_{t-1} \quad (5.20)$$
$$t \quad (2.3647) \quad (3.3365) \quad (-4.1657) \quad (-3.9009)$$
$$R^2 = 0.8052, \ \overline{R}^2 = 0.7217, \ DW = 1.9358, \ F = 19.6455$$

从回归结果可知，模型的拟合优度较高，且通过了 F 检验、DW 检验，城镇居民可支配收入和第三方支付交易规模的回归系数都通过 t 检验。误差修正系数为 -0.1989，符合反向修正机制。回归结果表明，城镇居民可支配收入的短期变动对城镇居民其他商品及服务类消费支出存在正向影响，当期城镇居民可支配收入变动每增加 1 亿元，当期其他商品及服务类消费将增加 0.1106 亿元；第三方支付交易规模的短期变动对其他商品及服务类消费支出存在负向影响，当期第三方支付交易规模每增加 1 亿元，当期其他商品及服务类消费将减少 0.0448 亿元；此外，短期调整系数对应的 t 绝对值为 3.9009，大于显著性水平 5% 的临界值 2.306，它是显著的，表明每年实际发生的其他商品及服务类消费支出与长期均衡值的偏差中的 19.89%（0.1989）被修正，即居民其他商品及服务类消费的短期波动偏离长期均衡时，以 19.89% 的调整力度将非均衡状态拉回均衡状态。

第三节

互联网金融对中国农村居民消费行为影响的实证分析

一、互联网金融对中国农村居民总消费水平影响的实证分析

(一) 变量选取及样本数据来源

根据凯恩斯（Keynes，1936）的绝对收入假说消费理论，消费是由当期收入决定的，消费与收入之间存在稳定的函数关系。随着收入水平的提高，消费也会增加，但消费的增加幅度低于收入的增加幅度，即边际消费倾向递减。而本部分研究中为了反映收入对消费的影响，选择农村居民纯收入来表示收入，农村居民消费支出来表示消费；互联网金融按其发展模式主要分为第三方支付（主要包括第三方互联网支付和第三方移动支付）、P2P网贷、众筹融资等。其中，第三方支付交易规模占互联网金融交易规模的比例较大，而且对居民消费的影响最大，因此用第三方支付交易规模来表现互联网金融发展指标。本部分研究选取的被解释变量是农村居民消费支出总额（用 C 表示），解释变量分别是农村居民纯收入（用 R 表示）和第三方支付交易规模（用 S 表示）。

农村居民消费支出总额等于农村居民人均消费性支出乘以农村人口数，其中，农村家庭消费性支出是指家庭用于日常生活的支出，包括食品、衣着、居住、家庭设备用品及服务、医疗保健、交通和通信、教育文化娱乐服务、其他商品和服务等八大类支出。人均消费性支出是指按人口平均的消费性支出水平。

农民的纯收入是指农村住户当年从各个来源得到的总收入相应地扣除所发生的费用后的收入总和。纯收入主要用于再生产投入和当年生活消费支出，也可用于储蓄和各种非义务性支出。计算方法：

纯收入 = 总收入 − 税费支出 − 家庭经营费用支出 − 生产性固定资产折旧
 − 赠送农村内部亲友支出

农民人均纯收入是按照人口平均的纯收入水平，反映的是一个地区农村居民的平均收入水平。

第三方支付交易规模主要包括第三方互联网支付和第三方移动支付,第三方互联网支付是指客户通过电脑设备发起支付指令,实现货币资金转移的行为,第三方移动支付是指利用手机,安装银行支付软件后,完成支付的行为。

由于中国第三方支付市场从 2004 年开始进入快速发展阶段,根据数据的可得性,本部分分析所利用的是 2004~2017 年中国农村居民消费支出总额、农村居民总纯收入和第三方支付交易规模的样本数据,数据主要来自艾瑞咨询、速途研究院和中国统计年鉴。为了消除通货膨胀对所选变量的影响,农村居民消费支出总额、农村居民总纯收入和第三方支付交易规模的样本数据以农村居民消费价格指数 CPI(2004 年 =100)为定基价格指数进行了折算。

(二)平稳性检验(ADF 检验)

由于本部分研究使用的是时间序列数据,在实际建模之前首先要检验经济时间序列的平稳性,为了避免出现"虚假回归"现象。

本部分研究采用 ADF 方法检验变量是否平稳。1979 年,Dickey 和 Fuller 通过蒙特卡罗模拟法给出了检验用的临界值,在 EViews 中给出的是由 Mackinnon 改进的单位根检验的临界值。检验方程如下:

$$\Delta Y_t = \alpha + \lambda t + \beta Y_{t-1} + \sum_{j=1}^{p} \delta_j \Delta Y_{t-j} + \mu_t \quad (5.21)$$

并提出假设:$H_0: \beta = 0$ $H_1: \beta < 0$,如果接受 H_0,则序列 Y_t 包含单位根,即 Y_t 是非平稳的;若拒绝 H_0,则意味 Y_t 是平稳的。下面对 C_t、R_t、S_t 进行单位根检验,检验结果如表 5.19 所示。

表 5.19　　　　　　　　　ADF 检验结果

变量名称	ADF 统计量	5% 临界值	10% 临界值	AIC 值	结论
C	-1.1749	-3.8753	-3.3883	17.4348	非平稳
R	-2.3152	-3.9333	-3.4200	16.6927	非平稳
S	-2.7518	-3.9333	-3.4200	17.9443	非平稳
D(C)	-4.3887	-4.1078	-3.5150	17.7617	平稳
D(R)	-4.8917	-4.1078	-3.5150	17.1968	平稳
D(S)	-4.2557	-4.0082	-3.4608	18.4658	平稳

注:①估计结果所用软件是 EViews8.0,以上检验结果均是在包含常数 c 和趋势项 t,最优滞后期的选择是根据 AIC 准则和 SC 准则确定的;②由于检验模型中滞后阶数的选取不同,因此临界值有所不同。

从表 5.19 可知，尽管 C_t、R_t 和 S_t 序列都是非平稳的，但它们经过一阶差分之后都是平稳的，即都是一阶单整序列，因此，可进一步检验农村居民消费、农村居民纯收入和互联网金融模式中的第三方支付之间的协整关系。

（三）协整检验（cointegration test）

时间序列 C_t、R_t 和 S_t 经过 ADF 检验是一阶单整序列，虽然它们本身是非平稳的，但它们的某种线性组合却是平稳的。此线性组合反映了这些变量之间存在长期均衡关系，称其为协整关系。协整关系的基本思想是：如果两个或两个以上的时间序列变量是非平稳的，但它们的某种线性组合即表现出平稳性，则这些变量之间存在长期均衡关系。

利用普通最小二乘法对 C_t、R_t 和 S_t 进行回归，得到它们之间的协整回归方程如下：

$$C_t = 1980.972 + 0.6882R_t + 0.0434S_t + e_t \quad (5.22)$$

对 e_t 做 ADF 单位根检验，检验结果如表 5.20 所示。

表 5.20　　　　　　　残差 e_t 的 ADF 检验

残差序列	ADF 检验值	5% 临界值	10% 临界值	结论
e_t	-3.0307	-1.9741	-1.6029	平稳

从表 5.20 可以看出，2004～2017 年中国农村居民消费和农村居民纯收入及互联网金融模式中的第三方支付之间具有协整关系，也就是说，中国农村居民消费和农村居民纯收入及互联网金融模式中的第三方支付之间存在长期稳定的均衡关系。

（四）误差修正模型（DHSY 模型）

误差修正模型，不是使用变量的水平值或变量的差分值来建立，而是把两者有机地结合起来，它既能反映不同时间序列间的长期均衡关系，又能反映短期偏离向长期均衡修正的机制。

通过前面的协整检验已确定了中国农村居民消费和农村居民纯收入及互联网金融模式中的第三方支付之间存在协整关系，但短期内变量之间是如何调整的呢？本章使用误差修正模型来估计中国农村居民消费和农村居民纯收入及互联网金融模式中的第三方支付之间的短期动态过程，同时利用中国农村居民消费和农村居民纯收入及互联网金融模式中的第三方支付之间存在的长期均衡关系，建立误差修正模型如下：

$$\Delta C_t = 131.3425 + 0.8215\Delta R_t + 0.0296\Delta S_t - 0.7242 e_{t-1} \quad (5.23)$$
$$t \quad (2.2777) \quad (4.0911) \quad (2.5373) \quad (-2.6359)$$
$$R^2 = 0.8611, \quad \overline{R}^2 = 0.8289, \quad DW = 1.9701, \quad F = 160.5136$$

从回归结果可知，模型的拟合优度较高，并且通过了 F 检验、DW 检验，回归系数通过 t 检验，其中变量的符号与长期均衡关系的符号一致，误差修正系数为负，符合反向修正机制。回归结果表明，农村居民纯收入的短期变动对农村居民消费支出存在正向影响，当期农村居民纯收入变动每增加 1 亿元，当期消费将增加 0.8215 亿元；第三方支付交易规模的短期变动对农村居民消费支出也存在正向影响，当期第三方支付交易规模每增加 1 亿元，当期农村居民消费将增加 0.0296 亿元；此外，短期调整系数对应的 t 绝对值为 2.6359，大于显著性水平 5% 的临界值 2.262，因而它是显著的，表明每年实际发生的农村居民消费支出与长期均衡值的偏差中的 72.42%（0.7242）被修正，即农村居民消费的短期波动偏离长期均衡时，以 72.42% 的调整力度将非均衡状态拉回到均衡状态。由此可见，互联网金融的发展能降低农村居民的消费成本，进而增加了农村居民的实际购买力，促进了农村居民消费的增长。

二、互联网金融对中国农村居民消费结构影响的实证分析

农村居民的消费结构是指农村居民的各类消费支出（包括食品、衣着、居住、家庭设备用品及服务、医疗保健、交通和通信、娱乐教育文化服务、其他商品和服务等八大类支出）在农村家庭总消费性支出中所占的比重及其相互联系。

近年来，中国农村居民的消费结构发生了很大的变化，食品类消费支出比重处于明显下降趋势，从 2004 年的 47.23% 下降为 2017 年的 31.17%，下降了 16.06 个百分点，教育文化娱乐服务类和其他商品及服务类消费支出比重略微下降，分别从 2004 年的 11.33%、2.21% 下降到 2017 年的 10.69%、1.83%；而衣着类、居住类、家庭设备用品及服务类、医疗保健类、交通通信

类消费支出比重出现了上升趋势，其中，衣着类和家庭设备用品及服务类的消费支出比重略微上升，分别从 2004 年的 5.50%、4.08% 上升到 2017 年的 5.58%、5.79%，居住类、医疗保健类、交通通信类的消费支出比重呈现明显上升趋势，分别从 2004 年的 14.84%、5.98% 和 8.82% 上升到 2017 年的 21.48%、9.66% 和 13.78%，分别上升了 6.64%、3.68% 和 4.96%。但农村居民的各类消费支出是否受到互联网金融的影响？如果有影响，互联网金融对中国农村居民的各类消费支出的影响是否存在差异？研究这些问题有着重要的现实意义。

纵观相关文献，目前还没有学者深入系统地研究互联网金融对中国农村居民各类消费支出的影响，鉴于此，本部分研究将利用 2004~2017 年农村住户的调查数据和互联网金融的相关数据，运用时间序列计量经济模型，对中国农村居民的各类消费支出是否受到互联网金融的影响进行实证分析。

（一）样本数据说明

本部分研究使用的数据是 2004~2017 年中国农村居民各类消费支出总额、农村居民总纯收入和第三方支付交易规模的样本数据，数据主要来自艾瑞咨询、速途研究院和中国统计年鉴。为了消除通货膨胀对所选变量的影响，农村居民各类消费支出总额、农村居民总纯收入和第三方支付交易规模的样本数据以农村居民分类消费价格指数 CPI（2004 年 =100）为定基价格指数进行了折算。

（二）平稳性检验（ADF 检验）

为了避免出现"虚假回归"现象，在实际建模之前首先要检验经济时间序列的平稳性。本部分研究采用 ADF 方法检验变量是否平稳。1979 年，Dickey 和 Fuller 通过蒙特卡罗模拟法给出了检验用的临界值，在 EViews 中给出的是由 Mackinnon 改进的单位根检验的临界值。检验方程如下：

$$\Delta Y_t = \alpha + \lambda t + \beta Y_{t-1} + \sum_{j=1}^{p} \delta_j \Delta Y_{t-j} + \mu_t \quad (5.24)$$

同时，提出假设：$H_0: \beta = 0$　$H_1: \beta < 0$，如果接受 H_0，则序列 Y_t 包含单位根，即 Y_t 是非平稳的；若拒绝 H_0，则意味 Y_t 是平稳的。

下面对农村居民的各类消费支出（包括食品、衣着、居住、家庭设备用品及服务、医疗保健、交通和通信、教育文化娱乐服务、其他商品和服务等八大类支出）进行单位根检验，检验结果如表 5.21、表 5.22、表 5.23、表 5.24、表 5.25、表 5.26、表 5.27 和表 5.28 所示。

表 5.21　　　　食品类（C1）对有关变量的单位根检验结果

变量名称	ADF 统计量	5% 临界值	10% 临界值	AIC 值	结论
C1	-0.2938	-4.0081	-3.4608	13.8275	非平稳
R	-1.1523	-3.9333	-3.4200	16.5431	非平稳
S	0.0344	-3.9333	-3.4200	17.5381	非平稳
D(C1)	-6.5031	-4.2465	-3.5905	11.3941	平稳
D(R)	-4.3531	-4.1078	-3.5150	16.8563	平稳
D(S)	-4.8894	-4.2465	-3.5905	17.1059	平稳

注：①估计结果所用软件是 EViews8.0，以上检验结果是在包含常数 c 和趋势项 t，最优滞后期的选择是根据 SIC 信息准则确定的；②由于检验模型中滞后阶数的选取不同，因此临界值有所不同。

表 5.22　　　　衣着类（C2）对有关变量的单位根检验结果

变量名称	ADF 统计量	5% 临界值	10% 临界值	AIC 值	结论
C2	-1.7586	-3.9333	-3.4200	12.2179	非平稳
R	-1.1523	-3.9333	-3.4200	16.5431	非平稳
S	0.0344	-3.9333	-3.4200	17.5381	非平稳
D(C2)	-4.8524	-4.0081	-3.4608	12.6343	平稳
D(R)	-4.3531	-4.1078	-3.5150	16.8563	平稳
D(S)	-4.8894	-4.2465	-3.5905	17.1059	平稳

注：①估计结果所用软件是 EViews8.0，以上检验结果是在包含常数 c 和趋势项 t，最优滞后期的选择是根据 SIC 信息准则确定的；②由于检验模型中滞后阶数的选取不同，因此临界值有所不同。

表 5.23　　　　居住类（C3）对有关变量的单位根检验结果

变量名称	ADF 统计量	5% 临界值	10% 临界值	AIC 值	结论
C3	-0.9773	-3.9334	-3.4200	15.6471	非平稳
R	-1.1523	-3.9333	-3.4200	16.5431	非平稳
S	0.0344	-3.9333	-3.4200	17.5381	非平稳
D(C3)	-4.3002	-4.0081	-3.4608	15.8478	平稳
D(R)	-4.3531	-4.1078	-3.5150	16.8563	平稳
D(S)	-4.8894	-4.2465	-3.5905	17.1059	平稳

注：①估计结果所用软件是 EViews8.0，以上检验结果是在包含常数 c 和趋势项 t，最优滞后期的选择是根据 SIC 信息准则确定的；②由于检验模型中滞后阶数的选取不同，因此临界值有所不同。

第五章 互联网金融对中国居民消费行为的影响分析

表 5.24　家庭设备用品及服务类（C4）对有关变量的单位根检验结果

变量名称	ADF 统计量	5% 临界值	10% 临界值	AIC 值	结论
C4	0.2405	-4.1078	-3.5150	12.0663	非平稳
R	-1.1523	-3.9333	-3.4200	16.5431	非平稳
S	0.0344	-3.9333	-3.4200	17.5381	非平稳
D(C4)	-6.6309	-4.1078	-3.5150	11.8585	平稳
D(R)	-4.3531	-4.1078	-3.5150	16.8563	平稳
D(S)	-4.8894	-4.2465	-3.5905	17.1059	平稳

注：①估计结果所用软件是 EViews8.0，以上检验结果是在包含常数 c 和趋势项 t，最优滞后期的选择是根据 SIC 信息准则确定的；②由于检验模型中滞后阶数的选取不同，因此临界值有所不同。

表 5.25　医疗保健类（C5）对有关变量的单位根检验结果

变量名称	ADF 统计量	5% 临界值	10% 临界值	AIC 值	结论
C5	-0.5176	-4.0081	-3.4608	12.9851	非平稳
R	-1.1523	-3.9333	-3.4200	16.5431	非平稳
S	0.0344	-3.9333	-3.4200	17.5381	非平稳
D(C5)	-4.5225	-4.1078	-3.5150	12.7446	平稳
D(R)	-4.3531	-4.1078	-3.5150	16.8563	平稳
D(S)	-4.8894	-4.2465	-3.5905	17.1059	平稳

注：①估计结果所用软件是 EViews8.0，以上检验结果是在包含常数 c 和趋势项 t，最优滞后期的选择是根据 SIC 信息准则确定的；②由于检验模型中滞后阶数的选取不同，因此临界值有所不同。

表 5.26　交通通信类（C6）对有关变量的单位根检验结果

变量名称	ADF 统计量	5% 临界值	10% 临界值	AIC 值	结论
C6	1.2434	-3.9334	-3.4200	13.5713	非平稳
R	-1.1523	-3.9333	-3.4200	16.5431	非平稳
S	0.0344	-3.9333	-3.4200	17.5381	非平稳
D(C6)	-4.3002	-4.2465	-3.5905	12.8132	平稳
D(R)	-4.3531	-4.1078	-3.5150	16.8563	平稳
D(S)	-4.8894	-4.2465	-3.5905	17.1059	平稳

注：①估计结果所用软件是 EViews8.0，以上检验结果是在包含常数 c 和趋势项 t，最优滞后期的选择是根据 SIC 信息准则确定的；②由于检验模型中滞后阶数的选取不同，因此临界值有所不同。

表 5.27　教育文化娱乐类（C7）对有关变量的单位根检验结果

变量名称	ADF 统计量	5%临界值	10%临界值	AIC 值	结论
C7	-1.7529	-4.0081	-3.4608	15.5025	非平稳
R	-1.1523	-3.9333	-3.4200	16.5431	非平稳
S	0.0344	-3.9333	-3.4200	17.5381	非平稳
D(C7)	-4.6963	-4.1078	-3.5150	15.6760	平稳
D(R)	-4.3531	-4.1078	-3.5150	16.8563	平稳
D(S)	-4.8894	-4.2465	-3.5905	17.1059	平稳

注：①估计结果所用软件是 EViews8.0，以上检验结果是在包含常数 c 和趋势项 t，最优滞后期的选择是根据 SIC 信息准则确定的；②由于检验模型中滞后阶数的选取不同，因此临界值有所不同。

表 5.28　其他商品和服务类（C8）对有关变量的单位根检验结果

变量名称	ADF 统计量	5%临界值	10%临界值	AIC 值	结论
C8	-2.3129	-3.9334	-3.4200	10.4065	非平稳
R	-1.1523	-3.9333	-3.4200	16.5431	非平稳
S	0.0344	-3.9333	-3.4200	17.5381	非平稳
D(C8)	-4.3134	-4.0081	-3.4608	11.0125	平稳
D(R)	-4.3531	-4.1078	-3.5150	16.8563	平稳
D(S)	-4.8894	-4.2465	-3.5905	17.1059	平稳

注：①估计结果所用软件是 EViews8.0，以上检验结果是在包含常数 c 和趋势项 t，最优滞后期的选择是根据 SIC 信息准则确定的；②由于检验模型中滞后阶数的选取不同，因此临界值有所不同。

（三）协整检验

农村居民的各类消费支出、农村居民纯收入（R_t）与第三方支付交易规模（S_t）经过 ADF 检验是一阶单整序列，虽然它们本身是非平稳的，但它们的某种线性组合却可能是平稳的。此线性组合反映了这些变量之间存在长期均衡关系，称其为协整关系。协整关系的基本思想是：如果两个或两个以上的时间序列变量是非平稳的，但它们的某种线性组合即表现出平稳性，则这些变量之间存在长期均衡关系。

下面分别对农村居民的各类消费支出、农村居民纯收入（R_t）与第三方支付交易规模（S_t）进行协整检验。

（1）食品类消费支出（C_{1t}）、农村居民纯收入（R_t）与第三方支付交易规模（S_t）的协整检验。

先利用普通最小二乘法对食品类消费支出（C_{1t}）、农村居民纯收入（R_t）与第三方支付交易规模（S_t）进行回归，得到它们之间的协整回归方程如下：

$$C_{1t} = 6889.052 + 0.0506R_t + 0.0184S_t + e_t \tag{5.25}$$

对 e_t 做 ADF 检验，检验结果如表 5.29 所示。

表 5.29　　　　　　　　残差 e_t 的 ADF 检验

残差序列	ADF 检验值	5% 临界值	10% 临界值	结论
e_t	−5.0071	−1.9777	−1.6021	平稳

从表 5.29 可以看出，2004~2017 年中国农村居民食品类消费支出和农村居民纯收入及互联网金融模式中的第三方支付之间具有协整关系，也就是说，中国农村居民食品类消费支出和农村居民纯收入及互联网金融模式中的第三方支付之间存在长期稳定的均衡关系。

（2）衣着类消费支出（C_{2t}）、农村居民纯收入（R_t）与第三方支付交易规模（S_t）的协整检验。

先利用普通最小二乘法对衣着类消费支出（C_{2t}）、农村居民纯收入（R_t）与第三方支付交易规模（S_t）进行回归，得到它们之间的协整回归方程如下：

$$C_{2t} = 1185.554 + 0.0956R_t - 0.0059S_t + e_t \tag{5.26}$$

对 e_t 做 ADF 检验，检验结果如表 5.30 所示。

表 5.30　　　　　　　　残差 e_t 的 ADF 检验

残差序列	ADF 检验值	5% 临界值	10% 临界值	结论
e_t	−3.7413	−1.9823	−1.6011	平稳

从表 5.30 可以看出，2004~2017 年中国农村居民衣着类消费支出和农村居民纯收入及互联网金融模式中的第三方支付之间具有协整关系，也就是说，中国农村居民衣着类消费支出和农村居民纯收入及互联网金融模式中的第三方支付之间存在长期稳定的均衡关系。

（3）居住类消费支出（C_{3t}）、农村居民纯收入（R_t）与第三方支付交易规模（S_t）的协整检验。

先利用普通最小二乘法对居住类消费支出（C_{3t}）、农村居民纯收入（R_t）与第三方支付交易规模（S_t）进行回归，得到它们之间的协整回归方程如下：

$$C_{3t} = 146.2122 + 0.1178R_t + 0.0214S_t + e_t \tag{5.27}$$

对 e_t 做 ADF 检验，检验结果如表 5.31 所示。

表 5.31　　　　　　　　残差 e_t 的 ADF 检验

残差序列	ADF 检验值	5% 临界值	10% 临界值	结论
e_t	-2.5336	-1.9777	-1.6021	平稳

从表 5.31 可以看出，2004~2017 年中国农村居民居住类消费支出和农村居民纯收入及互联网金融模式中的第三方支付之间具有协整关系，也就是说，中国农村居民居住类消费支出和农村居民纯收入及互联网金融模式中的第三方支付之间存在长期稳定的均衡关系。

（4）家庭设备用品及服务类消费支出（C_{4t}）、农村居民纯收入（R_t）与第三方支付交易规模（S_t）的协整检验。

先利用普通最小二乘法对家庭设备用品及服务类消费支出（C_{4t}）、农村居民纯收入（R_t）与第三方支付交易规模（S_t）进行回归，得到它们之间的协整回归方程如下：

$$C_{4t} = 895.8443 + 0.718R_t + 0.0026S_t + e_t \tag{5.28}$$

对 e_t 做 ADF 检验，检验结果如表 5.32 所示。

表 5.32　　　　　　　　残差 e_t 的 ADF 检验

残差序列	ADF 检验值	5% 临界值	10% 临界值	结论
e_t	-3.9831	-1.9823	-1.6021	平稳

从表 5.32 可以看出，2004~2017 年中国农村居民家庭设备用品及服务类消费支出和农村居民纯收入及互联网金融模式中的第三方支付之间具有协整关系，也就是说，中国农村居民家庭设备用品及服务类消费支出和农村居民纯收入及互联网金融模式中的第三方支付之间存在长期稳定的均衡关系。

（5）医疗保健类消费支出（C_{5t}）、农村居民纯收入（R_t）与第三方支付交易规模（S_t）的协整检验。

先利用普通最小二乘法对医疗保健类消费支出（C_{5t}）、农村居民纯收入（R_t）与第三方支付交易规模（S_t）进行回归，得到它们之间的协整回归方程如下：

$$C_{5t} = 854.0949 + 0.0856R_t + 0.0073S_t + e_t \tag{5.29}$$

对 e_t 做 ADF 检验，检验结果如表 5.33 所示。

表 5.33　　　　　　　　残差 e_t 的 ADF 检验

残差序列	ADF 检验值	5%临界值	10%临界值	结论
e_t	-5.0681	-1.9777	-1.6021	平稳

从表 5.33 可以看出，2004~2017 年中国农村居民医疗保健类消费支出和农村居民纯收入及互联网金融模式中的第三方支付之间具有协整关系，也就是说，中国农村居民医疗保健类消费支出和农村居民纯收入及互联网金融模式中的第三方支付之间存在长期稳定的均衡关系。

(6) 交通通信类消费支出（C_{6t}）、农村居民纯收入（R_t）与第三方支付交易规模（S_t）的协整检验。

先利用普通最小二乘法对交通通信类消费支出（C_{6t}）、农村居民纯收入（R_t）与第三方支付交易规模（S_t）进行回归，得到它们之间的协整回归方程如下：

$$C_{6t} = 541.1097 + 0.0998R_t - 0.0266S_t + e_t \tag{5.30}$$

对 e_t 做 ADF 检验，检验结果如表 5.34 所示。

表 5.34　　　　　　　　残差 e_t 的 ADF 检验

残差序列	ADF 检验值	5%临界值	10%临界值	结论
e_t	-3.0476	-1.9777	-1.6021	平稳

从表 5.34 可以看出，2004~2017 年中国农村居民交通通信类消费支出和农村居民纯收入及互联网金融模式中的第三方支付之间具有协整关系，也就是说，中国农村居民交通通信类消费支出和农村居民纯收入及互联网金融模式中的第三方支付之间存在长期稳定的均衡关系。

(7) 教育文化娱乐类消费支出（C_{7t}）、农村居民纯收入（R_t）与第三方支付交易规模（S_t）的协整检验。

先利用普通最小二乘法对教育文化娱乐类消费支出（C_{7t}）、农村居民纯收入（R_t）与第三方支付交易规模（S_t）进行回归，得到它们之间的协整回归方程如下：

$$C_{7t} = 2895.189 + 0.0322R_t + 0.0455S_t + e_t \tag{5.31}$$

对 e_t 做 ADF 检验,检验结果如表 5.35 所示。

表 5.35　　　　　　　　残差 e_t 的 ADF 检验

残差序列	ADF 检验值	5% 临界值	10% 临界值	结论
e_t	-3.9625	-1.9777	-1.6021	平稳

从表 5.35 可以看出,2004~2017 年中国农村居民教育文化娱乐类消费支出和农村居民纯收入及互联网金融模式中的第三方支付之间具有协整关系,也就是说,中国农村居民教育文化娱乐类消费支出和农村居民纯收入及互联网金融模式中的第三方支付之间存在长期稳定的均衡关系。

(8) 其他商品及服务类消费支出 (C_{8t})、农村居民纯收入 (R_t) 与第三方支付交易规模 (S_t) 的协整检验。

先利用普通最小二乘法对其他商品及服务类消费支出 (C_{8t})、农村居民纯收入 (R_t) 与第三方支付交易规模 (S_t) 进行回归,得到它们之间的协整回归方程如下:

$$C_{8t} = 45.1693 + 0.0187R_t - 0.015S_t + e_t \tag{5.32}$$

对 e_t 做 ADF 检验,检验结果如表 5.36 所示。

表 5.36　　　　　　　　残差 e_t 的 ADF 检验

残差序列	ADF 检验值	5% 临界值	10% 临界值	结论
e_t	-3.3534	-1.9777	-1.6021	平稳

从表 5.36 可以看出,2004~2017 年中国农村居民其他商品及服务类消费支出和农村居民纯收入及互联网金融模式中的第三方支付之间具有协整关系,也就是说,中国农村居民其他商品及服务类消费支出和农村居民纯收入及互联网金融模式中的第三方支付之间存在长期稳定的均衡关系。

(四) 误差修正模型 (DHSY 模型)

误差修正模型,不是使用变量的水平值或变量的差分值来建立,而是把两者有机地结合起来,它既能反映不同时间序列间的长期均衡关系,又能反映短期偏离向长期均衡修正的机制。

第五章　互联网金融对中国居民消费行为的影响分析

通过前面的协整检验已确定了中国农村居民各类消费支出和农村居民纯收入及互联网金融模式中的第三方支付之间存在协整关系，但短期内变量之间是如何调整的呢？本部分使用误差修正模型来估计中国农村居民各类消费支出和农村居民纯收入及互联网金融模式中的第三方支付之间的短期动态过程，同时分析中国农村居民各类消费支出和农村居民纯收入及互联网金融模式中的第三方支付之间存在的长期均衡关系。

（1）食品类消费支出（C_{1t}）、农村居民纯收入（R_t）与第三方支付交易规模（S_t）之间建立的误差修正模型如下：

$$\Delta C_{1t} = 251.9572 + 0.0938 \Delta R_t + 0.0198 \Delta S_t - 0.7291 e_{t-1} \quad (5.33)$$
$$t \quad (2.9118) \quad (2.4067) \quad (4.0797) \quad (-6.4377)$$
$$R^2 = 0.8957, \overline{R^2} = 0.8511, \ DW = 1.9257, \ F = 20.0534$$

从回归结果可知，模型的拟合优度较高，并且通过了 F 检验、DW 检验，回归系数通过 t 检验，其中变量的符号与长期均衡关系的符号一致，误差修正系数为负，符合反向修正机制。回归结果表明，农村居民纯收入的短期变动对农村居民食品类消费支出存在正向影响，当期农村居民纯收入变动每增加 1 亿元，当期食品类消费将增加 0.0938 亿元；第三方支付交易规模的短期变动对食品类消费支出也存在正向影响，当期第三方支付交易规模每增加 1 亿元，当期食品类消费将增加 0.0198 亿元；此外，短期调整系数对应的 t 绝对值为 6.4377，大于显著性水平 5% 的临界值 2.306，它是显著的，表明每年实际发生的食品类消费支出与长期均衡值的偏差中的 72.91%（0.7291）被修正，即农村居民食品类消费的短期波动偏离长期均衡时，以 72.91% 的调整力度将非均衡状态拉回到均衡状态。

（2）衣着类消费支出（C_{2t}）、农村居民纯收入（R_t）与第三方支付交易规模（S_t）之间建立的误差修正模型如下：

$$\Delta C_{2t} = 63.2557 + 0.0628 \Delta R_t - 0.0033 \Delta S_t - 0.8189 e_{t-1} \quad (5.34)$$
$$t \quad (2.7895) \quad (2.6823) \quad (-0.7663) \quad (-2.3163)$$
$$R^2 = 0.8487, \overline{R^2} = 0.8124, \ DW = 1.9142, \ F = 21.8891$$

从回归结果可知，模型的拟合优度较高，并且通过了 F 检验、DW 检验，农村居民纯收入的回归系数通过 t 检验，而第三方支付交易规模的回归系数不能通过 t 检验,是不显著的。误差修正系数为 -0.8189,符合反向修正机制。回归结果表明,农村居民纯收入的短期变动对农村居民衣着类消费支出存在正向影响,当期农村居民纯收入变动每增加 1 亿元,当期衣着类消费将增加 0.0628 亿元;第三方支付交易规模的短期变动对衣着类消费支出存在负向影响,当期第三方支付交易规模每增加 1 亿元,当期衣着类消费将减少 0.0033 亿元;此外,短期调整系数对应的 t 绝对值为 2.3163,大于显著性水平 5% 的临界值 2.306,它是显著的,表明每年实际发生的衣着类消费支出与长期均衡值的偏差中的 81.89%(0.8189)被修正,即农村居民衣着类消费的短期波动偏离长期均衡时,以 81.89% 的调整力度将非均衡状态拉回到均衡状态。

(3)居住类消费支出(C_{3t})、农村居民纯收入(R_t)与第三方支付交易规模(S_t)之间建立的误差修正模型如下:

$$\Delta C_{3t} = 619.4044 + 0.1758 \Delta R_t + 0.0393 \Delta S_t - 0.9065 e_{t-1} \quad (5.35)$$

$$\text{t} \quad (2.3907) \quad (2.3214) \quad (2.4321) \quad (-3.1799)$$

$$R^2 = 0.8128, \overline{R^2} = 0.7896, DW = 1.9259, F = 15.7903$$

从回归结果可知,模型的拟合优度较高,并且通过了 F 检验、DW 检验,回归系数通过 t 检验,误差修正系数为 -0.9065,符合反向修正机制。回归结果表明,农村居民纯收入的短期变动对农村居民居住类消费支出存在正向影响,当期农村居民纯收入变动每增加 1 亿元,当期居住类消费将增加 0.1758 亿元;第三方支付交易规模的短期变动对居住类消费支出也存在正向影响,当期第三方支付交易规模每增加 1 亿元,当期居住类消费将增加 0.0393 亿元;此外,短期调整系数对应的 t 绝对值为 3.1799,大于显著性水平 5% 的临界值 2.306,它是显著的,表明每年实际发生的居住类消费支出与长期均衡值的偏差中的 90.65%(0.9065)被修正,即农村居民居住类消费的短期波动偏离长期均衡时,以 90.65% 的调整力度将非均衡状态拉回到均衡状态。

(4)家庭设备用品及服务类消费支出(C_{4t})、农村居民纯收入(R_t)与第三方支付交易规模(S_t)之间建立的误差修正模型如下:

$$\Delta C_{4t} = 95.9053 + 0.0218 \Delta R_t + 0.0066 \Delta S_t - 0.3498 e_{t-1} \quad (5.36)$$

$$\text{t} \quad (2.4834) \quad (2.7471) \quad (2.8142) \quad (-4.5725)$$

$$R^2 = 0.8092, \overline{R^2} = 0.7275, DW = 1.9672, F = 19.8976$$

从回归结果可知,模型的拟合优度较高,并且通过了 F 检验、DW 检验,回归系数通过 t 检验,误差修正系数为 -0.3498,符合反向修正机制。回归结果表明,农村居民纯收入的短期变动对农村居民家庭设备用品及服务类消费支出存在正向影响,当期农村居民纯收入变动每增加 1 亿元,当期家庭设备用品及服务类消费将增加 0.0218 亿元;第三方支付交易规模的短期变动对家庭设备用品及服务类消费支出也存在正向影响,当期第三方支付交易规模每增加 1 亿元,当期家庭设备用品及服务类消费将增加 0.0066 亿元;此外,短期调整系数对应的 t 绝对值为 4.5725,大于显著性水平 5% 的临界值 2.306,它是显著的,表明每年实际发生的家庭设备用品及服务类消费支出与长期均衡值的偏差中的 34.98%(0.3498)被修正,即农村居民家庭设备用品及服务类消费的短期波动偏离长期均衡时,以 34.98% 的调整力度将非均衡状态拉回到均衡状态。

(5)医疗保健类消费支出(C_{5t})、农村居民纯收入(R_t)与第三方支付交易规模(S_t)之间建立的误差修正模型如下:

$$\Delta C_{5t} = 41.2101 + 0.0669\Delta R_t + 0.0089\Delta S_t - 0.4109 e_{t-1} \quad (5.37)$$
$$t \quad (2.7199) \quad (2.5915) \quad (2.7547) \quad (-4.3739)$$
$$R^2 = 0.8776, \overline{R}^2 = 0.8252, DW = 1.9635, F = 16.7335$$

从回归结果可知,模型的拟合优度较高,且通过了 F 检验、DW 检验,回归系数通过 t 检验,误差修正系数为 -0.4109,符合反向修正机制。回归结果表明,农村居民纯收入的短期变动对农村居民医疗保健类消费支出存在正向影响,当期农村居民纯收入变动每增加 1 亿元,当期医疗保健类消费将增加 0.0669 亿元;第三方支付交易规模的短期变动对医疗保健类消费支出也存在正向影响,当期第三方支付交易规模变动每增加 1 亿元,当期医疗保健类消费将增加 0.0089 亿元;此外,短期调整系数对应的 t 绝对值为 4.3739,大于显著性水平 5% 的临界值 2.306,它是显著的,表明每年实际发生的医疗保健类消费支出与长期均衡值的偏差中的 41.09%(0.4109)被修正,即农村居民医疗保健类消费的短期波动偏离长期均衡时,以 41.09% 的调整力度将非均衡状态拉回到均衡状态。

(6)交通通信类消费支出(C_{6t})、农村居民纯收入(R_t)与第三方支付交易规模(S_t)之间建立的误差修正模型如下:

$$\Delta C_{6t} = 214.4663 + 0.0091\Delta R_t + 0.0307\Delta S_t - 0.9071 e_{t-1} \quad (5.38)$$

t　(4.1875)　(2.3986)　(10.7995)　(-5.4165)

$R^2 = 0.9741$，$\overline{R}^2 = 0.9629$，DW = 2.0839，F = 87.6091

从回归结果可知，模型的拟合优度较高，且通过了 F 检验、DW 检验，农村居民纯收入的回归系数和第三方支付交易规模的回归系数对应的 t 值都大于显著性水平 5% 的临界值 2.306，能通过 t 检验。误差修正系数为 -0.9071，符合反向修正机制。回归结果表明，农村居民纯收入的短期变动对农村居民交通通信类消费支出存在正向影响，当期农村居民纯收入变动每增加 1 亿元，当期交通通信类消费将增加 0.0091 亿元；第三方支付交易规模的短期变动对交通通信类消费支出也存在正向影响，当期第三方支付交易规模每增加 1 亿元，当期交通通信类消费将增加 0.0307 亿元；此外，短期调整系数对应的 t 绝对值为 5.4165，大于显著性水平 5% 的临界值 2.306，它是显著的，表明每年实际发生的交通通信类消费支出与长期均衡值的偏差中的 90.71%（0.9071）被修正，即农村居民交通通信类消费的短期波动偏离长期均衡时，以 90.71% 的调整力度将非均衡状态拉回到均衡状态。

(7) 教育文化娱乐类消费支出（C_{7t}）、农村居民纯收入（R_t）与第三方支付交易规模（S_t）之间建立的误差修正模型如下：

$$\Delta C_{7t} = 548.3693 + 0.2892\Delta R_t + 0.0609\Delta S_t - 0.4417e_{t-1} \qquad (5.39)$$

t　(2.8886)　(3.3361)　(5.9053)　(-5.7905)

$R^2 = 0.8969$，$\overline{R}^2 = 0.8528$，DW = 1.9878，F = 29.3155

从回归结果可知，模型的拟合优度较高，且通过了 F 检验、DW 检验，城镇居民可支配收入的回归系数和第三方支付交易规模的回归系数对应的 t 值都大于显著性水平 5% 的临界值 2.306，能通过 t 检验。误差修正系数为 -0.4417，符合反向修正机制。回归结果表明，农村居民纯收入的短期变动对农村居民教育文化娱乐类消费支出存在正向影响，当期农村居民纯收入变动每增加 1 亿元，当期教育文化娱乐类消费将增加 0.2892 亿元；第三方支付交易规模的短期变动对教育文化娱乐类消费支出也存在正向影响，当期第三方支付交易规模变动每增加 1 亿元，当期教育文化娱乐类消费将增加 0.0609 亿元；此外，短期调整系数对应的 t 绝对值为 5.7905，大于显著性水平 5% 的临界值 2.306，它是显著的，表明每年实际发生的教育文化娱乐类消费支出与长期均衡值的偏差中的 44.17%（0.4417）被修正，即农村居民教育文化娱乐类消费的短期波动偏离长期均衡时,以44.17%的调整力度将非均衡状态拉回到均衡状态。

(8) 其他商品及服务类消费支出(C_{8t})、农村居民纯收入(R_t)与第三方支付交易规模(S_t)之间建立的误差修正模型如下:

$$\Delta C_{8t} = 19.8802 + 0.0083\Delta R_t - 0.0006\Delta S_t - 0.8996 e_{t-1} \quad (5.40)$$
$$t \quad (2.4923) \quad (2.4315) \quad (-0.3123) \quad (-2.9206)$$
$$R^2 = 0.7966, \overline{R^2} = 0.7381, DW = 1.9571, F = 11.5342$$

从回归结果可知,模型的拟合优度较高,且通过了F检验、DW检验,农村居民纯收入的回归系数通过t检验,而第三方支付交易规模的回归系数的绝对值较小,为0.3123,小于显著性水平5%的临界值2.306,不能通过t检验。误差修正系数为-0.8996,符合反向修正机制。回归结果表明,农村居民纯收入的短期变动对农村居民其他商品及服务类消费支出存在正向影响,当期农村居民纯收入变动每增加1亿元,当期其他商品及服务类消费将增加0.0083亿元;第三方支付交易规模的短期变动对其他商品及服务类消费支出存在负向影响,当期第三方支付交易规模变动每增加1亿元,当期其他商品及服务类消费将减少0.0006亿元;此外,短期调整系数对应的t绝对值为2.9206,大于显著性水平5%的临界值2.306,它是显著的,表明每年实际发生的其他商品及服务类消费支出与长期均衡值的偏差中的89.96%(0.8996)被修正,即农村居民其他商品及服务类消费的短期波动偏离长期均衡时,以89.96%的调整力度将非均衡状态拉回到均衡状态。

第四节

互联网金融对中国城乡居民消费行为影响的比较分析

一、互联网金融对城乡居民总消费水平影响的比较分析

通过本章第二节和第三节实证分析互联网金融对中国城乡居民消费的影响,可知互联网金融对中国城乡居民消费的影响程度存在差异,如表5.37所示。

表 5.37　　　　　中国城乡居民消费影响因素的回归结果对比

城镇居民		农村居民	
变量	参数估计值	变量	参数估计值
截距项 C	2068.773 (2.7689)**	截距项 C	131.3425 (2.2777)**
ΔF_t	0.4307 (3.7261)***	ΔR_t	0.8215 (4.0911)***
ΔZ_t	0.0651 (2.6237)**	ΔS_t	0.0296 (2.5373)**
调整后的 R^2	0.9156	调整后的 R^2	0.8289
F 统计值	212.7437	F 统计值	160.5136

注：估计结果所用软件为 EViews8.0，小括号中数值为 t 统计值，***、**、* 分别表示在 1%、5% 和 10% 的显著性水平上显著。

在表 5.37 中，ΔF_t 表示用城镇居民消费价格指数（CPI）折算后的城镇居民可支配收入的一阶差分，ΔZ_t 表示用城镇居民消费价格指数（CPI）折算后的第三方支付交易规模的一阶差分，ΔR_t 表示用农村居民消费价格指数（CPI）折算后的农村居民纯收入的一阶差分，ΔS_t 表示用农村居民消费价格指数（CPI）折算后的第三方支付交易规模的一阶差分。

从回归结果可知，模型的拟合优度较高，且通过了 F 检验，各解释变量也通过了 t 检验；城镇居民可支配收入的变动对城镇居民消费支出存在正向影响，当期城镇居民可支配收入变动每增加 1 亿元，当期城镇居民消费将增加 0.4307 亿元；农村居民纯收入的变动对农村居民消费支出也存在正向影响，当期农村居民纯收入变动每增加 1 亿元，当期农村居民消费将增加 0.8215 亿元；第三方支付交易规模的变动对城镇居民消费变动和农村居民消费变动都产生了正向影响，当期第三方支付交易规模变动每增加 1 亿元，当期城镇居民消费变动将增加 0.0651 亿元，当期农村居民消费变动将增加 0.0296 亿元。

二、互联网金融对城乡居民消费结构影响的比较分析

根据前面第二节和第三节实证分析互联网金融对中国城乡居民消费结构的影响，可知互联网金融对中国城乡居民各类消费支出的影响程度存在差异，如表 5.38 所示。

表 5.38　　中国城乡居民消费结构影响因素的回归结果对比

类型	城镇居民		农村居民	
种类/变量	ΔF_t	ΔZ_t	ΔR_t	ΔS_t
食品类	0.3934 (4.0628)***	-0.1562 (-4.6923)***	0.0938 (2.4067)**	0.0198 (4.0797)***
衣着类	0.2671 (3.1096)**	0.1167 (4.2786)***	0.0628 (2.6823)**	-0.0033 (-0.7663)
居住类	0.0838 (2.4413)**	0.3047 (3.8866)***	0.1758 (2.3214)**	0.0393 (2.4321)**
家庭设备用品及服务类	0.0875 (3.7663)***	-0.0181 (-2.4413)**	0.0218 (2.7471)**	0.0066 (2.8142)**
医疗保健类	0.0252 (2.7526)**	0.0141 (3.2772)**	0.0669 (2.5915)**	0.0089 (2.7547)**
交通通信类	0.3224 (3.8876)***	0.0520 (1.9801)*	0.0091 (2.3986)**	0.0307 (10.7995)***
教育文化娱乐服务类	0.2232 (3.8106)***	0.0341 (1.8604)*	0.2892 (3.3361)**	0.0609 (5.9053)***
其他商品及服务类	0.1106 (3.3365)**	-0.0448 (-4.1657)***	0.0083 (2.4315)**	-0.0006 (-0.3123)

注：估计结果所用软件为 EViews8.0，小括号中数值为 t 统计值，***、**、* 分别表示在 1%、5% 和 10% 的显著性水平上显著。

从表 5.38 中回归结果来看，中国城镇居民可支配收入的变动对城镇居民各类消费支出都存在正向影响，第三方支付交易规模的变动对城镇居民的衣着类消费、居住类消费、医疗保健类消费、交通通信类消费和教育文化娱乐服务类消费都产生了正向影响，而对食品类消费、家庭设备用品及服务类消费和其他商品及服务类消费产生了负向影响。主要原因在于：在城镇地区，基础设施比较完善，交通比较发达，便利店比比皆是，消费环境也比较好，同时为了避免网上购物的假冒伪劣商品，人们购买食品、家庭设备用品和其他商品及服务等从实体店购买得更多，所以第三方支付交易规模的变动对他们的消费存在负向效应。

中国农村居民纯收入的变动对农村居民各类消费支出也存在正向影响，第三方支付交易规模的变动对农村居民的食品类消费、居住类消费、家庭设备用品及服务类消费、医疗保健类消费、交通通信类消费和教育文化娱乐服务类消费都产生了正向影响，而对衣着类消费和其他商品及服务类消费产生了负向影响。

第五节

互联网金融对大学生消费行为影响的调查分析

随着互联网金融的飞速发展，互联网金融的影响也越来越广泛。大学生这一易于接受新鲜事物的庞大群体被互联网金融业务灵活多变、操作简单便捷等优点所吸引。互联网金融产品在悄然改变着大学生的生活消费习惯。

本部分研究通过调查研究互联网金融的发展对大学生的消费行为特点产生的影响，分析得出大学生在互联网金融发展的影响下产生的消费行为特点及对策，更好地帮助高校学生合理消费，确立正确的消费观和价值观，引导社会青年消费倾向，促进社会经济发展。

一、互联网金融背景下大学生消费行为的统计分析

（一）基本状况

本部分研究围绕互联网金融背景下大学生的消费行为对山西大学、太原理工大学的大学生进行调查，本次调查以网络问卷和实地问卷相结合的调查方式进行，设计了《互联网金融对大学生消费行为影响的调查问卷》。其中，网络问卷共发放了 100 份，回收有效问卷 77 份。实体问卷共发放了 30 份，有效问卷 30 份。从回收问卷的数据来看，这次问卷调查的基本情况如下：

（1）大学生月均生活费情况。

经过问卷调查，我们发现有 57% 的大学生月均生活费在 500～1000 元，约 35% 大学生月均生活费在 1000～1500 元。结合山西地区的平均消费水平来看，我们认为这样的情况基本合理，如图 5.1 所示。

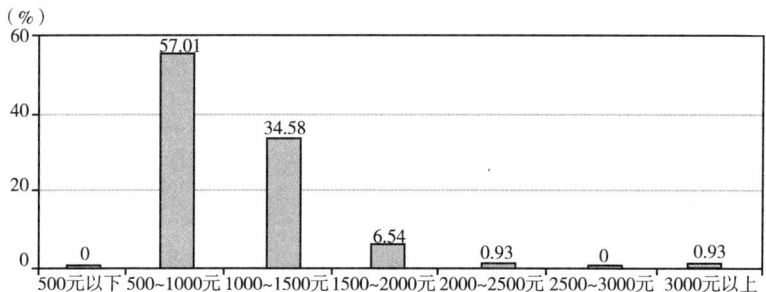

图 5.1 大学生月均生活费情况

（2）大学生月均网络消费情况。

从调查对象的网络消费情况来看，有49.53%的大学生平均将20%～40%的生活费用于网络消费，具体情况如图5.2所示。可以看出，大部分的现代大学生是偏爱网络消费的，由此可见网络消费确实对大学生产生了很大影响。

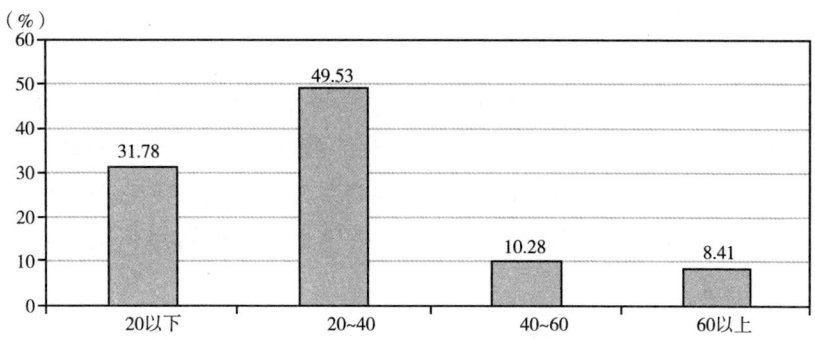

图 5.2　大学生生活费平均用于互联网消费的比率

从调查结果来看，仍有6.54%的大学生月均生活费在1500～2000元这个区间内，这部分大学生的家境应该比较富裕。如图5.3所示，这部分大学生中的多数人都把部分生活费（10%～25%）用于投资理财产品（主要包括支付宝上的余额宝功能，也有少数购买股票或基金的）。

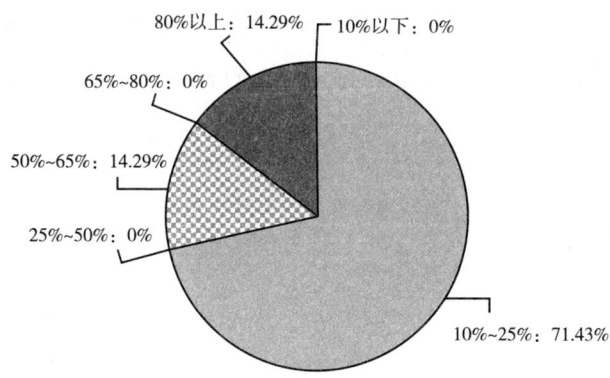

图 5.3　月均生活费在1500～2000元区间内的大学生将生活费投资于理财产品的比率

通过与月均生活费在500～1500元这个区间内的大学生相比较，我们发现，月均生活费在1500～2000元区间内的大学生将生活费投资于理财产品的比率明显较高。此外，我们发现，每月生活费在1500～2000元的大学生参与网购的人数最多且相对频繁。而且月均生活费越高的学生相应的网络消费金额也越高。由此得出结论：一般来说，生活费比较充裕的大学生更偏好于使用网络理财产品，其消费频率和消费水平也相对较高，并且与生活费存在正相关。

（二）大学生的消费特点

（1）大学生的消费结构。

一方面，大学生通过互联网进行的消费活动呈现出多样性。作为年轻消费群体，大学生在消费时追求时尚性、潮流化，消费行为多元化、个性化。网络购物正迎合了大学生这种追求自我与个性的特征，为大学生们提供了非常广阔的选择空间，引领了大家的时尚观念，迎合了大学生们多样化选择商品的需求，如图5.4所示。

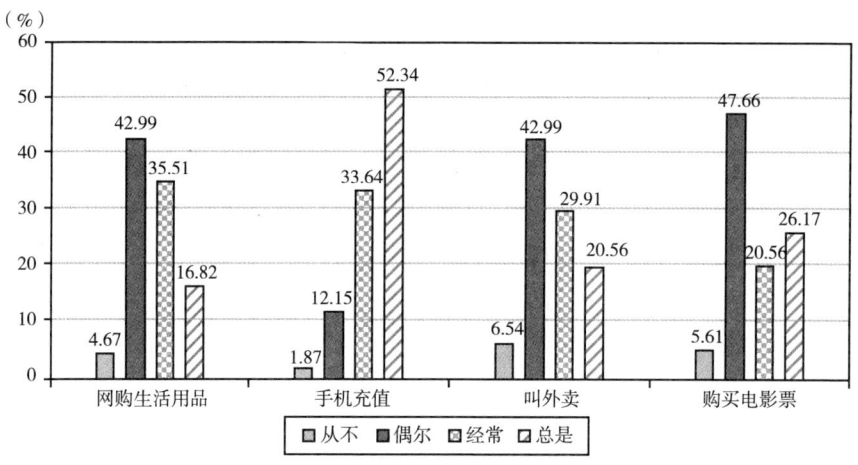

图5.4 大学生互联网消费活动频率直方图

另一方面，大学生通过互联网所进行的消费活动中频率最高的是手机充值，购买电影票和购买外卖则位居其次，而我们一般所认为的网络消费的大头——网购，其频率反而最低。这也印证了大学生的经济实力较为薄弱，不会经常性地进行大宗商品的消费。

此外，虽然现在互联网金融在大学生中的普及率已经很高，但是在我们的调查样本中，多数大学生用于非互联网消费的数额是远远大于互联网消费的。也就是说，在目前"互联网+"的环境下，大学生这一群体还是以实体消费为主的。

(2) 消费认知。

目前大多数大学生的消费偏理性,我们认为出现这样的原因有三:

第一,我们的调查对象所受到的教育程度较高,多数人具有较强的自控和自知能力。

第二,大学生的收入来源较单一,大部分收入都不是自己努力获取的,因此在使用上也比较谨慎。

第三,大学生整体收入较低,想要"任性"就需要付出更大的代价,因此比较自制。

二、影响大学生互联网消费行为的因素

大学生互联网消费行为会受到很多因素的影响,主要探讨以下几个方面:

(一) 性别

调查结果显示,在互联网消费方面,女性占比远高于男性,高达68.22%,而男生占比仅有31.78%(见图5.5)。这说明相对于男性,女性更加偏好互联网消费。这与女性偏好消费的天性密不可分。由此可见,性别差异会导致男女性对互联网的消费具有不同的偏好。

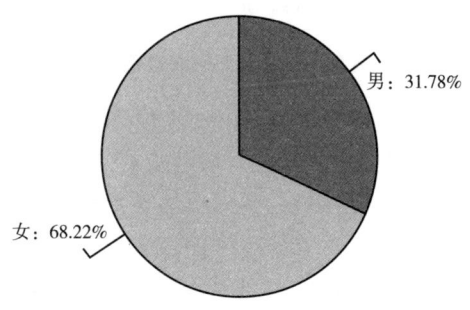

图 5.5 大学生互联网消费的性别差异

(二) 年级

调查结果表明,2014级的大学生对于互联网消费有很大兴趣,相对于其他年级更易于接受新鲜事物,而且因为较早地接受互联网方面的知识,对互联

网有着一定的感情基础。敢于冒险和对新鲜事物的渴望导致他们会去选择这样的一种消费方式,而且"一胎"政策也使得不善于与人面对面交流的他们更偏好互联网消费。

(三) 月均生活费与生活费来源

影响大学生互联网消费行为的一个主要因素是自己的消费水平,具体表现为月均生活费的数额。对大学生而言,一般限制消费水平的是资金来源。调查结果显示,有高达97.2%的大学生的生活费来源于父母,这在一定程度上使得大学生消费时会有所顾虑。而对于通过兼职或者奖学金获得的生活费,大学生在消费时可能会更洒脱随性。此外,调查结果显示,月均生活费在1000元以上的大学生更愿意进行互联网消费(见图5.6)。

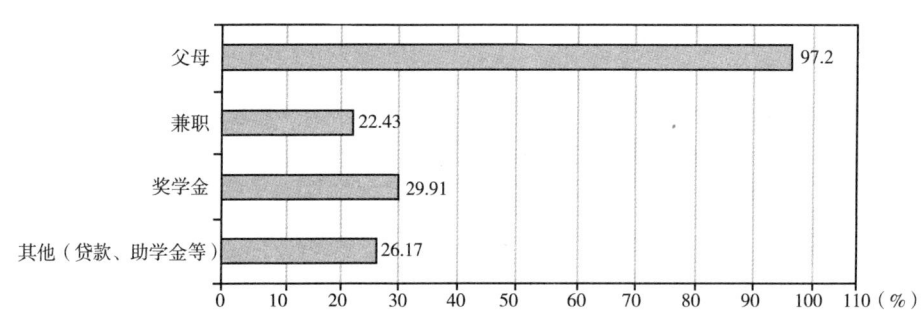

图5.6 大学生生活费来源

(四) 周围环境的影响

大学生思想处于成熟与不成熟之间,所以大学生的消费行为易受到周边环境的影响。而每个大学生都会属于某一群体,学校、班级、宿舍等不同的群体都会激发大学生需求,同学与朋友之间生活习惯的相互影响,让网络购物在大学生中盛行且呈现的网络消费活动也相对集中。

三、互联网金融对大学生消费行为的影响

近年来,互联网金融飞速发展,对大学生群体的网络消费行为产生了重要影响。

（一）第三方支付对大学生消费行为的影响

第三方支付的出现为网络消费提供了相对可靠的支付平台，使得大学生的网络消费更为便捷。调查结果显示，我们的调查对象中的大多数人都了解且经常性地使用以网银、支付宝为代表的第三方支付手段（见图5.7）。

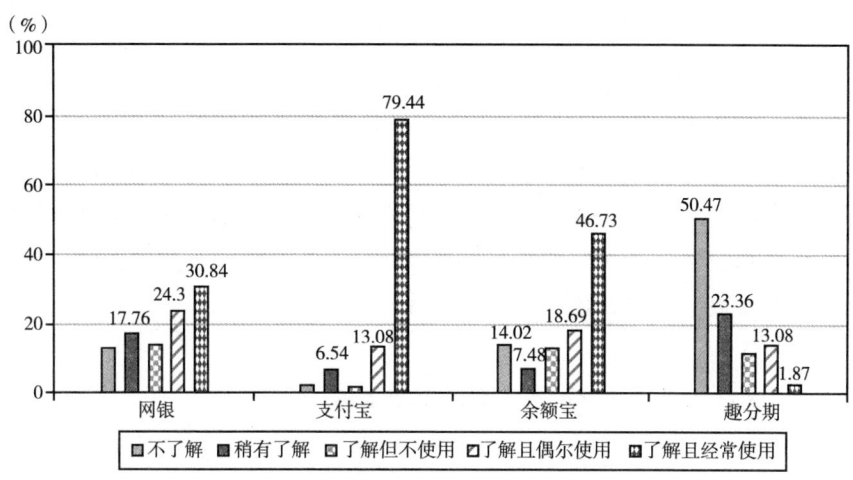

图5.7 大学生对不同支付手段的了解程度

（二）分期付款产品对大学生消费行为的影响

互联网金融的出现，使得分期付款产品等层出不穷，大学生在消费中就可以直接进行分期付款，极大地方便了大学生的信用消费，促使更多的大学生进行大宗网络消费。

（三）网络购物平台对大学生消费行为的影响

网络购物平台商品信息繁多，大学生可供选择的范围更大，我们可以在全球范围内找寻自己想要的商品。只需一台电脑，在家就可以"逛商店"。从订货、买货到货物上门无须亲临现场，既省时又省力。京东、唯品会、淘宝商城等购物平台的方便快捷性极大地刺激了大学生的网络消费。

四、大学生互联网消费行为的理性疏导

大学生在互联网消费中是主要的群体,然而在他们消费时却存在许多误区。我们认为,社会、学校以及大学生自己这三个主体应该为大学生互联网消费的理性疏导做出一定的努力。

(一)社会应为学生营造良好的互联网金融环境

当代大学生的很多行为方式是受周边环境的熏陶所形成的,因此形成一个良好的消费环境,会促进大学生形成科学理性的消费观念。政府应该根据网络消费的实际情况制定相关法律法规,加大对网络非诚信行为监管力度,为大学营造良好的互联网金融环境。

(二)学校应加强教育引导大学生网络消费

大学生社会经验少,消费观念超前,容易导致消费过程的风险。高等院校作为在校大学生的直接管理和教育单位,应通过灵活多样的形式,加强对大学生网络消费的引导。例如,通过校园宣传和班级自学等方式普及网络素养教育课程;在学校里开展关于真假网络消费方面的座谈会等,使学生树立正确的消费价值观。还可以开设与投资、消费、理财有关的课程和专题讲座,辅助开设选修课程,帮助学生树立正确的消费观,合理规避风险。

(三)学生应理性消费,形成良好的消费习惯

大学生收入来源有限,应该摒弃盲目从众、攀比等消费心理,合理规划自己的消费活动。

总之,通过这次问卷调查,我们发现随着互联网金融的深入发展,山西高校大学生的互联网消费行为比较普遍。互联网金融在我国飞速发展的同时也产生了许多问题。大学生正处于心智发展和成熟期,不应盲目跟风,而应多学习消费相关知识,树立正确的消费观念,运用我们所学的消费知识,为自己服务,为大众服务。

第六章

结论、对策建议与展望

第一节

研究结论

本书在对互联网金融和居民消费的相关理论与相关文献进行梳理和借鉴的基础上,进一步从理论和实证两个方面系统地分析了互联网金融对中国居民消费行为的影响及其程度,得出了一些有意义的结论。

一、理论分析总结

互联网金融对中国居民消费的影响主要体现在:互联网金融提高了居民消费的收入效应;互联网金融促进了居民消费的转换效应;互联网金融刺激了居民消费的欲望。

二、实证分析总结

(一)互联网金融对中国城镇居民消费行为影响的分析总结

1. 互联网金融对中国城镇居民总消费水平影响的分析

利用 2004~2017 年中国城镇居民消费支出总额、城镇居民总可支配收入和第三方支付交易规模的样本数据,以城镇居民消费价格指数 CPI(2004 年 = 100)为定基价格指数对样本数据进行了折算,在对各个变量进行平稳性检验和协整检验的基础上,构建了误差修正模型,分析了互联网金融对中国城镇居民总消费水平的影响,分析结果表明:中国城镇居民可支配收入的短期变动对城镇居民消费支出存在正向影响,当期城镇居民可支配收入变动每增加1亿元,当期城镇居民消费变动将增加 0.4307 亿元;第三方支付交易规模的短期变动对居民消费支出也存在正向影响,当期第三方支付交易规模变动每增加1亿元,当期居民消费支出的变动将增加 0.0651 亿元;短期调整系数表明每年实际发生的城镇居民消费支出与长期均衡值的偏差中 74.61% 被修正,即城镇居民消费的短期波动偏离长期均衡时,以 74.61% 的调整力度将非均衡状态拉回到均衡状态。

2. 互联网金融对中国城镇居民消费结构影响的分析

利用 2004~2017 年中国城镇居民各类消费支出总额、城镇居民总可支配收入和第三方支付交易规模的样本数据,以城镇居民消费价格指数 CPI (2004 年 = 100) 为定基价格指数对其样本数据进行了折算,在对各个变量进行平稳性检验和协整检验的基础上,构建了误差修正模型,分析了互联网金融对中国城镇居民各类消费支出的影响,分析结果表明:(1) 对于食品类消费而言,城镇居民可支配收入的短期变动对城镇居民食品类消费支出存在正向影响,当期城镇居民可支配收入变动每增加1亿元,当期食品类消费将增加 0.3934 亿元;第三方支付交易规模的短期变动对食品类消费支出存在负向影响,当期第三方支付交易规模每增加1亿元,当期食品类消费将减少 0.1562 亿元;每年实际发生的食品类消费支出与长期均衡值的偏差中 58.94% (0.5894) 被修正,即居民食品类消费的短期波动偏离长期均衡时,以 58.94% 的调整力度将非均衡状态拉回到均衡状态。(2) 对于衣着类消费而言,城镇居民可支配收入的短期变动对城镇居民衣着类消费支出存在正向影响,当期城镇居民可支配收入变动每增加1亿元,当期衣着类消费将增加 0.2671 亿元;第三方支付交易规模的短期变动对衣着类消费支出存在正向影响,当期第三方支付交易规模每增加1亿元,当期衣着类消费将增加 0.1167 亿元;每年实际发生的衣着类消费支出与长期均衡值的偏差中 72.4% (0.7240) 被修正,即居民衣着类消费的短期波动偏离长期均衡时,以 72.4% 的调整力度将非均衡状态拉回到均衡状态。(3) 对居住类消费而言,城镇居民可支配收入的短期变动对城镇居民居住类消费支出存在正向影响,当期城镇居民可支配收入变动每增加1亿元,当期居住类消费将增加 0.0838 亿元;第三方支付交易规模的短期变动对居住类消费支出也存在正向影响，当期第三方支付交易规模每增加1亿元，当期居住类消费将增加0.3047亿元；每年实际发生的居住类消费支出与长期均衡值的偏差中75.81%（0.7581）被修正，即城镇居民居住类消费的短期波动偏离长期均衡时，以75.81%的调整力度将非均衡状态拉回到均衡状态。（4）对家庭设备用品及服务类消费而言，城镇居民可支配收入的短期变动对城镇居民家庭设备用品及服务类消费支出存在正向影响，当期城镇居民可支配收入变动每增加1亿元，当期家庭设备用品及服务类消费将增加0.0875亿元；第三方支付交易规模的短期变动对家庭设备用品及服务类消费支出存在负向影响，当期第三方支付交易规模每增加1亿元，当期家庭设备用品及服务类消费将减少0.0181亿元；每年实际发生的家庭设备用品及服务类消费支出与长期均衡值的偏差中75.07%（0.7507）被修正，即居民家庭设备用品及服务类消费的短期波动偏离长期均衡时，以75.07%的调整力度将非均衡状态拉回到均衡状态。（5）对医疗保健类消费而言，城镇居民可支配收入的短期变动对城镇居民医疗保健类消费支出存在正向影响，当期城镇居民可支配收入变动每增加1亿元，当期医疗保健类消费将增加0.0252亿元；第三方支付交易规模的短期变动对医疗保健类消费支出存在正向影响，当期第三方支付交易规模每增加1亿元，当期医疗保健类消费将增加0.0141亿元；每年实际发生的医疗保健类消费支出与长期均衡值的偏差中65.48%（0.6548）被修正，即居民医疗保健类消费的短期波动偏离长期均衡时，以65.48%的调整力度将非均衡状态拉回到均衡状态。（6）对交通通信类消费而言，城镇居民可支配收入的短期变动对城镇居民交通通信类消费支出存在正向影响，当期城镇居民可支配收入变动每增加1亿元，当期交通通信类消费将增加0.3224亿元；第三方支付交易规模的短期变动对交通通信类消费支出也存在正向影响，当期第三方支付交易规模每增加1亿元，当期交通通信类消费将增加0.0520亿元；每年实际发生的交通通信类消费支出与长期均衡值的偏差中43.07%（0.4307）被修正，即居民交通通信类消费的短期波动偏离长期均衡时，以43.07%的调整力度将非均衡状态拉回到均衡状态。（7）对教育文化娱乐类消费而言，城镇居民可支配收入的短期变动对城镇居民教育文化娱乐类消费支出存在正向影响，当期城镇居民可支配收入变动每增加1亿元，当期教育文化娱乐类消费将增加0.2232亿元；第三方支付交易规模的短期变动对教育文化娱乐类消费支出也存在正向影响，当期第三方支付交易规模每增加1亿元，当期教育文化娱乐类消费将增加 0.0341 亿元；每年实际发生的教育文化娱乐类消费支出与长期均衡值的偏差中 68.57%（0.6857）被修正，即居民教育文化娱乐类消费的短期波动偏离长期均衡时，以 68.57% 的调整力度将非均衡状态拉回到均衡状态。

(8) 对其他商品及服务类消费而言，城镇居民可支配收入的短期变动对城镇居民其他商品及服务类消费支出存在正向影响，当期城镇居民可支配收入变动每增加 1 亿元，当期其他商品及服务类消费将增加 0.1106 亿元；第三方支付交易规模的短期变动对其他商品及服务类消费支出存在负向影响，当期第三方支付交易规模每增加 1 亿元，当期其他商品及服务类消费将减少 0.0448 亿元；每年实际发生的其他商品及服务类消费支出与长期均衡值的偏差中 19.89%（0.1989）被修正，即城镇居民其他商品及服务类消费的短期波动偏离长期均衡时，以 19.89% 的调整力度将非均衡状态拉回到均衡状态。

(二) 互联网金融对中国农村居民消费行为影响的分析总结

1. 互联网金融对中国农村居民总消费水平影响的分析

本书利用的是 2004~2017 年中国农村居民消费支出总额、农村居民总纯收入和第三方支付交易规模的样本数据，以农村居民消费价格指数 CPI（2004 年 =100）为定基价格指数对样本数据进行了折算，在对各个变量进行平稳性检验和协整检验的基础上，构建了误差修正模型，分析了互联网金融对中国农村居民总消费水平的影响，分析结果表明：中国农村居民纯收入的短期变动对农村居民消费支出存在正向影响，当期农村居民纯收入变动每增加 1 亿元，当期消费将增加 0.8215 亿元；第三方支付交易规模的短期变动对农村居民消费支出也存在正向影响，当期第三方支付交易规模每增加 1 亿元，当期农村居民消费将增加 0.0296 亿元；此外，短期调整系数表明每年实际发生的农村居民消费支出与长期均衡值的偏差中 72.42%（0.7242）被修正，即农村居民消费的短期波动偏离长期均衡时，以 72.42% 的调整力度将非均衡状态拉回到均衡状态。

2. 互联网金融对中国农村居民消费结构影响的分析

本书利用 2004~2017 年中国农村居民各类消费支出总额、农村居民总纯收入和第三方支付交易规模的样本数据，以农村居民消费价格指数 CPI（2004 年 =100）为定基价格指数对其样本数据进行了折算，在对各个变量进行平稳性检验和协整检验的基础上，构建了误差修正模型，分析了互联网金融对中国农村居民各类消费支出的影响,分析结果表明:(1)对于食品类消费而言,农村居民纯收入的短期变动对农村居民食品类消费支出存在正向影响,当期农村居民纯收入变动每增加1亿元,当期食品类消费将增加0.0938亿元;第三方支付交易规模的短期变动对食品类消费支出也存在正向影响,当期第三方支付交易规模每增加1亿元,当期食品类消费将增加0.0198亿元;此外,短期调整系数表明每年实际发生的食品类消费支出与长期均衡值的偏差中72.91%(0.7291)被修正,即农村居民食品类消费的短期波动偏离长期均衡时,以72.91%的调整力度将非均衡状态拉回到均衡状态。(2)对于衣着类消费而言,农村居民纯收入的短期变动对农村居民衣着类消费支出存在正向影响,当期农村居民纯收入变动每增加1亿元,当期衣着类消费将增加0.0628亿元;第三方支付交易规模的短期变动对衣着类消费支出存在负向影响,当期第三方支付交易规模每增加1亿元,当期衣着类消费将减少0.0033亿元;此外,短期调整系数表明每年实际发生的衣着类消费支出与长期均衡值的偏差中81.89%(0.8189)被修正,即农村居民衣着类消费的短期波动偏离长期均衡时,以81.89%的调整力度将非均衡状态拉回到均衡状态。(3)对居住类消费而言,农村居民纯收入的短期变动对农村居民居住类消费支出存在正向影响,当期农村居民纯收入变动每增加1亿元,当期居住类消费将增加0.1758亿元;第三方支付交易规模的短期变动对居住类消费支出也存在正向影响,当期第三方支付交易规模每增加1亿元,当期居住类消费将增加0.0393亿元;此外,短期调整系数表明每年实际发生的居住类消费支出与长期均衡值的偏差中90.65%(0.9065)被修正,即农村居民居住类消费的短期波动偏离长期均衡时,以90.65%的调整力度将非均衡状态拉回到均衡状态。(4)对家庭设备用品及服务类消费而言,农村居民纯收入的短期变动对农村居民家庭设备用品及服务类消费支出存在正向影响,当期农村居民纯收入变动每增加1亿元,当期家庭设备用品及服务类消费将增加0.0218亿元;第三方支付交易规模的短期变动对家庭设备用品及服务类消费支出也存在正向影响,当期第三方支付交易规模每增加1亿元,当期家庭设备用品及服务类消费将增加0.0066亿元;此外,短期调整系数表明每年实际发生的家庭设备用品及服务类消费支出与长期均衡值的偏差中34.98%(0.3498)被修正,即农村居民家庭设备用品及服务类消费的短期波动偏离长期均衡时,以34.98%的调整力度将非均衡状态拉回到均衡状态。(5)对医疗保健类消费而言,农村居民纯收入的短期变动对农村居民医疗保健类消费支出存在正向影响,当期农村居民纯收入变动每增加1亿元,当期医疗保健类消费将增加0.0669亿元;第三方支付交易规模的短期变动对医疗保健类消费支出也存在正向影响,当期第三方支付交易规模变动每增加1亿元,当期医疗保健类消费将增加0.0089亿元;此外,短期调整系数表明每年实际发生的医疗保健类消费支出与长期均衡值的偏差中41.09%(0.4109)被修正,即农村居民医疗保健类消费的短期波动偏离长期均衡时,以41.09%的调整力度将非均衡状态拉回到均衡状态。(6)对交通通信类消费而言,农村居民纯收入的短期变动对农村居民交通通信类消费支出存在正向影响,当期农村居民纯收入变动每增加1亿元,当期交通通信类消费将增加0.0091亿元;第三方支付交易规模的短期变动对交通通信类消费支出也存在正向影响,当期第三方支付交易规模每增加1亿元,当期交通通信类消费将增加0.0307亿元;此外,短期调整系数表明每年实际发生的交通通信类消费支出与长期均衡值的偏差中90.71%(0.9071)被修正,即农村居民交通通信类消费的短期波动偏离长期均衡时,以90.71%的调整力度将非均衡状态拉回到均衡状态。(7)对教育文化娱乐类消费而言,农村居民纯收入的短期变动对农村居民教育文化娱乐类消费支出存在正向影响,当期农村居民纯收入变动每增加1亿元,当期教育文化娱乐类消费将增加0.2892亿元;第三方支付交易规模的短期变动对教育文化娱乐类消费支出也存在正向影响,当期第三方支付交易规模变动每增加1亿元,当期教育文化娱乐类消费将增加0.0609亿元;此外,短期调整系数表明每年实际发生的教育文化娱乐类消费支出与长期均衡值的偏差中44.17%(0.4417)被修正,即农村居民教育文化娱乐类消费的短期波动偏离长期均衡时,以44.17%的调整力度将非均衡状态拉回到均衡状态。(8)对其他商品及服务类消费而言,农村居民纯收入的短期变动对农村居民其他商品及服务类消费支出存在正向影响,当期农村居民纯收入变动每增加1亿元,当期其他商品及服务类消费将增加0.0083亿元;第三方支付交易规模的短期变动对其他商品及服务类消费支出存在负向影响,当期第三方支付交易规模变动每增加1亿元,当期其他商品及服务类消费将减少0.0006亿元;此外,短期调整系数表明每年实际发生的其他商品及服务类消费支出与长期均衡值的偏差中89.96%(0.8996)被修正,即农村居民其他商品及服务类消费的短期波动偏离长期均衡时,以89.96%的调整力度将非均衡状态拉回到均衡状态。

第六章 结论、对策建议与展望

第二节

对策建议

通过分析互联网金融对中国城乡居民消费行为的影响，提出以下对策建议。

一、扩大中国城镇居民消费的对策建议

（一）加大收入分配的调节力度，提高中低收入等级城镇居民的收入水平，增强他们的有效支付能力

收入增长是拉动消费增长的基础，是决定消费能力的根本因素。从长期来看，中国城镇居民人均收入与人均消费之间存在长期均衡的协整关系。拉动内需的根源在居民收入水平的提高，只有收入的长期稳定增长，才能拉动并维持城镇居民消费的可持续增长。一方面，中低收入居民消费拓展空间大，低收入居民以生存型消费为主，继续增加他们的收入，促使他们的消费结构从生存型消费向发展型消费甚至向享受型消费过渡；另一方面，中低收入居民人数远远多于高收入居民，继续增加中低收入居民收入，对扩大消费需求具有举足轻重的作用。

要扩大城镇居民消费，就要着力提高中低等收入居民家庭的收入。第一，针对在国家、企业、个人的收入分配中，存在的一些不尽合理的现象，政府要继续推进深化收入分配制度改革，努力提高居民收入在国民收入分配中的比重，提高劳动报酬在初次分配中的比重。加大对高收入者的税收调节力度，严格规范国有企业、金融机构高管人员薪酬管理，扩大中等收入者比重，提高低收入者的收入，促进机会公平。规范收入分配秩序，有效保护合法收入，坚决取缔非法收入，尽快扭转收入差距扩大的趋势。第二，完善工资制度，建立工资正常增长机制，继续提高最低工资标准。一般来说，低收入边缘户居民的工作不固定、工种差、收入较低，但他们又享受不到最低生活保障，他们生活水平低，消费欲望强烈，应继续提高最低工资标准，使他们的工资收入具有政策保障，增强有效消费能力。第三，继续努力提高居民工资性收入。中低收入群体收入来源主要是工资性收入，收入的提高必然会增强消费信心和消费能力，

它是支持消费水平提高的最主要因素,继续努力提高居民工资性收入对提高消费水平至关重要。第四,继续增加对低收入居民的转移性支付,提高低保线水平,提高低收入居民的生活水平。

(二) 建立完善的新型社会保障体系,增强居民消费信心

紧紧围绕全面达小康、实现新突破的目标,着眼于建立健全覆盖城镇居民社会保障体系的要求,以"保基本、广覆盖、有弹性、可持续"为基本原则,从城镇居民的实际情况出发,低水平起步,筹资标准和待遇标准与经济发展及各方面承受能力相适应;个人(家庭)和政府合理负担,权利与义务相对应;政府主导与居民自愿相结合,引导城镇居民普遍参保;城镇居民社会养老保险实行属地管理,加快建立与经济社会发展水平相适应的城镇居民社会养老保险制度,解决城镇无养老保障居民的老有所养问题,释放城镇居民消费需求。

由于目前我国社会保障体系正在逐步完善和健全中,居民在教育、医疗、住房等方面的负担比较重,这在很大程度上抑制了当前消费。中等收入群体是消费性支出保持稳健增长的中坚力量,但近年来医疗、教育等成本不断上涨已经对中等收入群体造成了极大压力,突出表现在中等收入群体消费意愿降低、服务性消费支出增速放缓等各方面。为此应采取措施控制其对消费者的超额支出,控制给人民基本生活成本带来巨大压力的消费。此外,政府在住房、教育、医疗领域增加公共支出,有利于改善公众未来支出预期,有利于增加当期消费。政府公共支出增加的同时,中低收入者可以将增加的收入投向更高层次的消费。因此,加快社会保障制度的改革和完善进程,将稳定社会居民收入预期,减少分散的"预防性储蓄"。当前要加快社会保障立法进程,提高社会居民对现行社会保障制度的信任度、参与的积极性和强制性,扩大社会保险覆盖面,不断提高社会保障水平,从根本上缓解居民消费的"后顾之忧",不断释放城镇居民的消费需求。

(三) 进一步完善消费信贷制度,促进消费信贷市场的发展,扩大城镇居民的消费需求

金融机构要扩大消费信贷范围,积极探索新的消费贷款品种,逐步提高消费信贷在全部贷款中的比重。要重点加大对城镇居民购房、房屋装修、汽车消费、电子产品及大宗物品消费的信贷支持力度，满足他们更高的消费需求。大力推广网上银行、电话银行业务，以银行卡结算和支付功能带动消费信贷发展，刺激消费结构升级。要加大对个人消费信贷政策和细则的宣传力度，实现信息对称，支持居民扩大消费需求，积极稳妥地推动消费信贷业务发展。

（四）对不同收入等级城镇居民实行分层鼓励消费的措施

城镇居民按照人均可支配收入被分成七个收入等级，分别为最低收入户、低收入户、中等偏下收入户、中等收入户、中等偏上收入户、高收入户和最高收入户，各收入户的比重为：最低收入户、低收入户、高收入户和最高收入户四组均为10%，中等偏下收入户、中等收入户和中等偏上收入户三组均为20%。但也有少数省区市的城镇居民在全部年份或部分年份被分成了五个收入等级，它们一般是指：低收入户、中低收入户、中等收入户、中高收入户和高收入户。由于我国城镇居民的收入呈现较为明显的"中低部大，上头小"的态势，不同收入等级城镇居民消费的特点不同，因此在扩大消费需求时，须依据不同收入群体制订不同的政策鼓励他们消费。例如，最低收入户和低收入户一般有较高的消费倾向，但会受到收入的限制，他们消费的重点是在食品、衣着等基本生活必需品方面，所以应该提高他们的最低工资标准，增加政府货币转移支付，适当补助低收入居民家庭的教育、医疗、住房支出；中等偏下收入户、中等收入户和中等偏上收入户的基本消费需求已得到满足，而受到住房、医疗、教育预期支出加大的影响，即期消费不足，由于中等收入者是消费欲望、消费能力、消费潜力最大的一个群体，培育中等收入群体、鼓励他们扩大消费对扩大内需十分重要，所以应该给他们提供更加完善的各项保障措施，提高他们的即期消费信心；高收入户和最高收入户的收入丰厚，物质生活已经得到很好满足，正追求高质量的精神生活，所以应该给他们创造更加良好的消费、投资环境，提高其消费品位。

总之，要保证低收入群体的基本生活需求，积极培育中等收入群体并扩大这一群体的范围，加强对高收入群体的保护，推动我国城镇居民消费实现"橄榄形"的健康分布。

（五）净化消费市场，改善居民的消费环境

大力开展消费宣传教育活动，提升消费者科学消费的意识和能力。以消费者喜闻乐见的形式分层次、分步骤、多渠道地传播科学消费知识，提高消费者识真辨假的能力、科学消费的能力，改善消费结构，养成良好消费习惯，以自主选择消费引导市场向资源节约型、环境友好型方向发展。

加强对商品和服务的监督，促进消费者权益保护。适时发布消费警示、消费提示，提请消费者识别虚假广告，避开消费"陷阱"。通过组织多种形式的"消费课堂""消费体验"活动，拓展消费视野。及时发布真实、客观的消费信息，引导消费者放心消费。强化消费者权益的事后救助力度，实现消费者权益的最大化。进一步发挥消费者协会和消费者权益保护组织的作用，在消费者权益受损维权过程中发挥更大作用，运用调查、调解、法律支持、揭露批评等多种形式帮助消费者维护权益，最大限度地减少损失。

政府应加强宏观调控，进一步强化市场监测，建立完善批发零售、物流企业和餐饮企业基本数据库，加强市场运行监测分析，全力保证市场供应；深入打击私屠滥宰行为，不断巩固和深化机械化屠宰和鲜肉封闭运输工作，确保"放心肉"供应；全面实施酒类流通备案登记制度，加强酒类流通管理；开展餐饮业规范经营专项整治活动。要用好商贸流通业发展专项资金，放宽市场准入条件，为消费者营造放心的消费环境，促进消费品流通业更快更好地发展。推进国内消费品与国际标准对标，进一步完善知识产权保护措施，严打假冒伪劣产品，营造公平竞争的营商环境。

（六）倡导新的消费观念，引导城镇居民消费行为趋向理性化和绿色化

近年来，随着我国经济的发展、人们消费水平的提高，消费观念也在不断更新。但是，有部分消费群体在购买住房、汽车等商品时不是根据自身经济承受能力确定消费取舍，而是盲目求大、求新，变成了超前消费和过度消费。"十三五"规划中提出："以扩大服务消费为重点带动消费结构升级，支持信息、绿色、时尚、品质等新型消费；加快建立绿色生产和消费的法律制度和政策导向；反对奢侈浪费和不合理消费"等，倡导人们绿色消费的理念，选择绿色产品，节约资源能源，保护生态环境。所以人们应该根据自己的经济实力和实际需求来进行消费，树立理性消费观念，倡导绿色消费、合理消费。

（七）扩大就业，稳定居民消费心态

就业是民生之本，积极扩大就业和再就业，是应对目前国内外经济形势严峻变化的有效方式,是增强居民消费信心和扩大居民消费的治本之策。金融危机及中美贸易摩擦已对一部分企业的生产经营产生了不利影响,同时必然会对就业产生影响,要采取综合措施,积极扩大就业和再就业,增强居民消费信心。因此,第一,要大力发展非公企业和中小企业,如从政策、税收、融资等各方面进行支持,支持这些企业发展与壮大,发挥这些企业吸纳劳动力的优势;第二,要大力发展第三产业等劳动密集型产业,吸纳劳动力;第三,要加强有针对性的职业培训,加强职业引导,使失业人员找到适合的岗位,用工单位找到胜任岗位的劳动者。

二、扩大中国农村居民消费的对策建议

(一)努力提高农村居民的收入,缩小城乡收入差距

收入是城乡居民消费差距的主要影响因素,要缩小城乡消费差距,最根本的是要增加农民收入。主要途径有:

(1)增加农村生产资料补贴,降低家庭经营支出比例。家庭经营支出一般占到农村居民家庭开支的三分之一左右,近年来通货膨胀对农村生产资料费用的影响非常明显,包括化肥、农药、农用机械和农村雇佣劳动力的成本快速上升,最终导致农民生产资料支出比重的大幅上升,在很大程度上限制了农民的生活消费支出。因此,应该加大对农村生产资料的补贴力度,并对农村生产资料的价格进行规制,最终达到减少家庭经营支出、增加农民生活消费支出的目的。

(2)进一步调整农业产业结构,促进农民增收。坚持"多予、少取、放活""工业反哺农业、城市支援农村"的方针,政府须对农业产业结构进行调整,深化供给侧结构性改革,并与居民消费结构升级有机结合起来,使农业生产适应居民消费需求的变化,积极推进农业产业化经营,着力发展高产、优质、高效、生态、安全且高附加值的农业,根据市场变化情况适当提高粮食最低收购价格,落实好粮食直补、良种补贴等政策,促进农业增效和农民增收,促进农村居民消费结构的优化,丰富农村居民消费品种,提高其生活消费质量,最终消除城乡差距,迎接全面建成小康社会的来临。

(3)积极调整就业政策,增加农村居民工资性收入。各地政府要切实落实中央促进农民工就业的政策措施,积极扶持中小企业、劳动密集型产业和服

务业，研究完善对中小企业吸纳农村劳动力转移就业的扶持政策，加强对失业返乡农民工技能培训，使大量农民工尽快实现就业，为农民创造更多的就业渠道与机会，同时提高最低工资水平，增加农村居民的工资性收入，使农民"有钱消费"。

（4）加快实施精准扶贫脱贫政策。习近平主席谈到精准扶贫时，说道："全面建成小康社会，一个都不能少；共同富裕路上，一个不能掉队。要防止形式主义，扶真贫、真扶贫，扶贫工作必须务实，脱贫过程必须扎实，脱贫结果必须真实。要留出缓冲期，在一定时间内实行摘帽不摘政策。要实行严格评估，按照摘帽标准验收。"老百姓脱贫后能增强他们的获得感、幸福感和安全感，农民的消费水平自然就提高了。

（5）加大对我国农村居民的转移支付，使农民有稳定的收入预期；政府也要扩大对农村公用事业的财政投入，切实提高农民的生活水平，缩小城乡收入差距。

（6）依托现代科技信息的发展，促进"互联网+农业"的快速发展，大力实施乡村振兴战略，振兴乡村旅游休闲产业，拓宽农民收入渠道，提高农民的绝对收入。

（7）尽快出台加强农产品进出口调控的财税政策，鼓励优势农产品出口，促进农民持续稳定增收。

（二）加快推进城镇化进程，缩小城乡居民的消费差距

（1）要解决农村人口向城镇转移和定居的问题，使相当一部分农村劳动力从传统农业中脱离出来，逐步向城镇集中。通过减少农民，增加农村人均占有农业资源的份额，提高劳动生产率；通过增加城镇居民，增加对农产品的需求和工业制成品的需求，达到农民增收的目的，并带动国内消费需求的增长。

（2）要促进大中小城市和小城镇的协调发展，特别是要重视小城镇的发展。从转移农村人口的目的看，大中城市的生活成本和就业成本远远高于小城镇；从现实情况看，农民外出打工的工资很难支撑农民在大中城市的定居生活，而且，城市国有企业下岗职工面临就业难的困境，以及现在城市公共基础设施建设的现状，都在不同程度上提高了农民进城定居的门槛。而小城镇和农村具有天然的联系，小城镇是乡镇企业和民营中小企业的载体，基础设施条件不高，对于农民进入的门槛，相对于大中城市要低得多。

第六章 结论、对策建议与展望

（三）建立健全农村社会保障制度，解决农村居民的后顾之忧

（1）在不断完善现有制度的基础上，贯彻广覆盖、保基本、多层次、可持续的原则，加快健全农村社会保障体系。要按照个人缴费、集体补助、政府补贴相结合的要求，建立新型农村社会养老保险制度。创造条件进一步探索和完善城乡养老保险制度有效的衔接办法。进一步做好被征地农民的社会保障，做到先保后征，使被征地农民基本生活长期有保障。进一步完善农村的最低生活保障制度，加大财政补助力度，做到应保尽保，不断提高保障标准和补助水平。全面落实农村"五保"供养政策，确保供养水平达到当地村民平均生活水平。完善农村受灾群众救助制度，发展以扶老、助残、救孤、济困、赈灾为重点的社会福利和慈善事业。发展农村老龄服务，让更多的农村老年人享受到与经济社会发展水平相适应的社会福利服务。加强农村残疾预防和残疾人康复工作，促进农村残疾人事业发展。

（2）巩固完善新型农村合作医疗制度。当前，新型农村合作医疗制度已实现全面覆盖，今后一段时期的工作重点要转到巩固和完善"新农合"制度上来。一要进一步规范、完善财政补助资金拨付办法，确保中央财政和地方财政的补助资金及时足额拨付到新农合基金账户，在农民自愿的基础上，探索建立形式多样、简便易行的农民个人筹资方式。二要加强医疗服务和医药费用的监管，切实加强农村医疗机构内部管理，建立健全疾病检查、治疗、用药方面的规范、制度及行之有效的自律机制。同时，有效开展农村卫生机构及其服务行为的外部监管，对医疗机构实行动态管理。三要加强经办机构能力建设和基金运行管理。本着精简、高效的原则，加强对经办机构的建设和管理，做到有人办事、有钱办事，提高"新农合"的管理能力。健全基金管理制度，形成有效的监管措施，发挥政府各职能部门、社会各界和农民的监督作用，确保基金安全。四要加强新型农村合作医疗管理能力建设。新型农村合作医疗扩面工作的推进，对各项管理工作都提出了新的更高要求，必须保证有人干事、干好事。

（四）大力支持农村金融信贷合理发展，减少农民消费的资金约束

城乡消费差距拉大的一个关键因素是农村金融系统的低效。当前，城镇居民消费已进入到"购车、买房"较为高级的阶段，其根本原因在于城市拥有较为发达的金融系统，银行的普遍存在和金融机构的高效率使城镇居民的提前消费成为可能；而农村地区无论是银行数量、服务水平还是放贷规模都与城市有很大差距，这就造成农村居民消费面临着资金预算约束，农村居民的资金来源除了依靠农村信用合作社借贷和亲朋好友接济外，就只有走民间高利贷一个途径，这给农村经济的可持续发展带来很多问题。为进一步完善农村消费信贷市场，主要应从以下几方面着手工作。

（1）通过政策支持促进消费信贷发展。由于农村金融消费信贷市场发展的战略意义和特殊性，农村消费信贷产品有较强的公共产品属性，因此政府的支持对于这个市场的发展具有重要意义。政府可以从"三农"补贴中拿出一部分对农村消费信贷进行补贴，借助政府资金的杠杆作用，通过财政贴息、政府机构担保等方式为农村信贷市场的发展提供推动力。金融主管部门可以进一步通过发布指导性意见，提供消费信贷支持性政策，开拓农村消费市场，鼓励农村金融机构推出新的消费贷款品种，扩大消费信贷覆盖面。并支持金融机构根据农村和农民家庭实际，合理确定贷款条件、贷款程序和抵押担保方式等，降低贷款门槛，促进农村消费。

（2）完善农村信用体系建设，灵活采用不同的担保方式。征信部门应该牵头基层政府、金融监管部门、公共事业部门和农村金融机构逐步地建立和完善农村社会个人信用体系，为金融机构提供科学的放贷标准，建立信用咨询、评估、登记、担保等中介机构对消费信贷提供必要服务。金融机构和基层政府应该积极合作，推进农村金融机构的电子化和信息化，通过联网的方式在金融机构和不同地区之间共享信用信息资源，并利用已有的信用记录，为金融机构信贷活动提供数据支持。

（3）农村消费信贷产品的创新。在农民收入水平逐步提高的背景下，农民消费信贷品种需求也呈现多样化的特征。一般而言，建房贷款和大型农机具购置这两类贷款需求占主体地位，大额耐用消费品贷款、医疗消费贷款、住房装修贷款和汽车贷款等比重相对较低。但是，农民的消费顺序在不同地域存在很大不同，因此金融机构要积极了解所在地区农民的实际需要，因地制宜地开展消费信贷产品创新，针对农村消费需求的特点设计不同类型的产品，满足不同层次农户的消费需求，并积极开拓信用卡的农村市场。金融机构应考虑适当降低农村消费信贷产品利率水平，实施低利率的消费信贷营销政策。根据农村居民的消费特点，适当放宽申办条件，尽可能提供方便、快捷的信贷服务。在抵押方式、贷款期限、额度和还款方式上金融机构也应该积极创新。例如，针对农户实际情况，灵活采用抵押担保贷款、"农户联保"等不同形式，在逐步建立农村信用评级系统的基础上，也可发放小额信用贷款。金融机构可以充分利用农民在村镇中高度重视个人信誉和社会关系的心理，灵活采用贷款的具体形式。在贷款期限方面，可以根据具体情况，适当延长。在额度安排上，探索大额度贷款的发放，积极引导具备一定消费能力和消费观念比较新的农村消费群体进行信用消费。在还款方式上，可开办分期还款业务，将还款压力分散，也可以帮助尽早识别不良贷款，防范信贷风险。

（4）加大农村消费信贷宣传力度。基层政府和农村金融机构可以加大对消费信贷知识宣传的力度，积极向农民宣传新的消费观念和消费方式，引导农民逐步改变传统的消费观念，提高农民对信用消费的认知程度，扩大消费信贷的客户群体。

（5）推进新型农村金融机构发展。商业银行对农村消费信贷发展的态度并不积极，而农村信用社的合作互助性质也不太乐观，因此应该积极推进农村新型金融机构的发展就有着重要的意义。但目前看来，新型农村金融机构的发展也还面临一些问题：现有的新兴金融机构数量依然比较少，还不足以充分满足农民对金融服务和产品的需求，资金相对比较匮乏，人员素质相对较低，经营中面临较大的风险等。为了推动新型农村金融机构的发展，需要稳步推进新型农村金融机构的建设，进一步发挥政府补贴的重要作用，同时加强监管和引导，通过新型农村金融机构的快速发展逐步弥补农村金融市场的空白，从而促进农村消费信贷的快速发展，为农村居民的生活消费和生产投资提供更多空间。

（五）改善农村消费环境，缩小城乡消费差距

消费环境也是影响消费的重要因素，通过改善农村消费环境可以增加农村消费，缩小城乡消费差距。改善农村消费环境的主要途径有：

（1）加强农村基础设施建设，改善消费环境。农村基础设施的好坏，直接关系到农民的生产和消费。加大对农村基础设施建设的投资，解决好农村电力、供水、广播电视网、道路交通等设施的建设问题，配套相应规模的医疗机构、娱乐场所和商业网点，挖掘农村居民消费潜力，提高其消费能力。

（2）改善农村消费市场环境，增强农民消费能力，使农民"能够消费"。第一，着力培育农产品市场主体，鼓励农村经纪人、私营企业、大中型流通企

业进入农村商品流通领域，积极发展专业合作社、产销协会等多种类型的农产品流通合作经济组织，努力提高农产品流通效率；第二，建立和改造农村消费品流通体系，做好农资流通网络建设，真正形成以城区店为龙头、乡镇店为骨干、村级店为基础的农村现代流通网络，支持大型农产品批发市场和流通企业升级改造，拓宽农产品流通渠道和降低流通成本，以解决农产品难卖问题，保障市场供应充足；第三，完善农业生产资料流通体系，放开农资市场准入条件，积极发展农资连锁经营，严厉打击制售假冒伪劣农资产品等坑农害农行为；第四，整顿和规范农村市场秩序，工商、卫生、质检部门要经常性开展农村市场专项检查活动，并通过电视、广播、报刊、网络等多种形式，向广大农民群众宣传讲解辨别商品真伪、维护消费者权益等方面知识，净化农村消费环境和保护农民消费权益。

（六）发挥消费者组织作用，保护农村居民的合法权益

消费者组织要充分发挥消费者组织社会监督功能，就必须借鉴和吸收发达国家消费者组织的模式，探求消费者组织在消费者保护方面与司法行政"和而不同"的新格局，通过机制体制创新，观念意识创新和方式方法变革，才能真正实现其社会监督功能的发挥。

（1）强化消费者组织的独立性，建立并完善组织与政府的良性互动关系。目前，我国的消费者组织仍是半官方的模式，主要是由于消费者协会是采用一种自上而下的模式，在政府的扶持和直接操纵下诞生的，对政府有很深的"体制依赖性"。消费者组织要完全独立于政府，与政府"一刀两断"的完美主义倾向是不现实的。当前要充分发挥消费者组织的社会监督功能，必须进行体制和机制创新，尤其是亟须建立一个消费者组织与政府良性互动的机制。在外部环境方面，要通过立法确立消费者组织的法人资格。承认其独立的运行方式、目标和功能。只有从法律上为消费者组织创造自治空间，才能脱离行政束缚。在内部环境方面，要用法律形式对消费者组织予以一定程度的监督和制约。消费者组织地独立自治性，应当是一种受规制的自主性。消费者组织能够灵活地对一些政府部门不该调节或不好调节的领域进行调节和监督。政府部门也应该从这些领域内主动退出来，交给消费者组织进行社会监督。如对大量的"不合理但并不违法"的侵害消费者权益的行为，政府部门难以追究，就可以交由消费者组织对其实施监督。

(2) 增强消费者组织的服务意识，提升社会地位和公信力。消费者权益保护需要社会提供一种广泛的服务，替消费者提供信息、发现问题、调查取证、技术鉴定、调解矛盾、申诉和起诉，揭露批评经营者的侵权行为，仗义执言，伸张正义。消费者组织在这方面具有独特的优势，与官方机构相比较，如果说官方机构的特点在于管制，而消费者组织的特点在于服务。从监督的对象和路径分析，官方机构的监督是自上而下的监督，而消费者组织的监督是平行监督，甚至是自下而上的监督。因此，消费者组织要全面客观地进行社会监督，必须进行观念创新，增强服务意识，尽可能广泛地了解消费者的利益需求。

(3) 发挥消费者组织的教育引导作用，健全事前的社会监督。所谓消费者教育，是指对消费者所进行的一种有目的、有计划、有组织地传授有关消费知识和技能，培养科学的消费观念，提高消费者自身素质的一种社会活动。消费者教育作为一种事前监督，与商品检测、投诉处理、公开批评等事中和事后的社会监督共同构成了消费者组织全过程的社会监督。当前，我国消费者组织开展的消费教育存有较大的局限性，消费宣传一般集中在对假冒伪劣商品的投诉、识别和处理上，很少涉及消费者权利义务的教育、消费者保护和自主的教育、消费者个人涉及和社会生活涉及的教育等方面。因此，有必要重视和健全这方面的事前监督。一是要提高消费者自身素质，设立消费教育中心，借助社会力量建立有关消费教育专家队伍，开展消费教育进社区、进村镇、进商场、进学校等活动；二是要提高消费者自我保护能力，消费者组织通过发行自己的出版物，为消费者提供相关帮助，传送给消费者有关商品知识，消除消费信息和知识的不对称；三是要开展消费指导，提供事前引导，为消费者做好消费前的准备工作，使消费者科学消费、理性消费，树立"可持续消费"意识。

(4) 完善消费者组织社会监督权的行使方式。除了提供消费者的消费意识之外，还应提高消费者组织监督市场的敏锐性，创办消费者组织的专业媒体，建立消费维权义务监督队伍，赋予消费者组织代表公益诉讼的诉讼主体地位，建立消费者法律援助制度等。

(七) 大力发展农村文化教育事业，加大科学消费的宣传力度

教育可以改造农村居民的小农意识和保守心理，通过发展农村文化教育事业，加强农村精神文明建设，不断提高农民的文化素质，并做好科学消费和文

明消费的宣传工作，正确处理扩大消费与可持续消费的关系，杜绝各种盲目、愚昧消费和不良消费习俗，形成科学、健康、文明的消费观念，从而使农民的消费观逐步理性化、合理化。另外，还要加强对农村居民的诚信教育，扩大农村信用规模，利用金融手段支持农民脱贫致富，并使更多的农民树立起现代信用消费的观念，增加信贷消费，消费观念的改变可以促进农村居民合理消费，缩小与城镇居民间的消费差距。

三、加强互联网金融风险防范，促进互联网金融健康有序发展

作为互联网和金融深度结合的产物，互联网金融近几年在我国的发展可谓是风生水起。同时，互联网金融在高速发展中也暴露出许多由于法规缺位、监管不力造成的问题和风险，因此，必须加强互联网金融风险的防范，以促进互联网金融健康有序发展。对于互联网金融风险的防范由从政府、互联网金融机构和用户三方联合发力，由政府做好监管和指导，由互联网金融机构做好贯彻，再由用户自身增强风险防范意识，则互联网金融的健康持续发展指日可待。

（一）政府层面

（1）尽快解决对于互联网金融是应该"事前监管"还是应该"事后监管"的问题。设立严格的准入门槛，在监管上侧重交易秩序。中国人民银行调查统计司相关人士表示：开展互联网金融一定要有准入管理，可以采用注册制。而在监管上侧重交易秩序则能在一定程度上规范交易流程，减少从中牟利的机会。在加强准入的同时对当下的互联网金融企业进行清理整顿和登记管理，对于那些没有经过有关主管部门批准私自设立的互联网金融机构一概给予取缔，并设立相应的惩罚机制，给予失范金融机构相应的惩罚。

（2）加快推动行业自律意识和道德意识的深入普及。互联网金融在目前的状况下，稍有不慎就可能走上非法集资的道路，而我国尚未建立完善的社会诚信体系，在监管及法规缺位的状况下通过行业自律和道德约束可在一定程度上促进互联网金融的健康发展。

（3）应设立专门的机构进行立法并不断促进立法符合我国互联网金融发展实际，在现阶段法律至少应该关注和重视互联网金融用户权益的保护。对于

第六章　结论、对策建议与展望

因互联网金融管理问题或技术原因等导致的用户的损失，应进行追回或全数赔偿。

（4）主管部门要审时度势，紧跟时代的脚步，拓展视野。也可以借鉴国外优秀的模式和经验，结合本国互联网金融发展实际，对互联网金融前景进行专业预测，同时调整政策以适应不同的时代背景。

（二）互联网金融机构层面

对于互联网金融的各种风险，机构自身首先要善于进行风险识别和风险评估。针对不同的风险要做好前期的应急准备，这样才能在一定程度上保证在风险发生时能够争取到应对风险的时间，从而将伤害降到最低。其次，畅通互联网金融用户的投诉处理渠道，并设立专门的平台供用户沟通交流，必须以用户的利益为着力点，并放长眼光开发出更多惠及用户的服务。

（1）挤兑风险防范。

第一，就应对挤兑风险而言，有一个平息挤兑的应急方案是第一步。当挤兑风险发生时，互联网金融机构应及时辟谣或是审时度势，求助于央行和政府并积极组织同业金融机构援助。当挤兑数额过大时可采取延期支付，但是采取延期支付的同时必须要做好民心的安抚工作，稳定线上资金和客户心理预期，为筹资兑现争取时间。第二，树立良好口碑，增强互联网金融用户对产品和服务的信心。挤兑风险的发生往往是由于某个谣言使广大群众对金融机构失去信心或是在经济形势不明朗的情况下经过谣传和媒体报道的炒作引起恐慌，因此，在推出产品和提供服务的同时，树立良好的口碑和信誉，使群众面对在谣传或媒体炒作时能从容对待，规避挤兑。

（2）技术管理风险防范。

第一，技术的选择必须建立在搜集资料、评估、专家咨询、实地考查以及反复比较的基础之上。第二，在宏观的层面上，与IT企业合作，融合其先进的互联网技术的同时共同建立起网络安全防护墙，促进电子商务与传统金融的优势互补。第三，加强信息技术应用。在数据大集中的进程中，要加强业务系统操作平台建设，全面查找设计上的漏洞，完善系统软件，减少因技术层面的原因造成的风险。

（3）制度风险防范。

第一，深入开展相关法律法规的研究，并积极关注行业趋势，对近期发布的针对性条文进行学习。第二，加强自律行为，对于违规和合规界定不明确的行为再三确认，确认合规之后方可进行。

(4) 信用风险防范。

第一，针对信用风险最基础最必不可少的步骤就是贷款对象的分散化和贷款审查的标准化。俗话说，"不要把鸡蛋都放在一个篮子里"，用在这里就是说针对于不同等级、不同年龄结构群体的用户进行分散投资。信用衍生产品有着良好的发展前景，互联网金融机构自身可以通过信用衍生产品来分散信用风险。第二，通过一定的程序和指标考察借款人或贷款人的信用状况以避免可能发生的信用风险，禁止信用状况差的借款人和贷款人进入平台交易。这样不仅可以提高业务完成的质量，还可以增强信誉赢得用户好评。

(5) 犯罪风险防范。

第一，针对从业人员进行教育，加强法律意识普及，避免出现从业人员由于法律界限不清或自我约束不足而造成失足的情况。第二，对于参与犯罪的从业人员，在其信用状况或是档案资料里说明犯罪事项。意在将从业人员整个职业生涯与犯罪行为绑定在一起，从而对从业人员起到一定的约束和震慑作用。

(三) 用户层面

(1) 参加政府开展的针对互联网金融用户的教育活动，提升自身风险防范的能力，用自己的力量减少风险。

(2) 要求互联网金融机构强化信息披露意识以及进行必要的风险明示，购买互联网金融服务之前进行反复比较考察，详细了解可能存在的风险。

(3) 分散投资。具体来说，在投资对象上，可以一部分用于P2P小额信贷，另一部分用于阿里小贷。在行业对象上，应避免将资金集中投放在一个行业上，而应分散投资在各种行业上。

(4) 呼吁主管部门重视互联网金融用户权益的维护，在购买互联网金融机构服务的同时注重自身利益的保护，以防风险发生时遭受重大损失。

面对互联网金融的风险并不是无计可施，从政府、机构和用户三个方面着手就可以做好防范。但风险之所以为风险，是因为其突如其来不可预测，所以当主体变成政府、整个互联网金融行业以及所有用户且每个主体都能做好自己应该做的风险防范措施时，风险发生的可能性就会大大减低，抑或是发生的风险早已不具有引起动荡的威力。辩证来看，任何事物都具有两面性，何况是在我国发展初期的互联网金融。从 2014 年"两会"首次将互联网金融写入《政府工作报告》提到的"促进互联网金融发展",到 2015 年点名提及"互联网金融异军突起"、重申促进其健康发展,再到 2016 年"规范发展"成为互联网金融的主题,直至 2017 年的"高度警惕累积风险",可以看出中央政府对互联网金融的风险防范越来越重视,在监管态度上逐渐趋于严格。不难看出,互联网金融纵使具有比较多的问题和比较大的风险,从发展前景来看,必将是一片光明。

第三节

研究展望

本书通过对互联网金融和居民消费的相关文献进行梳理,发现目前国内外学者的研究大多集中于互联网金融相关问题的理论研究,关于互联网金融对居民消费影响的研究成果比较少,而且研究内容不全面、不系统。因此基于互联网金融的相关实证研究是未来值得关注的研究方向。

本书从理论和实证两个方面系统分析了互联网金融对中国居民消费行为的影响及其程度,但只是研究了互联网金融的第三方支付对中国居民消费水平和消费结构的影响,未研究网络借贷、众筹等互联网金融模式对中国居民消费行为的影响,今后需要进一步收集这些方面的相关资料,对此进行研究。

参 考 文 献

一、英文部分

[1] Tarazi M. and P. Breloff. Nonbank e-money issuers: regulatory approaches to protecting customer funds. CGAP Focus Note, No. 63, 2010.

[2] Ronald I. McKinnon. Money and capital in economic development [M]. Washington DC: The Brookings Institution, 1973.

[3] Stiglitz, J. Distribution of income and wealth among individuals [J]. Econometrica, 1969, 37 (3): 382 – 397.

[4] Cheng Hsiao. Analysis of panel data [M]. Cambridge: Cambridge University Press, 1986.

[5] Lapavitsas, C. and Dos Santos, P. Globalization and contemporary banking: on the impact of new technology [J]. Contributions to Political Economy, 2009, 27 (1): 31 – 56.

[6] Srivastava, A. The status and impact of e-finance on developing economy [J]. Golden Rsearch Thoughts, 2014, 5 (1): 1 – 7.

[7] Shahrokhi, M. E-finance: status, innovations, resources and future challenges [J]. Managerial Finance, 2008, 34 (6): 365 – 398.

[8] Berger, S. C. and Gleisner, F. Emergence of financial intermediaries in electronic markets: the case of online P2P lending [J]. Business Research, 2009, 2 (1): 39 – 65.

[9] Mishkin F. S. The economics of money, banking, and financial markets, Massachusetts: Addison-Wesley, 2001.

[10] Gurley, J. G., and E. S. Shaw. Financial aspects of economic development [J]. American Economic Review, 1955 (45): 515 – 538.

[11] Gurley, J. G. and E. S. Shaw. Money in a theory of finance. Washig-

ton: The Brookings Institution, 1960.

[12] Hamilton, A. The financial revolution, Harmondsworth: Penguin, 1986, 244.

[13] Harmes, A. Mass investment culture [J]. New left Review, 2001 (9): 103 - 124.

[14] Theodore, S. The net spreads wider [J]. The Banker, 2000, 150 (889): 9 - 12.

[15] Jacobs E. Bitcoin: A bit too far? [J]. Journal of Internet Banking and Commerce, 2011 (16): 1 - 4.

[16] Agrawal A., C. Catalini and A. Goldfarb, goldfarb catalinimics of crowdfunding, NBER Working Paper, 2013.

[17] Andrianaivo and Kpodar. ICT, financial inclusion and growth: evidence from African countries, IMF Working Paper, 2011.

[18] Allen F, Mcandrews J, Strahan P. E-finance: an introduce [J]. Journal of Financial Services Research, 2002, 22 (1): 5 - 27.

[19] Sven C Berger, Fabian Gleisner. Emergence of financial intermediaries in electronic markets: the case of online P2P lending [J]. Business Research, 2009, 2 (1): 39 - 65.

[20] Shahrokhi M E. Finance: status, innovations, resources and future challenges [J]. Managerial Finance, 2008, 34 (6): 365 - 398.

[21] Anonymours. Confront E-commerce and security issues [J]. Credit Union Magazine, 1999, 65 (9): 25 - 37.

[22] Acharya R N, K Albert. Community banks and internet commerce [J]. Journal of Internet Commerce, 2004, 3 (1): 23 - 30.

[23] Brewer H. E-commerce and community banking [J]. Commercial Leading Review, 2001, 16 (3): 48.

[24] Syed A R, Nida H. Factor affecting internet banking adoption among internal and external customers: a case of pakistan [J]. Journal of Electronic Finance, 2013, 7 (1): 82 - 96.

[25] Allen, F., Mcandrews, J., and Strahan, P.. E-finance: an introduction [J]. Center for Financial Institutions Working Papers, 2002, 22 (1 - 2):

5 - 27.

[26] Wright, D. Comparative evaluation of electronic payment systems [J]. Information Systems & Operational Research, 1999 (1): 71 - 85.

[27] Pierce, M., and Tewari, H.. Electronic payment systems for E-commerce [J]. Electronic, 2001 (10): 85 - 99.

[28] Almaaitah, M., Shatat, A., and Kumar, E. R. Empirical study in the security of electronic payment systems [J]. International Journal of Computer Science Issues, 2011 (4): 448 - 455.

[29] Teoh, W. M., Chong, S. C., and Lin, B. Factors affecting consumers' perception of electronic payment: an empirical analysis [J]. Internet Research, 2013 (4): 465 - 485.

[30] Oyewole, O. S., Gambo, J., and Abba, M. Electronic payment system and economic growth: a review of transition to cashless economy in Nigeria [J]. International Journal of Scientific Engineering & Technology, 2013 (9): 913 - 918.

[31] Freedman, S., and Jin, G. Z. Do social networks solve information problems for Peer-to-Peer lending? evidence from prosper. com [J]. Social Science Electronic Publishing, 2008 (1): 8 - 43.

[32] Herrero-Lopez, S. Social interactions in P2P lending [C]. The Workshop on Social Network Mining & Analysis. DBLP. 2009.

[33] Riggins, F. J., and Weber, D. M. A model of peer-to-peer (P2P) social lending in the presence of identification bias [C]. Proceedings of the 13th International Conference on Electronic Commerce. ACM. 2011.

[34] Sharp, A. M. Crowdfunding success factors [J]. International Research Journal of Applied Finance, 2014 (7): 822 - 832.

[35] Parker, S. C. Crowdfunding, cascades and informed investors [J]. Economics Letters, 2014 (3): 432 - 435.

[36] Mollick, E. The dynamics of crowdfunding: an exploratory study [J]. Journal of Business Venturing, 2014 (1): 1 - 16.

[37] Vismara, S. Information cascades among investors in equity crowdfunding [J]. Entrepreneurship Theory & Practice, 2015 (1): 11519.

[38] Kshetri, N.. Informal institutions and internet - based equity crowdfund-

ing [J]. Journal of International Management, 2017 (7): 1 - 25.

[39] Sahlman J R. On estimating the industry production function [J]. American Economic Review, 1990, 32 (13): 568 - 598.

[40] Lapavitsas T S. Eigenvector like measures of centrality for asymmetric relations [J]. Social Networks, 2008, 23 (3): 191 - 201.

[41] Roger B E. The provision of public goods under alternative electoral incentives [J]. The American Economic Review, 1999, 18 (1): 225 - 239.

[42] Duesenberry, J. S. Income, saving and the theory of consumer behavior [M]. New York: Oxford University Press, 1949.

[43] Friedman, M. A theory of the consumption function [M]. Princeton, N. J: Princeton University Press, 1957.

[44] Ando, A., & Modigliani, F. The "life cycle" hypothesis of saving: aggregate implications and tests [J]. The American Economic Review, 1963 (1): 55 - 84.

[45] Shefrin, H. M., & Thaler, R. H. The behavioral life-cycle hypothesis [J]. Economic Inquiry, 1988 (4): 609 - 643.

[46] Campbell, J. and Deaton, A. Why is consumption so smooth [J]. Review of Economic Studies, 1989, 56: 357 - 374.

[47] Hall, R. Stochastic implications of the life cycle-permanent income hypothesis: theory and evidence [J]. Journal of Political Economy, 1978, 86 (6): 971 - 987.

[48] Fisher, Malcolm. Exploration in saving behavior, Oxford University Institute Statistics Bulletin, 1956, 18 : 201 - 227.

[49] Friedman, M. A theory of the consumption function [M]. Princeton University Press, Princeton, NJ, 1957.

[50] H. E. Leland. Saving as uncertainty: the precautionary demand for saving [J]. Quarterly Journal of Economics, 1968 (82): 465 - 473.

[51] Guiso, Luigi, Lullio Jappelli, and Daniele Terlizzese. Earnings uncertainty and precautionary savings [J]. Journal of Monetary Economics, 1992, 30: 307 - 337.

[52] Lusardi, A. On the importance of the precautionary saving motive [J].

American Economic Review, 1998, 88 (2): 449 – 453.

[53] Zeldes, Stephen P. Consumption and liquidity constraints: an empirical investigations [J]. The Journal of Political Economy, 1989 (97): 305 – 347.

[54] Jappelli, Pagano. Consumption and capital market imperfections: an international comparison [J]. American Economic Review, 1989, 79 (5): 1088 – 1105.

[55] Campbell, J. Y., and Mankiw, N. G., The response of consumption to income: a cross-country investigation [J]. European Economic Review, 1991, 35 (4): 723 – 756.

[56] Deaton A.. Saving and liquidity constraints [M]. Oxford University Press, 1992.

[57] Sarantis, Stewart. Liquidity constraints, precautionary saving and aggregate consumption: an international comparison [J]. Economic Modelling, 2002 (20): 1151 – 1173.

[58] Constantinides, G. M.. Habit formation: a resolution of the equity premium puzzle [J]. Journal of Political Economy, 1990 (98): 519 – 543.

[59] Abel A.. Asset prices under habit formation and catching up with the Joneses [J]. American Economic Review, 1990 (80): 38 – 421.

[60] Juster T, Smith J P, Stafford F. The measurement and structure of household wealth [J]. Labor Economics, 1999, 6: 253 – 275.

[61] Stockhammer E. Rising inequality as a cause of the present crisis [J]. Cambridge Journal of Economics, 2015, 39 (3): 935 – 958.

[62] Ludwig, A. and Slok, T. The impact of changes in stock prices and house prices on consumption in OECD countries [R]. IMF Working Paper, 2002.

[63] Case, K. E., Quigley, J. M. and Shiller, R. J. Wealth effects revisited 1978 – 2009 [J]. Social Science Electronic Publishing, 2011 (2): 101 – 128.

[64] Campbell, J. and Cocco, J. How do house prices affect consumption? evidence from Micro data [J]. Journal of Monetary Economics, 2007, 54 (3): 591 – 621.

[65] Sungwon Cho. Housing wealth effect on consumption: evidence from household level data [J]. Economics Letters, 2011, 113 (2): 192 – 194.

[66] Sinai, T. Souleles, N. S. Owner occupied housing as a hedge against risk [J]. Quarterly Journal of Economics, 2005, 120 (2): 763 – 789.

[67] Carroll C D, Otsuka M, Slacalek J. How large is the housing wealth effect? a new approach [R]. NBER Working Paper 12746, Cambridge, MA 02138, 2006.

[68] Michael R. Veall, Klaus F. Zimmermann. A monthly dynamic consumer expenditure system for Germany with different kinds of households [J]. The Review of Economics and Statistics, 1986, 68 (2): 256 – 264.

[69] Bostic R S, Gabriel S, Painter G. Housing wealth, financial wealth, and consumption: new evidence from Micro data [J]. Regional Science and Urban Economics, 2009 (1): 79 – 89.

[70] Iacoviello M. Housing wealth and consumption [J]. International Encyclopedia of Housing and Home, 2012 (5), 673 – 678.

[71] Lim H Y. Asset price movements and monetary policy in South Korea [R/OL]. (2003 – 10 – 01). www.bis.org/publ/bppdf/bispap19m.pdf.

[72] Carrol C D, Otsuka M, Slacalek J. How large are housing and financial wealth effects? a new approach [J]. Journal of Money Credit & Banking, 2011, 43 (1): 55 – 79.

[73] Shen X, Holmes M J, Lim S. Wealth effects and consumption: a panel VAR approach [J]. International Review of Applied Economics, 2015, 29 (2): 221 – 237.

[74] Iacoviello M, Neri S. Housing market spillovers: evidence from an estimated DSGE model [J]. American Economic Journal: Macroeconomics, American Economic Association, 2010 (2): 125 – 164.

[75] Iacoviello M, Minetti R. The credit channel of monetary policy: evidence from the housing market [J]. Journal of Macroeconomics, 2008 (1): 69 – 96.

[76] Calcagno R, Fornreo E, Rossi M C. The effect of house prices on household consumption in Italy [J]. Journal of Real Estate Finance & Economics, 2009, 39 (3): 284.

[77] Cristni A, Sevilla A. Do house prices affect consumption? a reassessment of the wealth hypothesis [J]. Economica, 2014, 81 (324): 601 – 625.

[78] Gan, J. Housing wealth and consumption growth: evidence from a large panel of households [J]. Review of Financial Studies. 2010, 23 (6):

2229 – 2267.

[79] Khalifa, S., Seck O., and Tobing E. Housing wealth effect: evidence from threshold estimation [J]. Journal of Housing Economics. 2013, 22 (1): 25 – 35.

[80] Modigliani F, Brumberg R. Utility analysis and the consumption function: an interpretation of cross-section data [J]. Franco Modigliani, 1954, 1: 388 – 436.

[81] Campbell J Y, Cocco J F. How do house prices affect consumption? evidence from Micro data [J]. Journal of Monetary Economics, 2007, 54 (3): 591 – 621.

[82] Cho S. Housing wealth effect on consumption evidence from household level data [J]. Economics Letters, 2011, 113 (2): 192 – 194.

[83] Benito A, Mumtaz H. Consumption excess sensitivity, liquidity constraints and the collateral role of housing [J]. Macroeconomic Dynamics, 2009, 13 (3): 305 – 326.

[84] Sheiner L. Housing prices and the savings of renters [J]. Journal of Urban Economics, 1995, 38 (1): 94 – 125.

[85] Yoshikawa H, Ohtaka F. An analysis of female labor supply, housing demand and the saving rate in Japan [J]. European Economic Review, 1969, 33 (5): 997 – 1023.

[86] Aoki K, Proudman J, Vlieghe G. Houses as collateral: has the link between house prices and consumption in the UK changed? [J]. Federal Reserve Bank of New York Economic Policy Review, 2002, 8 (1): 163 – 178.

[87] Haurin D R, Rosenthal S S. House price appreciation, savings and consumer expenditures [R]. Ohio State University Working Paper, 2006.

[88] Yoshikawa Hiroshi and Fumio Ohtaka. Female labor supply, housing demand, and the saving rate in Japan [J]. European Economic Review, 1989, 33 (5): 997 – 1030.

[89] Engelhardt, G. V. House price and the decision to save for down payment [J]. Journal of Urban Economics, 1994, 36 (2): 209 – 237.

[90] Gorman, William. Tastes, habits and choices [J]. International Eco-

nomic Review, 1967, 6: 218 – 222.

[91] Robert A. Pollak, Terence J. Wales. Estimation of the linear expenditure system [J]. Econometrica, 1969, 37 (4): 611 – 628.

[92] Robert A. Pollak. Habit formation and dynamic demand functions [J]. The Journal of Political Economy, 1970, 78 (4): 745 – 763.

[93] Louis Phlips. A dynamic version of the linear expenditure model [J]. The Review of Economics and Statistics, 1972, 54 (4): 450 – 458.

[94] Richard D. Green, Zuhair A. Hassan, S. R. Johnson. Testing for habit formation, autocorrelation and theoretical restrictions in linear expenditure systems [J]. Southern Economic Journal, 1980, 47 (2): 433 – 443.

[95] Francis J. Cronin. Estimation of dynamic linear expenditure functions for housing [J]. The Review of Economics and Statistics, 1982, 64 (1): 97 – 103.

[96] Ray R. A dynamic generalisation of the almost ideal demand system [J]. Economics Letters, 1984, 14 (1): 235 – 239.

[97] Feng-Yao Lee. Estimation of dynamic demand relations from a time series of family budget data [J]. Journal of the American Statistical Association, 1970, 65 (330): 586 – 597.

[98] Constantino Liuch. Expenditure, savings and habit formation [J]. International Economic Review, 1974, 15 (3): 786 – 797.

[99] Marcel Boyer. A habit forming optimal growth model [J]. International Economic Review, 1978, 19 (3): 585 – 609.

[100] Rulon Pope, Richard Green, Jim Eales. Testing for homogeneity and habit formation in a flexible demand specification of U. S. meat consumption [J]. American Journal of Agricultural Economics, 1980, 62 (4): 778 – 784.

[101] Spinnewyn, F. Rational habit formation [J]. European Economic Review, 1981, 15: 91 – 109.

[102] Dunn, Kenneth B. and Singleton, Kenneth J. Modeling the term structure of interest rates under non-separable utility and durability of goods [J]. Journal of Financial Economics, 1986, 17 (1): 27 – 55.

[103] Eichenbaum, M. S., Hansen, L. P., Singleton, K. J. A time series analysis of representative agent models of consumption and leisure choice under un-

certainty [J]. The Quarterly Journal of Economics, 1988, 103 (1): 51 – 78.

[104] Denise R. Osborn. Seasonality and habit persistence in a life cycle model of consumption [J]. Journal of Applied Econometrics, 1988, 3 (4): 255 – 266.

[105] John Muellbauer. Habits, rationality and myopia in the life cycle consumption function [J]. Annales d'Économie et de Statistique, 1988, 9: 47 – 70.

[106] Suresh M. Sundaresan. Intertemporally dependent preferences and the volatility of consumption and wealth [J]. The Review of Financial Studies, 1989, 2 (1): 73 – 89.

[107] Constantinides, G. Habit formation: a resolution of the equity premium puzzle [J]. Journal of Political Economy, 1990, 98: 519 – 543.

[108] Ferson, W. E. and Constantinides, G. M. Habit persistence and durability in aggregate consumption: empirical tests [J]. Journal of Financial Economics, 1991, 29: 199 – 240.

[109] Heaton, J. The interaction between time-nonseparable preferences and time aggregation [J]. Econometrica, 1993, 61 (2): 353 – 385.

[110] Braun, Phillip A., Constantinides, G. M., Ferson, Wayne E. Time nonseparability of aggregate consumption: international evidence [J]. European Economic Review, 1993, 37 (5): 897 – 920.

[111] Robert L. Basmann, Kathy J. Hayes, Daniel J. Slottje. Testing an alternative habit persistence model [J]. Southern economic Journal, 1994, 60 (3): 739 – 753.

[112] Naik, N. Y., Moore, M. J. Habit formation and intertemporal substitution in individual food consumption [J]. The Review of Economics and Statistics, 1996, 178 (2): 321 – 329.

[113] Campbell J., Deaton A. Why is consumption so smooth [J]. Review of Economic Studies, 1989, 56 (3): 357 – 373.

[114] Campbell J. Y., Cochrane J. H. By force of habit: consumption-based explanation of aggregate stock market behavior [J]. Journal of Political Economy, 1999, 107 (2): 205 – 251.

[115] David A. Chapman. Habit formation and aggregate consumption [J].

Econometrica, 1998, 66 (5): 1223 - 1230.

[116] Fuhrer, J. C., M. W. Klein. Risky habits: on risky sharing, habit formation, and interpretation of international consumption correlations, NBER Working Paper, 1998, No. 6735.

[117] Messinis, George. On the history of habit formation in consumption, The University of Melbourne, manuscript, 1999.

[118] Meghir, C., G. Weber. Intertemporal nonseparablity or borrowing restrictions? a disaggregate analysis using a U. S: consumption panel [J]. Econometrica, 1996, 60 (5): 1151 - 1181.

[119] Carroll C., Overland J., Weil D. Saving and growth with habit formation [J]. American Economic Review, 2000, 90 (3): 341 - 355.

[120] Alessie R., Lusardi A. Consumption, saving and habit formation [J]. Economics Letters, 1997, 55 (1): 103 - 108.

[121] Guariglia A., Rossi, M. Consumption, habit formation and precautionary saving: evidence from British household panel survey [J]. Oxford Economic Papers, 2002, 54 (1): 1 - 19.

[122] Seckin A. Essays on consumption with habits formation, Ph. D. dissertation, Carleton University, Ottawa, 1999.

[123] Jeffrey C. Fuhrer. Habit formation in consumption and its implication for monetary-policy model [J]. The American Economic Review, 2000, 90 (3): 367 - 390.

[124] Dynan K. E. Habit formation in consumer preferences: evidence from panel data [J]. The American Economic Review, 2000, 90 (3): 391 - 406.

[125] Arman Mansoorian. Habits and durability in consumption, and the effects of tariff protection [J]. Open Economies Review, 2000, 11: 195 - 204.

[126] William T. Smith. Consumption and saving with habit formation and durability [J]. Economics Letter, 2002, 75: 369 - 375.

[127] M. Hashem Pesaran. Aggregation of linear dynamic models: an application to life-cycle consumption models under habit formation [J]. Economic Modelling, 2003, 20: 383 - 415.

[128] Ronald Wendner. Do habits raise consumption growth? [J]. Research

in Economics, 2003, 57: 151 – 163.

[129] Patrizio Pagano. Habit persistence and the marginal propensity to consume in Japan [J]. Journal of the Japanese and International Economics, 2004, 18: 316 – 329.

[130] Carrasco R, Labeaga J, Lopez-salido J. Consumption and habits: evidence from panel data [J]. Economic Journal, 2005, 115 (500): 144 – 165.

[131] Malley J, Molana, H. Further evidence from aggregate data on the life cycle permanent-income model [J]. Empirical Economics, 2006, 31: 1025 – 1041.

[132] Viola Angelini. Consumption and habit formation when time horizon is finite [J]. Economics Letters, 2009, 103 (2): 113 – 116.

[133] Rob Alessie, Federica Teppa. Saving and habit formation: evidence from Dutch panel data [J]. Empirical Economics, 2010, 38: 385 – 407.

[134] Leibenstein, H. Bandwagon, snob, and veblen effects in the theory of consumer's demand [J]. Quarterly Journal of Economics, 1950, 64: 183 – 207.

[135] Duncan, O. Dudley, Archibald O. Haller and Alejandro Portes. Peer influences on aspirations: reinterpretation [J]. American Journal of Sociology, 1968, 74 (2): 119 – 137.

[136] Case, Anne C. Spatial patterns in household demand [J]. Econometrica, 1991, 59 (4): 953 – 965.

[137] Michael Binder, M. Hashem Pesaran. Life-cycle consumption under social interactions [J]. Journal of Economic Dynamics & Control, 2001, 25: 35 – 83.

[138] Jaime Alonso-Carrera, Jordi Caball and Xavier Raurich. Growth, habit formation, and catching-up with the Joneses [J]. European Economic Review, 2005, 49: 1665 – 1691.

[139] Jessica A. Wachter. Solving models with external habit [J]. Finance Research Letters, 2005, 2: 210 – 226.

[140] Robin Cowan, William Cowan, G. M. Peter Swann. Waves in consumption with interdependence among consumers [J]. The Canadian Journal of Economics, 2004, 37 (1): 149 – 177.

[141] Sha Yang, Greg M. Allenby. Modeling interdependent consumer preferences [J]. Journal of Marketing Research, 2003, 40 (3): 282 - 294.

[142] Fredrik W. Andersson. Consumption theory with reference dependent utility [J]. The Journal of Socio-Economics, 2009, 38: 415 - 420.

[143] Kengo Nutahara. Internal and external habits and news-driven business cycles [J]. Economics Letters, 2010, 107: 300 - 303.

[144] Delia Velculescu. Consumption habits in an overlapping generations model [J]. Economics Letters, 2011, 111: 127 - 130.

[145] Orazio P, Brugiavini A. Social security and households' saving [J]. The Quarterly Journal of Economics, 2003, 118 (6): 1075 - 1119.

[146] Zant W. Social security wealth and aggregate consumption: an extended life-cycle model estimate for the Netherlands [J]. De Economist, 1998, 136 (8): 136 - 153.

[147] Gormley T, Liu H, Zhou G. Limited participation and consumption - saving puzzles: a simple explanation and the role of insurance [R]. Working Paper, 2006.

[148] Li D, Wang Y. Study on rural social security on local residents devel opmental consumption [J]. Video Surveillance for Sensor Platforms, 2013, 225 (8): 179 - 187.

[149] Dhami S. Optimal consumption taxes and social security under tax measurement problems and uncertainty [J]. International Tax and Public Finance, 2002, 23 (9): 673 - 685.

[150] Yakita A. Uncertain lifetime, fertility and social security [J]. Journal of Population Economics, 2001, 14 (4): 635 - 640.

[151] Hungerford L. The social security surplus and saving [J]. Public Finance Review, 2009, 37 (3): 79 - 91.

[152] Jmrohorolu A, Jmrohorolu S, Douglas H J. A life cycle analysis of social security [J]. Economic Theory, 1995, 116 (10): 83 - 114.

[153] Lee R, Tuljapurkar S. Erratum to: death and taxes: longer life, consumption, and social security [J]. Demography, 1997, 34 (8): 21 - 34.

[154] Aydede Y. The cost of immigrants' occupational mismatch and the ef-

fectiveness of post arrival policies in Canada [J]. IZA Journal of Migration, 2016, 14 (10): 2 - 23.

[155] Barro, MacDonald. Social security and consumer spending in an international cross section [J]. Journal of Public Economics, 1979, 11: 1095 - 1117.

[156] Aydede Y. Aggregate consumption function and public social security: the first time-series study for a developing country [J]. Applied Economics, 2008, 40: 1026 - 1807.

[157] Diamond, P. A framework for social security analysis [J]. Journal of Public Economics, 1977, 8 (3): 275 - 298.

[158] Hubbard, G. Social security, liquidity constraints, and pre-retirement consumption [J]. Southern Economic Journal, 1985, 52 (2): 471 - 483.

[159] Hubbard, G. and Judd, K. Social security and individual welfare: precautionary saving, borrowing constraints, and the payroll Tax [J]. The American Economic Review, 1987, 77 (4): 630 - 646.

[160] Barr, N. and Diamond, P. The economics of pensions [J]. Oxford Review of Economic Policy, 2006, 22 (1): 15 - 39.

[161] Feldstein, M. Social security, induced retirement, and aggregate capital accumulation [J]. Journal of Political Economy, 1974, 82 (5): 905 - 926.

[162] Zant, W. Social security wealth and aggregate consumption: an extended life-cycle model estimated for the Netherlands [J]. De Economist, 1988, 136 (1): 136 - 153.

[163] Blake, D. The impact of wealth on consumption and retirement behavior in the UK [J]. Applied Finance Economics, 2004, 14 (8): 555 - 576.

[164] Cagan P. The effect of pension plans on aggregate saving: evidence from a sample survey [M]. New York: Nation Bureau of Economic Research, 1965.

[165] Parker J A. The reaction of household consumption to predictable changes in social security taxes [J]. American Economic Review, 1999, 89 (4): 959 - 973.

[166] Aydede H Y. Saving and social security wealth: a case of Turkey [Z]. SSRN, Networks Financial Institute, Working Paper, 2007.

[167] Bloom D E, Canning D, Mansfiel D R. Demographic change, social security systems and savings [J]. Journal of Monetary Economics, 2007, 54 (1): 92-114.

[168] Komiendi, R. C. Government debts, government spending and private sector behavior [J]. American Economic Review, 1983, 73 (5): 994-1010.

[169] Aschauer, D. A. Fiscal policy and aggregate demand [J]. American Economic Review, 1985, 75 (1): 117-127.

[170] Ho, T. The government spending and private consumption: a panel cointegration analysis [J]. International Review of Economics & Finance, 2001, 10 (1): 95-108.

[171] Hogan, V. Expansionary fiscal contractions? evidence from panel data, Working Papers, School of Economics, University College Dublin, 2003.

[172] Devereux, M. B., Head, A. C. and Lampham, B. J. Monopolistic competition, increasing return, and the effects of government spending [J]. Journal of Money, Credit and Banking, 1996, 28 (2): 233-253.

[173] Linnemann, L., The effects of government spending on private consumption: a puzzle? [J]. Journal of Money, Credit and Banking, 2006, 38 (7): 1715-1735.

[174] Linnemann, L. Schabert A. Can fiscal spending stimulate private consumption [J]. Economics Letters, 2004, 82 (2): 173-179.

[175] Coenen G, Straub R. Does government spending crowd in private consumption theory and empirical evidence for the Euro Area [J]. International Finance, 2005, 8 (3): 435-470.

[176] Bouakcz H, Rebei N. Why does private consumption rise after a government spending shock [J]. Canadian Journal of Economics Revue Canadienne Déconomique, 2007, 40 (3): 954-979.

[177] Liu, W. and Turnovsky, S. J. Consumption externalities, production externalities, and the accumulation of capital [J]. Journal of Public Economics, 2005, 89 (5): 1097-1129.

[178] Chen, B. and Yao, Y. The cursed virtue: government infrastructural investment and household consumption in chinese provinces [J]. Oxford Bulletin of

Economics and Statistics, 2011, 73 (6): 856 – 877.

[179] Marth J. Bailey. National income and the price level: a study in macroeconomic theory [M]. New York: McGraw – Hill, 1971.

[180] Barro R J. Output effects of government purchase [J]. The Journal of Political Economic, 1981, 89 (6): 1086 – 1121.

[181] Fiorito R, Kollintzas T. Public goods, merit goods, and the relation between private and government consumption [J]. European Economic Review, 2004, 48 (6): 1367 – 1398.

[182] Emanuele B, Giovanni C, David C, et al. Public expenditures on social programs and household consumption in China [J]. IMF Working Paper, 2010.

[183] Agarwal S, Qian W. Consumption and debt response to unanticipated income shocks: evidence from a natural experiment in Singapore [J]. American Economic Review, 2014, 104 (12): 4205 – 4230.

[184] Feinberg R A. Credit cards as spending facilitating stimuli: a conditioning interpretation [J]. Journal of Consumer Research, 1986, 13 (3): 348 – 356.

[185] Soman D, Cheema A. The effect of credit on spending decisions: the role of the credit limit and credibility [J]. Marketing Science, 2002, 21 (1): 32 – 53.

[186] Findlay A, Sparks L. Weaving new retail and consumer landscapes in the scottish borders [J]. Journal of rural studies, 2008, 24 (1): 86 – 97.

[187] Krugman Paul. Debt is (mostly) money we owe to ourselves [EB/OL]. http://krugman.blogs.nytimes.com.2011.

[188] Hall Robert E. The long slump [J]. American Economic Review, 2011, 101 (2): 431 – 469.

[189] Tobin James. Asset accumulation and economic activity: reflections on contemporary macroeconomic theory [M]. Oxford: Basil Black-well, 1980: 224 – 256.

[190] Dynan K E, Jonathan Skinner, Stephen P Zeldes. Do the rich save more? [J]. Journal of Political Economy, 2004, 112 (2): 397 – 444.

[191] Mian, Atif, Amir Sufi. What explains high unemployment? the aggregate demand channel [R]. NBER Working Paper, 2012.

[192] Claessens, Stijn M A Kose, Marco E. Terrones. Financial cycles: what? how? when? [M]. Chicago and London: University of Chicago Press, 2011:

303 – 343.

[193] Campbell J Y, Mankiw N G. The response of consumption to income: a cross-section investigation [J]. European Economic Review, 1991, 23: 1 – 24.

[194] Jinkins D. Conspicuous consumption in the United States and China [J]. Journal of Economic Behavior and Organization, 2016, 127 (18): 115 – 132.

[195] Lahiri K, Monokroussos G, Zhao Y. Forecasting consumption: the role of consumer confidence in real time with many predictors [J]. Journal of Applied Econometrics, 2016, 31 (7): 1254 – 1275.

[196] Thimme J. Intertemporal substitution in consumption: a literature review [J]. Journal of Economic Surveys, 2017, 31 (1): 226 – 257.

[197] Baker S R, Yannelis C. Income changes and consumption: evidence from the 2013 federal government shutdown [J]. Review of Economic Dynamics, 2017, 23 (1): 99 – 124.

[198] Hoffmann M, Studer S. Systematic consumption risk in currency returns [J]. Journal of International Money and Finance, 2017, 74 (6): 187 – 208.

[199] Ramsey, F. P. A Mathematical theory of saving [J]. Economic Journal, 1928, 38: 543 – 549.

[200] Duesenberry, J. S. Income, saving and the theory of consumer behavior, Harvard University Press, Cambridge, Mass, 1949.

[201] Robert E. Hall. Stochastic implications of the life cycle permanent income hypothesis: theory and evidence [J]. Journal of Political Economy, 1978, 86: 971 – 978.

[202] Stone R. Linear expenditure system and demand analysis: an application to the pattern of British demand [J]. Economic Journal, 1954, 64 (255): 511 – 527.

[203] Lester D. Taylor, Daniel Weiserbs. On the estimation of dynamic demand functions [J]. The Review of Economics and Statistics, 1972, 54 (4): 459 – 465.

[204] Lluch C., R. Williams. Consumer demand systems and aggregate consumption in the U.S.A.: an application of the extended linear expenditure system [J]. Canadian Journal of Economics, 1975, 8 (1): 49 – 66.

[205] Richard Green, Zuhair A. Hassan, S. R. Johnson. Alternative estimates of static and dynamic demand systems for Canada [J]. American Journal of

Agricultural Economics, 1978, 60 (1): 93-107.

[206] Deaton A., Muellbauer J. An almost ideal demand system [J]. American Economic Review, 1980, 70 (3): 312-326.

[207] Gordon Anderson, Richard Blundell. Testing restrictions in a flexible dynamic demand system: an application to consumers' expenditure in Canada [J]. The Review of Economic Studies, 1983, 50 (3): 397-410.

[208] Blanciforti L., Green R. An almost ideal demand system incorporating habits: an analysis of expenditures on food and aggregate commodity groups [J]. Review of Economics and Statistics, 1983, 65 (3): 511-515.

[209] Gordon Anderson, Richard Blundell. Consumer non-durables in the U. K. : a dynamic demand system [J]. The Economic Journal, 1984, 94: 35-44.

[210] Moschini G, Vissa A. A linear iverse demand system [J]. Journal of Agricultural and Resource Economics, 1992, 17: 294-302.

[211] Eales JS, Unnevehr L. The inverse almost ideal demand system [J]. European Economic Review, 1994, 38: 101-115.

[212] Matthew T. Holt, Barry K. Goodwin. Generalized habit formation in an inverse almost ideal demand system: an aplication to meat expenditures in the U. S. [J]. Empirical Economics, 1997, 22: 293-320.

二、中文部分

[1] [美] 罗纳德·I·麦金农. 经济发展中的货币与资本 [M]. 卢骢译. 上海人民出版社, 1997.

[2] [美] 克里斯·安得森. 长尾理论 [M]. 乔江涛译. 中信出版社, 2006.

[3] [美] 兹维·博迪, 罗伯特·C·莫顿. 金融学 [M]. 中国人民大学出版社, 2013.

[4] [英] 亚当·斯密. 国民财富的性质和原因的研究 [M]. 郭大力, 王亚南译. 北京: 商务印书馆, 1972.

[5] [美] 米尔顿·弗里德曼著. 弗里德曼文萃 [M]. 高榕等译. 北京: 北京经济学院出版社, 1991.

[6] [美] 弗兰克·莫迪里亚尼著. 莫迪利亚尼论文选 [M]. 林少宫, 费剑平译. 北京: 商务印书馆, 1993.

［7］［英］约翰·梅纳德·凯恩斯著. 就业、利息和货币通论［M］. 高鸿业译. 北京：商务印书馆，1996.

［8］［美］杜森贝里. 收入、储蓄和消费者行为理论［M］. 侯家驹译. 台湾经济研究室，1985.

［9］［美］詹姆斯·D. 汉密尔顿. 时间序列分析［M］. 刘明志译. 北京：中国社会科学出版社，1999.

［10］［美］达莫达尔·N. 古扎拉蒂. 经济计量学精要（第4版）［M］. 张涛等译. 北京：机械工业出版社，2010.

［11］［美］Peter J. Brockwell, Richard A. Davis. 时间序列的理论与方法［M］. 田铮，译. 北京：高等教育出版社，2001.

［12］［美］沃尔特·恩德斯. 应用计量经济学时间序列分析［M］. 杜江，谢志超译. 北京：高等教育出版社，2006.

［13］［美］罗素·戴维森，詹姆斯·G. 麦金农. 计量经济理论和方法［M］. 沈根祥译. 上海：上海财经大学出版社，2006.

［14］［美］J. M. 伍德里奇. 横截面与面板数据的经济计量分析［M］. 王忠玉译. 北京：中国人民大学出版社，2007.

［15］陈强. 高级计量经济学及Stata应用（第二版）［M］. 北京：高等教育出版社，2014.

［16］罗明雄，唐颖，刘勇. 互联网金融发展研究［M］. 北京：中国财政经济出版社，2013.

［17］杨涛. 真实P2P网贷：创新、风险与监管［M］. 北京：经济管理出版社，2016.

［18］吴晓求等. 互联网金融：逻辑与结构［M］. 北京：中国人民大学出版社，2015.

［19］李子奈，潘文卿. 计量经济学［M］. 北京：高等教育出版社，2015.

［20］李真. 互联网金融体系：本质、风险与法律监管进路［J］. 经济与管理，2014（5）：51-57.

［21］李继尊. 关于互联网金融的思考［J］. 管理世界，2015（7）：1-7，16.

［22］李博，董亮. 互联网金融的模式和发展［J］. 中国金融，2013

（10）：19 – 21.

[23] 魏鹏. 中国互联网金融的风险与监管研究 [J]. 金融论坛, 2014 (7)：3 – 9.

[24] 郑联盛. 中国互联网金融：模式、影响、本质与风险 [J]. 国际经济评论, 2014 (5)：6, 103 – 118.

[25] 吴晓求. 互联网金融的逻辑 [J]. 中国金融, 2014 (1)：29 – 31.

[26] 龚明华. 互联网金融：特点、影响与风险防范 [J]. 新金融, 2014 (2)：8 – 10.

[27] 唐旭. 金融脱媒与多层次金融市场 [J]. 新金融, 2006 (S1)：1 – 4.

[28] 郑志来. 互联网金融、金融脱媒与中小微企业融资路径研究 [J]. 西南金融, 2015 (3)：52 – 56.

[29] 刘澜飚, 沈鑫, 郭步超. 互联网金融发展及其对传统金融模式的影响探讨 [J]. 经济学动态, 2013 (8)：73 – 83.

[30] 袁博. 互联网金融发展对中国商业银行的影响及对策分析 [J]. 金融理论与实践, 2013 (12)：66 – 70.

[31] 张健华. 我国互联网金融监管问题研究 [J]. 浙江金融, 2014 (5)：4 – 8.

[32] 宏皓. 互联网金融的风险与监管 [J]. 武汉金融, 2014 (4)：4 – 5.

[33] 吴晓求. 中国金融的深度变革与互联网金融 [J]. 财贸经济, 2014 (1)：14 – 23.

[34] 辛琪. 意大利金融脱媒简介 [J]. 国际金融研究, 1990 (8)：45 – 46.

[35] 李扬. 脱媒：中国金融改革发展面临的新挑战 [J]. 新金融, 2007 (11)：15 – 16.

[36] 李瑞雪. 金融脱媒背景下互联网金融监管制度构建 [J]. 现代经济探讨, 2015 (2)：48 – 52.

[37] 朱晋川. 互联网金融的产生背景、现状分析与趋势研究 [J]. 农村金融研究, 2013 (10)：5 – 8.

[38] 方芳, 李聪. 基于金融功能视角下的互联网金融的思考 [J]. 广东社会科学, 2014 (5)：29 – 34.

[39] 戴国强, 方鹏飞. 监管创新、利率市场化与互联网金融 [J]. 现代

经济探讨，2014（7）：64-67，82.

［40］李炳，赵阳．互联网金融对宏观经济的影响［J］．财经科学，2014（8）：21-28.

［41］尚蔚，李肖林．金融抑制对我国中小企业融资的影响及对策［J］．上海经济研究，2015（10）：49-54.

［42］闫真宇．关于当前互联网金融风险的若干思考［J］．浙江金融，2013（12）：40-42.

［43］陶娅娜．互联网金融发展研究［J］．金融发展评论，2013（11）：58-73.

［44］周宇．互联网金融：一场划时代的金融变革［J］．经济改革，2013（9）：67-68.

［45］王曙光，张春霞．互联网金融发展的中国模式与金融创新［J］．长白学刊，2014（1）：80-87.

［46］杨东．互联网金融监管体制探析［J］．中国金融，2014（8）：45-46.

［47］陆岷峰，刘凤．互联网金融背景下商业银行变与不变的选择［J］．南方金融，2014（1）：5-15.

［48］王国刚，张扬．互联网金融之辨析［J］．财贸经济，2015（1）：5-16.

［49］姚珊珊，滕建州，王元．我国互联网金融发展的问题与对策［J］．税务与经济，2017（2）：25-29.

［50］张兆曦，赵新娥．互联网金融的内涵及模式剖析［J］．财会月刊，2017（2）：84-91.

［51］郭建辉．我国互联网金融发展的内生逻辑、驱动因素与金融功能效应［J］．税务与经济，2018（1）：39-45.

［52］李博，董亮．互联网金融的模式与发展［J］．中国金融，2013（10）：19-21.

［53］杨云龙，何文虎．基于文献综述的互联网金融发展研究［J］．吉林金融研究，2014（8）：17-24.

［54］彭涵祺，龙薇．互联网金融模式创新研究——以新兴网络金融公司为例［J］．湖南社会科学，2014（1）：100-103.

［55］梁璋，沈凡．国有商业银行如何应对互联网金融模式带来的挑战

[J]. 新金融，2013（7）：47-51.

[56] 张砾. 分析互联网金融模式的发展对传统银行业的影响[J]. 管理观察，2014（10）：56-58.

[57] 曹凤岐. 互联网金融对传统金融的挑战[J]. 金融论坛，2015（1）：3-6.

[58] 郭捷，周婧. 互联网金融背景下我国上市商业银行的效率实证研究[J]. 运筹与管理，2016（6）：120-127.

[59] 何恩良，舒春浪，叶飞. 互联网金融对传统银行的影响及对策[J]. 金融与经济，2016（12）：83-87.

[60] 李宁，韦颜秋，王梦楠. "互联网+"背景下商业银行拓展长尾市场的探讨[J]. 南方金融，2016（12）：92-96.

[61] 陈艺云. 商业银行对互联网金融的学习效应——基于上市银行经营数据的实证研究[J]. 证券市场导报，2017（6）：12-20.

[62] 靳永辉. 互联网金融发展对传统商业银行的影响研究[J]. 理论月刊，2017（4）：168-182.

[63] 郑志来. 供给侧视角下商业银行结构性改革与互联网金融创新[J]. 经济体制改革，2018（1）：130-135.

[64] 李渊博. 互联网金融创新与商业银行经济发展的关系研究——基于省级面板数据的因果关系检验[J]. 南方经济，2014（12）：36-46.

[65] 彭迪云. 互联网金融与商业银行的共生关系及其互动发展对策研究[J]. 经济问题探索，2015（3）：133-139.

[66] 黄锐. 互联网金融影响银行绩效？——基于98家商业银行的面板数据[J]. 南方金融，2016（1）：55-60.

[67] 郭品，沈悦. 互联网金融加重了商业银行的风险承担吗？——来自中国银行业的经验证据[J]. 南开经济研究，2015（6）：80-97.

[68] 刘忠璐. 互联网金融对商业银行风险承担的影响研究[J]. 财贸经济，2016（4）：71-85.

[69] 喻微锋，周黛. 互联网金融、商业银行规模与风险承担[J]. 云南财经大学学报，2018（1）：59-69.

[70] 郑志来. 互联网金融对我国商业银行的影响路径——基于"互联网+"对零售业的影响[J]. 财经科学，2015（5）：34-43.

[71] 刘丽. 互联网金融背景下商业银行竞争力研究 [J]. 对外经贸, 2018 (2): 133-136.

[72] 李淼焱, 吕莲菊. 我国互联网金融风险现状及监管策略 [J]. 经济纵横, 2014 (8): 87-91.

[73] 吴中超, 高洪洋. 互联网金融背景下我国中小银行的机遇与战略模式选择 [J]. 金融发展评论, 2018 (3): 136-146.

[74] 刘洋, 孙英隽. 互联网金融对商业银行的影响及对策研究 [J]. 电子商务杂志, 2018 (7): 37-38.

[75] 鞠冉, 杨鹭. 互联网金融模式对中小企业发展的支持 [J]. 改革与战略. 2014 (5): 58-62.

[76] 徐洁, 隗斌贤, 揭筱纹. 互联网金融与小微企业融资模式创新研究 [J]. 商业经济与管理, 2014 (4): 92-96.

[77] 余薇, 秦英. 互联网金融背景下小微企业融资模式研究 [J]. 企业经济, 2014 (12): 151-154.

[78] 李淑珍. 我国中小企业融资如何在互联网金融模式下突围 [J]. 改革与战略, 2016 (12): 90-93.

[79] 邹丽. 基于大数据的小微企业融资模式研究——以阿里金融为例 [J]. 财会通讯, 2016 (32): 15-18.

[80] 周雷, 颜芳. 新常态下互联网金融支持小微企业融资研究——基于信息不对称视角 [J]. 财会通讯, 2016 (35): 23-27.

[81] 刘柳, 屈小娥. 互联网金融改善了社会融资结构吗？——基于企业融资选择模型 [J]. 财经论丛, 2017 (3): 38-48.

[82] 郑彬华, 文玉静. 互联网金融与小微企业融资模式 [J]. 经营与管理, 2017 (3): 102-104.

[83] 张东博. 面向小微企业的互联网金融模式创新研究 [J]. 商业经济研究, 2017 (8): 177-178.

[84] 张玉明, 迟冬梅. 互联网金融、企业家异质性与小微企业创新 [J]. 外国经济与管理, 2018 (9): 42-54.

[85] 洪娟, 曹彬, 李鑫. 互联网金融风险的特殊性及其监管策略研究 [J]. 中央财经大学学报, 2014 (9): 26-42.

[86] 欧阳资生, 莫廷程. 互联网金融风险度量与评估研究 [J]. 湖南科

技大学学报,2016(3):173-178.

[87] 韦志康.当前互联网金融风险问题探究[J].武汉金融,2016(6):34-35.

[88] 李彩凤,梁静溪.互联网金融风险的实证评价及优化对策[J].金融理论与实践,2016(5):69-74.

[89] 王倩,吴承礼.互联网金融风险的生成机理分析[J].社会科学辑刊,2016(5):86-91.

[90] 黎来芳,牛尊.互联网金融风险分析及监管建议[J].宏观经济管理,2017(1):52-54.

[91] 宋晓巍,黄运成.互联网金融的风险防范[J].中国金融,2017(4):32-33.

[92] 刘志洋.互联网金融监管探讨[J].经济体制改革,2015(5):169-173.

[93] 邵燕.互联网金融交易中的消费者风险及对策[J].现代经济探讨,2016(4):39-43.

[94] 赵春兰.我国互联网金融的业态风险及法律防范制度构建[J].社会科学战线,2015(10):224-231.

[95] 谢平,邹传伟,刘海二.互联网金融监管的必要性与核心原则[J].国际金融研究,2014(8):3-9.

[96] 郑联盛.中国互联网金融:模式、影响、本质与风险[J].国际经济评论,2014(5):103-118.

[97] 魏鹏.中国互联网金融的风险与监管研究[J].金融论坛,2014(7):3-9.

[98] 俞林,康灿华,王龙.互联网金融监管博弈研究:以P2P网贷模式为例[J].南开经济研究,2015(5):126-139.

[99] 杜杨.基于动态演化博弈的互联网金融创新路径与监管策略[J].统计与决策,2015(17):37-41.

[100] 杨青,黄俊杰,肖立伟,互联网金融创新及监管政策发展探索[J].上海金融,2018(2):62-66.

[101] 姜松,黄庆华.互联网金融发展与经济增长的关系——非参数格兰杰检验[J].金融论坛,2018(3):6-23,51.

[102] 王锦虹. 互联网金融对商业银行盈利影响测度研究——基于测度指标体系的构建与分析 [J]. 财经理论与实践, 2015 (1): 37-46.

[103] 吴本健, 毛宁, 郭利华. "双重排斥"下互联网金融在农村地区的普惠效应 [J]. 华南师范大学学报, 2017 (1): 48-56.

[104] 邹静, 王洪卫. 互联网金融对中国商业银行系统性风险的影响 [J]. 财经理论与实践, 2017 (1): 17-23.

[105] 张英, 互联网金融创新下的经济犯罪防控机制探究 [J]. 暨南学报 (哲学社会科学版), 2018 (8): 75-84.

[106] 田利辉, 范乙凡, 互联网金融的普惠特征与规范发展 [J]. 中国高校社会科学, 2018 (3): 78-86, 159.

[107] 金浩, 张晓园. 互联网金融对供应链风险及收益的影响研究 [J]. 工业技术经济, 2018 (10): 101-108.

[108] 王伟. 中国互联网金融征信的二维思考——基于经济学与法学视角 [J]. 哈尔滨工业大学学报 (社会科学版), 2017, 19 (6): 50-55.

[109] 李薇, 朱婷婷. 互联网金融对居民消费的影响 [J]. 合作经济与科技, 2018 (3X): 76-77.

[110] 吴冠虹, 王刚贞, 赵培羽, 易文静. 互联网金融对中国家庭金融资产配置影响的研究 [J]. 哈尔滨师范大学自然科学学报, 2018 (1): 33-38.

[111] 和立道, 王英杰, 徐磊. 政府支出、资产累积和消费扩张——基于贫困地区农村居民消费的随机游走假说特点 [J]. 云南财经大学学报, 2017 (6): 73-80.

[112] 杭斌, 王永亮. 流动性约束与居民消费 [J]. 数量经济技术经济研究, 2001 (8): 22-25.

[113] 刘金全, 邵欣炜. 流动性约束与消费行为关系的实证研究 [J]. 管理科学学报, 2004 (4): 1-5.

[114] 赵霞, 刘彦平. 居民消费、流动性约束和居民个人消费信贷的实证研究 [J]. 财贸经济, 2006 (11): 32-36.

[115] 唐绍祥, 汪浩瀚, 徐建军. 流动性约束下我国居民消费行为的二元结构与地区差异 [J]. 数量经济与技术经济研究, 2010 (3): 81-95.

[116] 陈彦斌, 陈军. 我国总消费不足的原因探析——基于居民财产持有的视角 [J]. 中国人民大学学报, 2009 (6): 80-86.

[117] 陈金龙,李宝玲. 我国居民收入差距与消费需求关系研究 [J]. 当代经济管理, 2007 (12): 4-9.

[118] 马万超,李辉. 经济转型背景下收入差距、财富差距与消费需求的实证研究——来自中国家庭追踪调查数据的解释 [J]. 云南财经大学学报, 2017 (6): 63-72.

[119] 陆地,孙巍. 城镇居民收入的区域分布差距与消费非均衡效应 [J]. 华东经济管理, 2018, 32 (9): 80-89.

[120] 杨碧云,屈原. 房价变动对我国城镇居民消费影响的异质性研究 [J]. 消费经济, 2017, 33 (6): 18-26.

[121] 宋勃. 房地产市场财富效应的理论分析和中国经验的实证检验: 1998-2006 [J]. 经济科学, 2007 (5): 41-53.

[122] 黄静,屠梅曾. 房地产财富与消费:来自于家庭微观调查数据的证据 [J]. 管理世界, 2009 (7): 35-45.

[123] 杜莉,沈建光,潘春阳. 房价上升对城镇居民平均消费倾向的影响——基于上海市入户调查数据的实证研究 [J] 金融研究, 2013 (3): 44-57.

[124] 况伟大. 房价变动与中国城市居民消费 [J]. 世界经济, 2011 (10): 21-34.

[125] 谢洁玉,吴斌珍,李宏彬,郑思齐. 中国城市房价与居民消费 [J]. 金融研究, 2012 (6): 13-27.

[126] 李春风,刘建江,陈先意. 房价上涨对我国城镇居民消费的挤出效应研究 [J]. 统计研究, 2014 (12): 32-40.

[127] 樊锦霞,叶莉,张玉梅. 房价不确定性对城镇居民消费影响的研究——一个行为金融学角度的分析 [J]. 当代经济管理, 2018, 40 (5): 9-14.

[128] 李江一. "房奴效应"导致居民消费低迷了吗？[J]. 经济学（季刊）, 2017, 17 (1): 405-430.

[129] 崔光灿. 房地产价格与宏观经济互动关系实证研究——基于我国 31 个省份面板数据分析 [J]. 经济理论与经济管理, 2009 (1): 57-62.

[130] 颜色,朱国钟. "房奴效应"还是"财富效应"？——房价上涨对国民消费影响的一个理论分析 [J]. 管理世界, 2013 (3): 34-47.

[131] 邓健,张玉新. 房价波动对居民消费的影响机制 [J]. 管理世界,

2011 (4)：171-172.

[132] 陈斌开，杨汝岱. 土地供给、住房价格与中国城镇居民储蓄 [J]. 经济研究，2013 (1)：110-122.

[133] 徐春华. 对外开放、房价上涨与居民边际消费倾向 [J]. 国际贸易问题，2015 (1)：58-68.

[134] 李春风，刘建江，齐祥芹. 房价上涨影响居民消费的门槛效应：倒U假说及实证 [J]. 华东经济管理，2017，31 (12)：162-169.

[135] 张霆，万光彩. 住宅价格如何影响城镇居民消费——基于状态空间模型的研究 [J]. 浙江工商大学学报，2018 (1)：77-84.

[136] 石永珍，王子成. 住房资产、财富效应与城镇居民消费——基于家户追踪调查数据的实证分析 [J]. 经济社会体制比较，2017 (6)：74-86.

[137] 张漾滨. 中国股价与房价波动对居民消费的影响研究 [J]. 管理世界，2012 (1)：178-179.

[138] 黎泉，张波，林靖欣，住房价格对居民消费的影响研究——基于我国35个大中城市面板数据分析 [J]. 消费经济，2018，34 (2)：72-78.

[139] 纪建悦，孙启伟，住房价格、社会保障支出和居民消费——基于面板门槛模型的实证分析 [J]. 南京审计大学学报，2018 (3)：1-10.

[140] 周春喜，杨振. 城镇居民家庭住房资产财富效应的研究——基于东部、中部、西部地区差异的分析 [J]. 价格理论与实践，2014 (1)：80-81.

[141] 熊黎. 住房价格波动影响居民消费行为的实证研究 [D]. 长沙：湖南大学，2011.

[142] 周洲. 中国城市房价对居民消费的影响——基于中国城镇家庭的经验研究 [D]. 广州：广东外语外贸大学，2015.

[143] 李剑，臧旭恒. 住房价格波动与中国城镇居民消费行为——基于2004—2011年省际动态面板数据的分析 [J]. 南开经济研究，2015 (1)：90-98.

[144] 龙志和，王晓辉，孙艳. 中国城镇居民消费习惯形成实证分析 [J]. 经济科学，2002 (6)：29-35.

[145] 龙志和，杨建辉，王晓辉. 关于消费习惯形成的研究进展 [J]. 经济学动态，2003 (5)：75-77.

[146] 陈彦斌,肖争艳,邹恒甫. 财富偏好、习惯形成和消费与财富的波动率 [J]. 经济学(季刊) 2003 (1): 147-156.

[147] 谭玉顺,刘先忠. 习惯形成对居民消费、储蓄影响的理论分析 [J]. 应用数学, 2005 (18): 83-87.

[148] 齐福全,王志伟. 北京市农村居民消费习惯实证分析 [J]. 中国农村经济, 2007 (7): 53-59.

[149] 艾春荣,汪伟. 习惯偏好下的中国居民消费的过度敏感性 [J]. 数量经济技术经济研究, 2008 (11): 98-114.

[150] 谭玉顺. 具有消费习惯的随机内生经济增长模型 [J]. 统计与决策, 2008 (20): 14-15.

[151] 杭斌,申春兰. 习惯形成下的缓冲储备行为 [J]. 数量经济技术经济研究, 2008 (10): 142-152.

[152] 雷钦礼. 财富积累、习惯、偏好改变、不确定性与家庭消费决策 [J]. 经济学(季刊), 2009 (3): 1029-1046.

[153] 杭斌,郭香俊. 基于习惯形成的预防性储蓄——中国城镇居民消费行为的实证分析 [J]. 统计研究, 2009 (3): 38-43.

[154] 杭斌. 习惯形成下的农户缓冲储备行为 [J]. 经济研究, 2009 (1): 96-105.

[155] 戴丽娜. 习惯形成、不确定性、流动性约束与居民消费——基于省际动态面板数据的实证分析 [J]. 商业经济与管理, 2010 (3): 58-63.

[156] 杭斌. 城镇居民的平均消费倾向为何持续下降——基于消费习惯形成的实证分析 [J]. 数量经济技术经济研究, 2010 (6): 126-138.

[157] 王敏,梁利. 中国农民消费行为及影响因素分析 [J]. 数理统计与管理, 2010 (5): 780-788.

[158] 凌爱凡,吕江林. 有限周期内具有习惯形成与财富偏好的消费与储蓄问题 [J]. 系统工程理论与实践, 2011 (1): 43-54.

[159] 崔海燕,范纪珍. 内部和外部习惯形成与中国农村居民消费行为——基于省级动态面板数据的实证分析 [J]. 中国农村经济, 2011 (7): 54-62.

[160] 晏艳阳,官飞宇. 中国居民消费习惯形成的二元结构研究 [J]. 统计与信息论坛, 2011 (6): 39-44.

[161] 李春风，陈乐一和李玉双．消费习惯下我国城镇居民持久收入的边际消费倾向——基于缓冲储备模型的理论与实证分析［J］．现代财经，2012（11）：61－70．

[162] 王海侠．消费习惯理论概述与应用［J］．生产力研究，2006（11）：37－38．

[163] 闫新华，杭斌．内、外部习惯形成及居民消费结构——基于中国农村居民的实证研究［J］．统计研究，2010（5）：32－40．

[164] 杭斌．理性习惯偏好与居民消费行为［J］．统计研究，2011（3）：23－29．

[165] 贾男，张亮亮．城镇居民消费的"习惯形成"效应［J］．统计研究，2011（8）：43－48．

[166] 崔海燕，范纪珍．习惯形成与中国城镇居民信息消费行为——基于省级动态面板数据的实证分析［J］．情报科学，2012（5）：657－661．

[167] 张邦科，陶建平．湖北农村居民消费的内外部习惯形成——基于消费结构数据的实证分析［J］．华中农业大学学报（社会科学版），2012（3）：38－42．

[168] 纪江明，赵毅．中国区域间农村社会保障对居民消费的影响［J］．中国人口·资源与环境，2013（5）：93－97．

[169] 方匡南，章紫艺．社会保障对城乡家庭消费的影响研究［J］．统计研究，2013（3）：51－58．

[170] 刘飞，王欣亮，白永秀．城乡协调分异、社会保障扭曲与居民消费差距［J］．当代经济科学，2018，40（3）：35－44，125．

[171] 姚晓垒，虞斌．我国养老保险影响居民消费的实证研究——基于养老保险改革前后的对比分析［J］．浙江金融，2012（3）：17－20．

[172] 孟醒，申曙光．基本养老金财富对居民消费的激励效应——基于分位数回归的研究［J］．中山大学学报（社会科学版），2016（1）：197－208．

[173] 张川川，John Giles，赵耀辉．新型农村社会养老保险政策效果评估——收入、贫困、消费、主观福利和劳动供给［J］．经济学（季刊），2015（1）：203－230．

[174] 田华，金卫健，朱柏青．财政社会保障和就业支出对农村居民消费的影响分析［J］．统计与决策，2016（12）：115－117．

[175] 樊纲, 王小鲁. 消费条件模型和各地区消费条件指数 [J]. 经济研究, 2004 (5): 13-21.

[176] 何立新, 封进, 佐藤宏. 养老保险改革对家庭储蓄率的影响: 中国的经验证据 [J]. 经济研究, 2008 (10): 117-130.

[177] 孟庆平. 我国城镇居民储蓄对社会养老保险的公共价值分析 [J]. 财贸经济, 2008 (2): 58-62.

[178] 石阳, 王满仓. 现收现付制养老保险对储蓄的影响——基于中国面板数据的实证研究 [J]. 数量经济技术经济研究, 2010 (3): 96-106.

[179] 陈池波, 张攀峰. 新型社会保障、收入类型与农村居民消费——基于横截面数据的经验分析 [J]. 经济管理, 2012 (8): 175-182.

[180] 白重恩, 吴斌珍, 金烨. 中国养老保险缴费对消费和储蓄的影响 [J]. 中国社会科学, 2012 (8): 48-71, 204.

[181] 王小龙. 养老双轨制、家庭异质性与城镇居民消费不足 [J]. 金融研究, 2013 (8): 109-122.

[182] 蔡兴. 预期寿命、养老保险发展与中国居民消费 [J]. 经济评论, 2015 (6): 81-91.

[183] 岳爱, 杨矗, 常芳, 等. 新型农村社会养老保险对家庭日常费用支出的影响 [J]. 管理世界, 2013 (8): 101-108.

[184] 赵青, 李珍. 基本养老保险与居民消费——基于 CHARLS 数据的多层次线性回归分析 [J]. 财政研究, 2018 (3): 87-98.

[185] 陈晓毅, 张波. 老龄化、养老保障与我国农村家庭消费——基于微观调查数据的分析 [J]. 云南财经大学学报, 2014 (4): 89-97.

[186] 李珍, 赵青. 我国城镇养老保险制度挤进了居民消费吗？——基于城镇的时间序列和面板数据分析 [J]. 公共管理学报, 2015 (4): 102-110, 158.

[187] 康书隆, 余海跃, 王志强. 基本养老保险与城镇家庭消费: 基于借贷约束视角的分析 [J]. 世界经济, 2017 (12): 165-188.

[188] 刘慧. 社会保障对我国居民消费影响的实证研究 [J]. 价格月刊, 2009 (12): 80-82.

[189] 田玲, 刘章艳. 基本养老保险能有效缓解居民消费压力感知吗？——基于中国综合社会调查（CGSS）的经验证据 [J]. 中国软科学,

2017 (1): 31-40.

[190] 邹红, 喻开志. 养老保险和医疗保险对城镇家庭消费影响的影响研究 [J]. 统计研究, 2013 (11): 60-67.

[191] 易行健, 黄远, 基本养老保险对不同城镇家庭消费的影响差异——基于 CFPS 数据的实证检验 [J]. 湘潭大学学报（哲学社会科学版）, 2018, 42 (2): 74-82.

[192] 赵青, 李珍. 公共养老金制度与居民消费关系研究——基于 CWED 数据的跨国经验分析 [J]. 保险研究, 2017 (10): 87-101.

[193] 李广众. 政府支出与居民消费替代还是互补 [J]. 世界经济, 2005 (5): 38-45.

[194] 胡永刚, 郭新强. 内生增长、政府生产性支出与中国居民消费 [J]. 经济研究, 2012 (9): 57-71.

[195] 易行健, 刘胜, 杨碧云. 民生性财政支出对我国居民消费率的影响——基于 1996-2009 年省际面板数据的实证检验 [J]. 上海财经大学学报, 2013 (2): 55-62.

[196] 毕玉江, 裴瑱. 消费惯性作用下农村居民和城镇居民消费影响因素的差异研究 [J]. 经济经纬, 2016 (5): 120-125.

[197] 潘彬, 罗新星, 徐选华. 政府购买与居民消费的实证研究 [J]. 中国社会科学, 2006 (5): 68-76, 207.

[198] 洪源, 吕鑫, 李礼. 跨越中等收入陷阱约束下民生财政对居民消费存在门槛效应吗 [J]. 中央财经大学学报, 2017 (5): 12-29.

[199] 官永彬, 张应良. 转轨时期政府支出与居民消费关系的实证研究 [J]. 数量经济技术经济研究, 2008 (12): 15-25.

[200] 孟奎. 财政支出对城乡居民消费影响的实证分析 [J]. 统计与决策, 2012 (18): 137-139.

[201] 李建强. 我国财政支出结构与居民消费异质性动态关系 [J]. 山西财经大学学报, 2012 (1): 9-21.

[202] 徐忠, 张雪春, 丁志杰, 等. 公共财政与中国国民收入的高储蓄倾向 [J]. 中国社会科学, 2012 (6): 93-107.

[203] 梁媛. 城镇化、老龄化背景下的民生财政与居民消费 [J]. 北京理工大学学报：社会科学版, 2017 (3): 92-98.

[204] 王文甫,李雨晴,王赟龙.财政支出有偏性对经济结构失衡的长期与短期效应分析[J].财经论丛,2017(2):38-47.

[205] 黄赜琳.中国经济周期特征和财政政策效应——一个基于三部门RBC模型的实证分析[J].经济研究,2005(6):27-39.

[206] 彭晓莲,李玉双.我国政府支出对居民消费的影响分析[J].统计与决策,2013(10):135-137.

[207] 郭长林.积极财政政策、金融市场扭曲与居民消费[J].世界经济,2016(10):28-52.

[208] 申琳,马丹.政府支出与居民消费倾斜渠道与资源撤出渠道[J].世界经济,2007(11):73-79.

[209] 杨智峰.地区差异、财政支出与居民消费[J].经济经纬,2008(4):64-67.

[210] 严玉华,王燕武.中国财政扩张的消费倾斜效应研究[J].中国经济问题,2016(1):40-49.

[211] 张治觉,吴定玉.我国政府支出对居民消费产生引致还是挤出效应——基于可变参数模型的分析[J].数量经济技术经济研究,2007(5):53-61.

[212] 武晓利,晁江锋.财政支出结构对居民消费率影响及传导机制研究——基于三部门动态随机一般均衡模型的模拟分析[J].财经研究,2014(6):4-15.

[213] 王玉凤,刘树林.财政支出结构对居民消费的动态影响——基于DSGE的实证分析[J].系统工程理论与实践,2015(2):300-307.

[214] 戴洛特,乔扬.政府财政支出结构对居民消费率的影响[J].财经科学,2017(4):108-120.

[215] 杨翱,李长洪.城乡异质性、财政支出结构与中国宏观经济波动[J].财贸经济,2016(7):21-33,93.

[216] 许安拓,刘绪硕.不同收入水平下民生财政影响居民消费的门槛效应研究[J].财会研究,2017(8):5-10.

[217] 张超,甘梦群,徐蕾.地方财政支出对居民消费影响的区域差异研究[J].华东经济管理,2018,32(5):63-69.

[218] 张治觉,陈雨湖,张亮亮.中国政府支出对居民消费影响的空间

计量分析 [J]. 消费经济, 2013 (6): 7-11.

[219] 许先普. 政府支出对居民消费的影响——对李嘉图等价之谜的中国经验分析 [J]. 南京审计学院学报, 2010 (1): 6-11.

[220] 蔡伟贤. 公共支出与居民消费需求: 基于 2SLS 模型的分析 [J]. 财政研究, 2014 (4): 25-28.

[221] 吴强, 刘云波. 财政支出影响居民消费的差异性效应分析——基于财政功能和居民消费分类的省级面板数据 [J]. 宏观经济研究, 2017 (10): 20-30, 61.

[222] 胡永刚, 郭长林. 财政政策规则、预期与居民消费——基于经济波动的视角 [J]. 经济研究, 2013 (3): 96-107.

[223] 汪勇, 赵昕东. 财政支出对居民消费影响的差异性研究——基于城乡与商品的视角 [J]. 宏观经济研究, 2014 (8): 74-80, 120.

[224] 胡蓉, 劳川奇、徐荣华. 政府支出对居民消费具有挤出效应吗? [J]. 宏观经济研究, 2011 (2): 36-41.

[225] 苑德宇, 张静静, 韩俊霞. 居民消费、财政支出与区域效应差异——基于动态面板数据模型的经验分析 [J]. 统计研究, 2010 (2): 44-52.

[226] 刘东皇, 沈坤荣. 公共支出与经济发展方式转变: 中国的经验分析 [J]. 经济科学, 2010 (4): 5-14.

[227] 刘生龙, 周绍杰. 中国为什么难以启动内需——基于省级动态面板数据模型的实证检验 [J]. 数量经济技术经济研究, 2011 (9): 90-102.

[228] 饶晓辉, 刘方. 政府生产性支出与中国的实际经济波动 [J]. 经济研究, 2014 (11): 17-30.

[229] 胡永刚, 郭新强. 内生增长、政府生产性支出与中国居民消费 [J]. 经济研究, 2012 (9): 57-71.

[230] 冉光和, 李涛. 基础设施投资对居民消费影响的再审视 [J]. 经济科学, 2017 (6): 45-57.

[231] 储德银, 闫伟. 地方政府支出与农村居民消费需求——基于1998-2007年省级面板数据的经验分析 [J]. 统计研究, 2009 (8): 38-44.

[232] 杨子晖, 温雪莲, 陈浪南. 政府消费与私人消费关系研究: 基于面板单位根检验及面板协整分析 [J]. 世界经济, 2009 (11): 68-82.

[233] 王勇. 利率变动对我国居民消费的影响——基于 DSGE 模型的研

究 [J]. 消费经济, 2015 (2): 12-18.

[234] 王立平. 我国利率上升的替代效应与收入效应 [J]. 华东经济管理, 2005 (8): 32-34.

[235] 刘赣州. 利率下降对我国居民跨期消费选择的影响分析 [J]. 求实学刊, 2010 (1): 60-64.

[236] 王合旭, 夏阳. 中国居民消费的过度敏感性分析 [J]. 经济科学, 2000 (4): 121-128.

[237] 张五六. 物价、利率与收入对居民消费需求影响研究——基于时变参数状态空间模型 [J]. 数理统计与管理, 2010 (4): 662-669.

[238] 杨汝岱, 陈斌开. 高等教育改革、预防性储蓄与居民消费行为 [J]. 经济研究, 2009 (8): 113-124.

[239] 蔡伟贤. 公共支出与居民消费需求: 基于2SLS模型的分析 [J]. 财政研究, 2014 (4): 25-28.

[240] 王欣亮, 刘飞. 基础教育投入不均会扩大城乡消费不平衡吗?——基于多重面板门槛模型分析 [J]. 西北大学学报 (哲学社会科学版), 2018, 48 (1): 119-127.

[241] 涂先进, 谢家智, 张明. 二元金融对家庭消费的虚拟财富效应分析 [J]. 中央财经大学学报, 2018 (5): 34-45.

[242] 郭念枝. 金融自由化与中国居民消费水平波动 [J]. 经济学 (季刊), 2018, 17 (4): 1361-1382.

[243] 吕建黎. 互联网金融对居民消费影响的实证研究——以服装业为例 [J]. 市场周刊, 2017 (12): 82-84.

[244] 张晓芳. 不确定性的测度及其对中国城镇居民消费的影响研究 [J]. 统计与信息论坛, 2018 (1): 43-49.

[245] 周佳. 场景理论视角下城市商业文化对城镇居民消费的影响研究 [J]. 商业经济研究, 2018 (15): 172-175.

[246] 文启湘. 加快构建农村现代流通体系——推进农村消费和谐发展的重要条件 [J]. 湘潭大学学报 (哲学社会科学版), 2007, 31 (1): 66-68.

[247] 吴学品, 李骏阳. 流通业发展对农村消费影响的动态演化 [J]. 财贸经济, 2012 (12): 102-107.

[248] 刘根荣, 种璟. 促进消费视角下城乡流通协调发展研究 [J]. 经

济学家，2012（9）：29-36.

［249］吴学品．流通业对农村居民消费的影响研究［D］．上海：上海大学，2014：42-61.

［250］李丽，徐丹丹．城乡流通差距对农村居民消费的影响——以北京市为例［J］．中国流通经济，2018（2）：28-36.

［251］陈志刚，吴国维，潘博雅．地方政府债务冲动、寻租行为与居民消费——数理分析与实证检验［J］．广西社会科学，2017（11）：68-74.

［252］王艳，胡援成．国际石油价格波动对我国居民消费价格指数的影响［J］．统计与决策，2018（1）：128-131.

［253］刘湖，张家平．互联网对农村居民消费结构的影响与区域差异［J］．财经科学，2016（4）：80-88.

［254］张红伟，向玉冰．网购对居民总消费的影响研究——基于总消费水平的数据分析［J］．上海经济研究，2016（11）：36-45.

［255］王茜．"互联网+"促进我国消费升级的效应与机制［J］．财经论丛，2016（12）：94-102.

［256］杜丹清．互联网助推消费升级的动力机制研究［J］．经济学家，2017（3）：48-54.

［257］祝仲坤，冷晨昕．互联网与农村消费——来自中国社会状况综合调查的证据［J］．经济科学，2017（6）：115-128.

［258］方福前，邢炜．居民消费与电商市场规模的U型关系研究［J］．财贸经济，2015（11）：131-147.

［259］刘根荣．电子商务对农村居民消费影响机理分析［J］．中国流通经济，2017（5）：96-104.

［260］邢大伟，王寅．不同年龄段家庭房产和金融资产对消费影响研究——基于CHARLS数据的实证分析［J］．江苏社会科学，2016（6）：45-49.

［261］郭新华，杨佩鸿，刘子兰．中国家庭债务与宏观经济波动：1997-2011［J］．湖南师范大学社会科学学报，2013（2）：20-27.

［262］何丽芬，许丽娜．家庭债务对经济增长的影响：来自欧债危机国家的证据［J］．江淮论坛，2015（6）：48-54.

［263］许桂华．家庭债务变动对居民消费的过度敏感性：来自中国的证据［J］．经济经纬，2013（3）：95-104.

[264] 郭新华, 张思怡, 刘辉. 基于 VECM 模型的信贷约束、家庭债务与中国宏观经济波动分析 [J]. 财经理论与实践, 2015, 36 (197): 23 - 28.

[265] 何南. 基于 VECM 的中国家庭债务与消费波动: 1997 - 2011 年 [J]. 经济学动态, 2013 (7): 65 - 69.

[266] 周利, 王聪. 家庭债务与居民消费——来自家庭微观调查数据的证据 [J]. 软科学, 2018, 32 (3): 33 - 37.

[267] 黄晓艳. 基于金融抑制理论的互联网金融与小微企业融资关系研究 [J]. 电子商务, 2017 (2): 37 - 39.

[268] 谢平, 邹传伟. 互联网金融模式研究 [J]. 金融研究, 2012 (12): 11 - 22.

[269] 王春超, 赖艳. 金融抑制与企业融资渠道选择行为研究 [J]. 经济评论, 2017 (5): 51 - 63.

[270] 李海峰, 龙超. 金融抑制、金融创新与农民资金互助社发展 [J]. 云南财经大学学报, 2018 (1): 70 - 79.

[271] 宫晓林. 互联网金融模式及对传统银行业的影响 [J]. 南方金融, 2015 (3): 86 - 88.

[272] 韩克勇. 互联网金融发展的长尾驱动与风险生成机理 [J]. 亚太经济, 2018 (1): 62 - 66, 146.

[273] 霍兵, 张延良. 互联网金融发展的驱动因素和策略——基于长尾理论视角 [J]. 宏观经济研究, 2015 (2): 86 - 93, 108.

[274] 赵青. 互联网金融破解小微企业融资难问题研究——基于长尾理论的视角 [J]. 财会通讯, 2017 (35): 23 - 26.

[275] 王华, 李扬子, 曹青子, 王玮. 互联网金融发展的长尾效应与溢出效应分析 [J]. 统计与决策, 2018 (19): 172 - 174.

[276] 王国刚. 从金融功能看融资、普惠和服务"三农"[J]. 中国农村经济, 2018 (3): 2 - 14.

[277] 冯兴元. "三农"互联网金融创新、风险与监管 [J]. 社会科学战线, 2018 (1): 58 - 65.

[278] 吴晓求. 互联网金融: 成长的逻辑 [J]. 财贸经济, 2015 (2): 5 - 15.

[279] 朱信凯, 骆晨. 消费函数的理论逻辑与中国化: 一个文献综述

[J]. 经济研究, 2011 (1): 140-153.

[280] 陈斌开. 收入分配与中国居民消费——理论和基于中国的实证研究 [J]. 南开经济研究, 2012 (1): 33-49.

[281] 顾海峰, 杨立翔. 互联网金融与银行风险承担: 基于中国银行业的证据 [J]. 世界经济, 2018 (10): 75-100.

附录

互联网金融对大学生消费行为
影响的调查问卷

互联网金融对大学生消费行为影响的调查问卷

亲爱的同学，您好！非常感谢您抽出宝贵的时间协助我们完成此份问卷调查，谢谢您的配合！祝您生活愉快！

1. 您的性别是 [单选题] [必答题]

○ 男

○ 女

2. 您所攻读的专业 [填空题]

_____

3. 您的年级 [单选题] [必答题]

○ 2012 级

○ 2013 级

○ 2014 级

○ 2015 级

○ 其他

4. 您每月平均需要多少生活费？[单选题] [必答题]

○ 500 元以下

○ 500~1000 元

○ 1000~1500 元

○ 1500~2000 元

○ 2000~2500 元

○ 2500~3000 元

○ 3000 元以上

5. 您的生活费主要来源 [多选题] [必答题]

□ 父母

□ 兼职

☐ 奖学金

☐ 其他（贷款、助学金等）

6. 请根据您的实际情况选择最符合您的一项。[矩阵量表题][必答题]

	不了解	稍有了解	了解但不使用	了解且偶尔用	了解且经常用
网银	○	○	○	○	○
支付宝	○	○	○	○	○
余额宝	○	○	○	○	○
趣分期	○	○	○	○	○

7. 如果您使用过理财产品，您会存入自己多少比例的生活费？[多选题][必答题]

☐ 10%以下

☐ 10%~25%

☐ 25%~50%

☐ 50%~65%

☐ 65%~80%

☐ 80%以上

8. 如果您不曾使用过理财产品，您有以下哪些顾虑呢？[多选题][必答题]

☐ 有风险

☐ 其他

9. 互联网的普及给我们的生活带来了极大的便利，请选择您在互联网上进行以下消费活动的频率。[矩阵量表题][必答题]

	从不	偶尔	经常	总是
网购生活用品	○	○	○	○
手机充值	○	○	○	○
叫外卖	○	○	○	○
购电影票	○	○	○	○

10. 您每月平均将生活费的多大比例用于互联网消费？[单选题][必答题]

○ 20%以下

○ 20%~40%

○ 40%~60%

○ 60%以上

11. 您认为以下原因在多大程度上促使您进行网络消费。［矩阵量表题］［必答题］

	很小程度上	一般	很大程度上
支付安全、便捷	○	○	○
分期付款	○	○	○

后　　记

本书是在作者承担高等学校哲学社会科学研究项目"互联网金融背景下的中国居民消费行为研究"（项目编号：2014306）和山西大学人文社会科学科研基金"互联网金融对中国居民消费结构影响的理论机制、实证检验与宏观政策研究"（项目编号：2015SDGT006）以及多年来研究居民消费相关问题积累的基础上修改完成的。本书即将付梓，心中既有欣喜又有不安，欣喜的是这些年的相关研究有了一个系统的总结，不安的是她的青涩与稚嫩，就像看着自己的孩子成长，心中既充满幸福又担心她是否能够经受风雨。

关于互联网金融和居民消费的问题，分开来看各自都得到了广泛的关注和重视，取得了一些有价值的研究成果，但将两者结合起来进行研究的较少。本书从互联网金融视角出发对中国居民的消费行为进行系统深入的理论和实证研究。研究的过程充满困难和艰辛，每一组样本数据的查找、求证和分析，每一个问题的解决思路，都努力进行了思考和探索。但由于自己的水平有限，同时还缺乏更加认真细致的实践调查，一些问题还难以研究透彻。但我作为一名高校教师，会一如既往地关注居民消费问题和互联网金融问题，继续沿着自己的研究方向努力，为丰富互联网金融和消费经济研究尽自己的微薄之力。

本书在撰写过程中得到许多专家、学者的指导和帮助，感谢我的博士生导师杭斌教授，他治学严谨、勇于创新和一丝不苟的敬业精神深深感染着我；感谢刘维奇教授和张信东教授，他们对于学术的不懈追求和对后学的谆谆教诲不断鞭策和鼓励着我；感谢山西大学经济与管理学院的领导和同事们对我科研和教学的支持和帮助；同时，在研究过程中，我的研究生徐文轲、杨晓雅、李佳和李映瑛等同学在相关研究中付出了很大努力，其中徐文轲参与了居民消费相关数据的收集与计算，杨晓雅参与了互联网金融相关数据的收集与处理，李佳参与了居民消费相关文献的搜集整理，李映瑛参与了互联网金融相关文献的搜集整理;我带的本科生科研训练学生崔琛、牛瑞瑞、李培鑫和杨泽四位同学参与了互联网金融对大学生消费行为影响的问卷调查分析,在此向各位专家、学者和同学表示感谢!

本书在编写过程中,借鉴、参考和引用了许多专家和学者的研究成果,其中有许多成果尚未在脚注和参考文献中列出,在此真诚地向有关专家和学者表示感谢和歉意!

本书在出版过程中,得到高等学校哲学社会科学研究项目"互联网金融背景下的中国居民消费行为研究"和山西大学人文社会科学科研基金"互联网金融对中国居民消费结构影响的理论机制、实证检验与宏观政策研究"的资助,同时得到中国财政经济出版社的大力支持和帮助,在此一并感谢!

最后感谢我的父母、爱人和孩子对我的默默支持和帮助!

需要说明的是,由于自身能力有限,本书难免存在许多问题和不足,敬请各位专家、同仁和读者批评指正。

崔海燕
2019年2月